【心通圣贤】

余亚斐 著

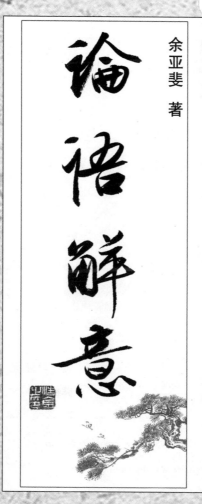

论语解意

全国百佳图书出版单位
ARTTIME 时代出版传媒股份有限公司
安徽人民出版社

图书在版编目(CIP)数据

论语解意/余亚斐著.—合肥:安徽人民出版社,2017.5

ISBN 978－7－212－09727－1

Ⅰ.①论… Ⅱ.①余… Ⅲ.①儒家 ②《论语》—研究 Ⅳ.①B222.25

中国版本图书馆 CIP 数据核字(2017)第 111290 号

论语解意

LUNYU JIEYI

余亚斐 著

出 版 人:徐 敏   责任印制:董 亮

责任编辑:肖 琴 李 莉   装帧设计:宋文岚

出版发行:时代出版传媒股份有限公司 http://www.press-mart.com

安徽人民出版社 http://www.ahpeople.com

地　　址:合肥市政务文化新区翡翠路 1118 号出版传媒广场八楼　邮编:230071

电　　话:0551－63533258　0551－63533292(传真)

制　　版:合肥市中旭制版有限责任公司

印　　刷:合肥现代印务有限公司

开本:710mm×1010mm　　1/16　　印张:20.5　　字数:360 千

版次:2017 年 6 月第 1 版　　2017 年 6 月第 1 次印刷

ISBN 978－7－212－09727－1　　　定价:39.00 元

自　序

　　《论语》是对孔子及其弟子言行的记录,是儒家创始人孔子思想的集中体现,是了解早期儒家思想的重要依据。《论语》中的话语与思想看似散乱,实则一以贯之,所提出的诸多问题构成了后世儒学乃至整个中国文化的思想内容与基本视域。

　　在历史上,《论语》被列入"四书""十三经",历代学人无不重视对《论语》的解读,并留下丰富的《论语》注本。时至当代,《论语》注释也时常涌现。在对《论语》的各种注解中,孔子的思想得到了深化与延展,通过"六经注我",思想得以传达和推进。然而,孔子的精神也在被诠释的过程中遭到"曲解",有所偏离,或以道释孔,或以佛解孔,或发挥孔子的心性、德性思想,或强调孔子的事功、治国理路。诚然,经典是思想活的源头,其价值正体现在对当代思想的启发,但是孔子自身的思想及其精神也在其中被埋没,虽然每一次经典的解释都不可避免地带着解释者的先入之见,但当我们重返经典时,仍然需要锲而不舍地接近那思想的源头,追寻先哲的心迹。

　　此书名为《论语解意》,希望能在《论语》的解释中体会并阐发孔子的心意。孔子的思想不是出世的,而是入世的,"吾非斯人之徒与而谁与";孔子的理想不是谋求个人生活的幸福,而是"天下归仁"的整体关怀;孔子的忧患是大道不传,而不是人身的死亡,"逝者如斯夫,不舍昼夜";孔子的希望是后人能够明白他的心意,并勇敢地继承下去,"人能弘道,非道弘人"。

　　孔子"述而不作",并教导学生,唯有"践迹",方可"入于室"。仁道无有尽头,学问也是如此。作为尚在"践迹"之中还未"入于室"的我来说,解读《论语》,错误在所避免,见笑于大方之家。尚祈各位学人不吝指正,未来如有机会再版,加以订正。

　　　　　　　　　　　　　　　　　　　　余亚斐

目　录

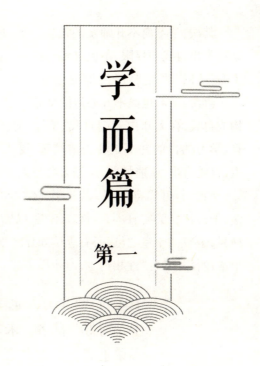

学而篇 第一

一 　子曰："学而时习之，不亦说乎？ 有朋自远方来，不亦乐乎？ 人不知而不愠，不亦君子乎？"

释义：

孔子说："学了知识，时常践行，不就可以开心启智吗？有志同道合的人从远方来，与我相互切磋、进步，不是很快乐吗？如果与人志不同，道不合，而不生怨恨，君子难道不应该这样吗？"

解意：

儒家重学，认为学习是一件非常快乐的事情。一个人如果想学得好、学得快乐，就不能离开生活的践习、不能离开师友的指导，也不能离开心地的修养。

首先，学离不开生活践习。学与习相互统一，学侧重于书本的知识学习，习侧重于生活的实践体会。知识学习，需要在实践中考察、检验和体会，并将知识落实和运用在生活之中；同样，生活实践也不能离开知识的指导，通过知识的学习，了解圣贤生命，并将其作为自我生命攀登的目标与境界，在学与习相互作用的过程中，知识得以理解，智慧得以开启，境界得以提升，生命也随之得以觉悟。

其次,学习离不开师友的指导。学习如果仅仅局限于自己的思索与体悟,往往就跳不出自我的界限,不免自私与狭隘,既难于达到思想的融会,也难以通达他人的生命,所以,学人要常与志同道合的人相互切磋、砥砺。

再次,学习也离不开心地的修养。学人要知其所知,更要知其所不知,在所知中构成自我,在无知中超越自我,所以,对于与我不同、不知我的人,也不必生气。况且,学习的目的并不是在人前炫耀、受人夸赞,或与人竞争,而是安顿内心,守仁求道,自觉自悟,诚能如此,又怎么会与人争强好胜,生起怨言来呢?

《论语》开篇言"学",以此彰显学习的重要性。学习是解决人生困惑的主要方法,子曰:"吾尝终日不食,终夜不寝,以思,无益,不如学也。"学习是成就君子的最佳捷径,子曰:"十室之邑,必有忠信如丘者焉,不如丘之好学也。"学习是使人性致远的根本途径,子曰:"性相近也,习相远也。"

二　有子曰:"其为人也孝弟,而好犯上者,鲜矣;不好犯上,而好作乱者,未之有也。君子务本,本立而道生。孝弟也者,其为仁之本与!"

释义:

有子①说:"一个人如果在家能孝敬父母、尊敬兄长,走入社会就很少会以下犯上、逾越秩序;一个人在社会中很少以下犯上、逾越秩序,也就很少做触犯法律、争斗暴乱的事来。君子重视孝悌这一根基,根基打牢了,才能走上人生的正道。因此,孝悌,是践行仁道的基础!"

解意:

孝与悌都是讲爱自己的亲人,即亲亲。亲亲是人类的本能情感,一个强盗,甚至是一个杀人犯,也有可能是个孝子和慈父,而且,大多数动物也能够做到某种程度上的亲亲,虎毒不食子。所以,亲近自己的父母以及父母慈爱自己的子女,其本身并不具备道德的属性,如果一个人连孝悌都做不到,那简直就是禽兽不如了。

孝悌虽然不是道德,却是道德的来源和根基。儒家认为,道德不是凭空而生的,不是后天规定的,而一定有它先天的根据,这个先天的根据和资质就是基于血缘关系的孝与悌。孝悌所展现出来的是对父母与兄长的爱,这份爱虽然比较狭隘,但又是真诚的。一个人有了孝悌之心,便有了成仁的可能性,而一个人如果连孝悌都做不到,就更加谈不上有道德了。所以中国从古至今,非常重视亲情的培养,强调孝悌的本根作用,孔子教人虽以仁道为目标,但也要先从孝悌做起。

① 有子:孔子的学生,姓有,名若,字子有。

孝悌是走向仁道的起点,其本身还不是仁。仁道的践行需要在亲亲之爱得到有效巩固的基础上,进而加以扩充,由亲亲延伸至仁民、爱物,道德在其中便得以形成。所以,孝悌作为本能的情感,是高尚品德形成的先天基础。

三　　子曰:"巧言令色,鲜矣仁。"

释义:

孔子说:"花言巧语,装模作样,这样的人是很少有仁德的。"

解意:

花言巧语,装模作样,之所以难以培养出仁德来,是因为这样的言行都是刻意而为,是虚假伪善的。一切虚伪都是无源之水、无根之木,缺失德性培养的根基。

仁德是发自于内心的,是真诚不虚的爱人之心。仁德的培养首先就要求一个人直面自己的内心,忠诚于内心,不带有任何外在的目的;反之,巧言令色,多半都带有着目的性和功利心,而不是发自于仁心。从中可以看出,真诚是善良的基础,是仁德培养的关键,一个人如果缺乏真诚,表里不一,自欺欺人,求善之路只会南辕北辙。

四　　曾子曰:"吾日三省吾身:为人谋而不忠乎? 与朋友交而不信乎? 传不习乎?"

释义:

曾子①说:"我每天内省三件事情:为他人做事有没有忠实于内心? 与朋友交往有没有欺骗过内心? 给学生讲授的知识,自己是不是躬行而内化于心了?"

解意:

儒家行"道",从仁心出发。"仁"的内涵有很多层次:可以指仁心,仁心是从先天善根上说;可以指仁德,仁德是从道德修养上说;可以指仁道,仁道是从行为目标上说。从仁心上来说,"仁"是一个人的先天之心,是一个人善性的种子与内核,就好像植物的种子,如同果仁之"仁",是发端与源泉,不管是仁德还是仁道,都一定要从仁心开始,并时常返还仁心,用仁心来加以观照。

曾子认为:为人做事要"忠","忠"就是立于仁心之中,不离内心,忠诚于自己的内心才是真正的"忠";与朋友交往要"信","信"就是内心的恒常,不自欺才是真正

___

① 曾子:孔子的学生,姓曾,名参,字子舆。

的"信";传授知识自己要先"习","习"就是将知识通过实践内化于心,只有内化于心的知识才是真知。"忠""信""习",此三件事,正是内省,是儒家的"观心法门"。

五　子曰:"道千乘之国,敬事而信,节用而爱人,使民以时。"

释义:

孔子说:"治理有千辆兵车的国家,官员应该对人民的事情心怀敬畏,信守诺言,对自己要节俭,对人民要恩惠,不能无休止地让人民为国家做事,要让人民休养生息、安居乐业。"

解意:

"仁"在国家管理中表现为仁政。"仁政"一词虽然由孟子正式提出,但是孔子已经有了比较系统的仁政思想。"仁"是对生命存在的尊重与认同,"政"是对人类社会的管理,因此,仁政就是以人为本,尊重每一个人,保障每一个人的生存和发展的权利。作为国家的管理者,应该从心底爱人民,政策要以人为出发点和落脚点,这便要求管理者要能够发现仁心,培养仁德,追求仁道。

仁政是"仁"在世间的运用,"仁"既是心体,又有应用,体、用贯通,合于中道,仁政就是儒家的管理学。

六　子曰:"弟子入则孝,出则弟,谨而信,泛爱众,而亲仁。行有余力,则以学文。"

释义:

孔子说:"求学的人在家中要孝敬父母,出门要尊敬兄长,谨守笃行,始终如一,既要博爱众生,又要亲近有仁德的人。这些都做好了,如果尚有精力,再去学习知识。"

解意:

孝悌是行仁之始,谨信是守仁之规,亲仁是进仁之法,学文是达仁之便,爱众是行仁之终。"行"侧重于成人,是德行修养;"文"侧重于成才,是文化修养。两者比较,成人在先,成才在后,可以成人而不成才,但不能成才而不成人,因此,成人比成才具有更加基础性的地位。从另一方面来讲,中国学问在根本上是生命之学,一切知识与文化都与生命相关,脱离不了生命的体验与感悟,因而知识的学习需要以人生的修行为基础。学问不离生活的磨炼,觉悟不离世间的修行,将读万卷书与行万里路统一起来,才能实现知行合一。

七　　子夏曰："贤贤易色，事父母能竭其力，事君能致其身，与朋友交言而有信。虽曰未学，吾必谓之学矣。"

释义：

子夏①说："夫妇之间要相敬如宾，子女应竭尽全力地服侍父母，完成君主布置的工作要不遗余力，朋友之间要以诚相待。这些事情虽然表面不是读书学问，却正是读书学问。"

解意：

知识以"真"为目标，伦理以"善"为目的，在中国传统文化中，知识与伦理总是相互交织、互为一体的。

儒家认为，"真"要以"善"为前提，伦理是实现知识的基本途径。真理是人类对生存于其中的世界的实在性的理解，但是真理的呈现又离不开仁心的参与，真理正是在仁心的观照之下存在的显现，即以"仁"显"真"。人与人之间只有在关爱与同情的前提下才能相互理解，如果彼此漠不关心，就很难走进对方的内心中去，并理解对方。人类对自然的理解也是如此，如果人类一味地将自然当作是改造与征服的对象，而不懂得用心去聆听自然的声音，用爱去体察自然的诉求，那么，我们便很难去尊重自然、敬畏自然，也难以深入地把握自然的内在规律。因此，从仁心这个善的源头出发，层层推进，便产生了亲亲、仁民与爱物，而一个人只有真正做到了亲亲、仁民与爱物，才有可能去理解亲人、理解他人，乃至理解万物。

八　　子曰："君子不重，则不威，学则不固。主忠信，无友不如己者，过则勿惮改。"

释义：

孔子说："君子不自重，就会轻浮而得不到尊重，学问也不能笃实和稳固。君子万事不离本心，将任何人都看作是自己的良师益友，在他们身上反观自己，发现自己的缺点，并加以改正。"

解意：

每个人都希望获得他人的尊重与认可，但是所有来自他人的态度，都取决于自

---

①　子夏：孔子的弟子，姓卜，名商，字子夏。

己。扬雄说:"人必其自爱也,而后人爱诸;人必其自敬也,而后人敬诸。"①他人的尊重是因为自重,如果自己轻佻放纵,又希望得到他人的尊重,是不可能做到的。

每个人都有两面镜子,一面是内心,一面是他人,内心的这面镜子是源泉和根本,他人的这一面镜子是契机和辅助。如果自己内心的镜子上布满了灰尘,充斥着偏见,那么任何契机的出现也都会被拒之于千里之外,于事无补。"主忠信"就是要照料好自己内心的这一面镜子,不离本心,澄明无染,只有在"主忠信"的基础之上,才能达到"无友不如己者"的境界。同时,本心的澄明又是鲜活灵动的,而不是一潭死水,心灵需要在波澜中得到磨炼,在与外物的切磋中保持独存,因此,心灵的修养又离不开他人这一面镜子的作用,在与人交往、切磋的过程中,澄静的本心会突然活泼起来,因他人之善而反观其善,因他人之恶而反观其恶,并择己善而从之,择己不善而改之。

所以,任何一个人都是自己的朋友和老师,人生中所有的遭遇都是自己修行的契机,感恩而无怨恨。

九　　曾子曰:"慎终追远,民德归厚矣。"

释义:

曾子说:"谨慎地安排死者的葬礼,追思和祭奠久远的祖先,可以使人民的德性变得淳厚。"

解意:

儒家、道家和佛家都为中国人提供了健康且积极的信仰。儒、道、佛三家之所以能够成为人们的信仰,是因为他们都在安顿生命,给予生命终极关怀。生命之所以需要终极关怀,是因为人生在世,时常会感受到深沉的孤独,并在人生的旅途中,备受折磨。孤独,是因为生命无家可归。生命的起点在哪里,不知所由;生命的未来在哪里,不知所归。因此,信仰的对象不是外在的人或物,而是自己的生命家园。道家为生命提供了天地信仰,天地自然就是生命的家;佛家认为生命的本我就是当下自我的家,找寻回家的路,就是超越自我、认清生命的本我;而儒家则为生命提供了人伦信仰。

儒家告诉人们,我们生来就不是孤独的,祖先是生命的来源,子孙是生命的延续,每一个人都处在无穷的人伦关系之中,并在其中获得安顿,同时,生命在其中也

---

① 《法言·君子》。

被赋予意义与责任。一个人不能只为自己活着,既要为了死者的遗志而活,更要对生者负责,当我们常说上有老、下有小的时候,不仅表露了生活的艰辛,更道出了人生的幸福,并因而坚强无畏、热泪盈眶。

"慎终追远",只为确认自己的存在。

十

子禽问于子贡曰:"夫子至于是邦也,必闻其政,求之与? 抑与之与?"

子贡曰:"夫子温、良、恭、俭、让以得之。 夫子之求之也,其诸异乎人之求之与!"

释义:

子禽①问子贡②:"孔子每到一个国家,都会与君王共商国是,这是他刻意求来的,还是君王们自愿让他过问的?"

子贡回答道:"孔子具备温和、善良、恭敬、俭朴和谦让的品德,因而得到君王的尊敬与信任。虽然孔子也希望参与政治,但是他的方法与其他人根本不同。"

解意:

儒家积极出仕,投身于治国与平天下的事业之中,孔子出仕,只是心系天下,尽人道、参天人而已,不为求一己之名利,与后世儒生通过读经来求得功名截然不同。正如钱穆所说:"孔子之教,在使学者由明道而行道,不在使学者求仕而得仕。若学者由此得仕,亦将借仕以行道,非为谋个人生活之安富尊荣而求仕。"③孔子不为名利,自然也不会刻意有求于人,既不迎合时代,也不逃避时代,尽人事,听天命,修身以俟,不求而得,若有所不得,则顺应天命,独善其身。所以,一个人的名声从来都不是向他人乞求来的,而是自己努力之后的自然结果,不求而得,如果非得说是求的话,也只是自求自得。

---

① 子禽:孔子的学生,姓陈,名亢,字子禽。
② 子贡:孔子的学生,姓端木,名赐,字子贡。
③ 钱穆:《论语新解》,生活·读书·新知三联书店 2012 年版,第 84 页。

十一　子曰:"父在,观其志;父没,观其行。三年无改于父之道,可谓孝矣。"

释义:

孔子说:"父母在世时,子女要照料好自己的仁心;父母去世后,子女要主动地践行仁德;父母虽然离开多年,子女仍能延续父母的仁道,继续前进。能做到这三点,可称得上是真正的孝了。"

解意:

中国人历来就有深厚的家庭观念,家庭不仅承载着中国人的人伦信仰,而且还是人生教育的第一课堂。如果一个家庭能够提供积极且适当的道德训导,树立高尚与远大的人生理想,子女就会继承家庭美德,受用终身,造福后代。

子女既是父母生命的延续,又是父母的希望所在,在父母眼中,子女若能一如既往地守仁心、行仁道,就是对父母最大的孝敬,即便是父母离开了,也是对他们在天之灵的最大慰藉。所以,父母在世时,子女的言行受到父母的规范,如能恒守仁心,这便是孝;父母去世后,子女独自面对生活,如能常行仁德,这便是孝;不管父母离开多久,仍能延续父母的仁道,这更是孝。

子女的人生之路常常深受父母的影响,父母肩负着规范子女言行、树立人生理想的职责,因而子女孝心的养成在一定程度上也取决于父母自身仁心的培育与慈心的奉献,中华美德正是通过家庭的代代相传而源远流长。

十二　有子曰:"礼之用,和为贵。先王之道斯为美,小大由之。有所不行,知和而和。不以礼节之,亦不可行也。"

释义:

有子说:"礼仪的运用,要以和谐为目标。古代贤能的君王都以和谐为最高的善,大小诸事都可依礼而行。当礼仪在当下行不通的时候,要在和谐这一目标的指导之下,灵活应用,有所变通,这样,礼仪便能实现和谐。不过,也不能因此而废弃了礼仪,否则也是行不通的。"

解意:

礼是天地自然的秩序,人效法天地,因此礼又引申为人间社会的秩序。正如《左传》云："礼，上下之纪，天地之经纬也，民之所以生也，是以先王尚之。"①礼有"体""用"之分：礼之体是礼义，即自然与世间秩序形成的道理与达到的目标，和谐就是礼义的重要内容；礼之用是礼仪，是礼义在当下社会与人际生活中表现出来的具体规则和要求。"体""用"统一，相辅相成。如果知礼义而不行礼仪，则人情不能得到表达，社会秩序也将难以维系；而如果行礼仪而不知礼义，那么便不能灵活地运用和发展礼仪，礼仪也可能被历史所否定，成为社会和谐发展的障碍。

儒家入世，为人们建构了具体的道德规范与行为规则，使人们的视、听、言、动有所节制，并保障社会秩序的稳定。但是，社会历史又是变动不居的，一切有为法，终究为梦幻泡影，一切历史存在的礼仪，又注定会被否定和取代。诚如王阳明所说："义理无定在，无穷尽。吾与子言，不可以少有所得而遂谓止此也。再言之，十年、二十年、五十年未有止也。"②所以，礼仪的运用既不可执着，也不能否定，而要与时俱进，合乎中道。

万法之中自有真如，真如所显亦随缘变幻，故有所变，亦有所不变。

十三 有子曰："信近于义，言可复也；恭近于礼，远耻辱也；因不失其亲，亦可宗也。"

释义：

有子说："说话要诚信，但只有符合正义，才可以言说；对人要恭敬，但只有分寸得当，才能避免耻辱；朋友要广交，但只有亲疏有别，仁德才能得到培养。"

解意：

道德是仁心在具体实践中的表现与运用，脱离了仁心的本源与具体的时空和对象，道德原则就会变得抽象，从而失去实践指导的意义。儒家的道德原则从来都不具有绝对的普遍性，必须以自身的本心为源头，结合当下的实践情景，灵活运用。言语需要诚信，但又不能固守诚信；行为需要恭敬，但又要具体情形具体对待；朋友需要广交，但是深交的朋友又要有所选择。小人常固守原则而违背道德，君子一任本心而践行道德。因此，只有打破原则而又不失原则，才是真正的原则。

---

① 《春秋左传·昭公二十五年》。
② 王阳明：《王阳明全集》，吴光等编校，上海古籍出版社 2014 年版，第 14 页。

十四 子曰："君子食无求饱，居无求安，敏于事而慎于言，就有道而正焉，可谓好学也已。"

释义：

孔子说："君子不追求丰盛的饮食和安逸的居所，勤勉敏行，言语后进，亲近有道的人来匡正自己，这是追求学问的态度。"

解意：

君子，一个不以读书为职业，而用一生追求真理的人；一个超越了物质享乐，追求精神境界的人。仁道，是君子的信仰，践行仁道是君子一生的使命。仁道之路漫漫无期，故而要对"学"有所"好"，对"道"有所"求"，君子所"好"所"求"者，异乎他人。一个人只有降低了物质生活的要求，才能全力去追求精神生活，因为一心向往。

十五 子贡曰："贫而无谄，富而无骄，何如？"子曰："可也。未若贫而乐，富而好礼者也。"
子贡曰："诗云：'如切如磋，如琢如磨。'其斯之谓与？"子曰："赐也！始可与言诗已矣。告诸往而知来者。"

释义：

子贡说："我过去贫穷时不低声下气，现在富裕了也不趾高气扬，怎么样呢？"孔子说："尚可。如果能做到贫穷时乐于求道、富裕时保持礼节，就更好了。"

子贡说："《诗》上说：'不断学习，不断自修。'就是您说的这个意思吧？"孔子说："子贡啊！像这样，我才可以与你谈论《诗》。因为你掺入了自己的生命体会，领悟到了《诗》的弦外之音。"

解意：

子贡虽然于贫贱与富贵之中，能有所节制，使内心不受其影响，但仍旧未能真正地放下贫、富，未能超越贫、富的对待。贫与富只是物质生活满足程度的不同，而君子立志于行道，安贫乐道，故不以穷为苦，不以富为乐，虽贫亦乐，虽富亦乐，有道，则穷、富一也，此谓"一真一切真，万境自如如"①。

---

① 《坛经·行由品》。

生活中的穷、富、苦、乐,虽然与行道并无根本的关系,"道"非关生活的物质条件,但是,穷、富、苦、乐是行道路上非常重要的经历与磨炼,此谓"切""磋""琢""磨"。正如《大学》云:"如切如磋者,道学也;如琢如磨者,自修也。"不管是学问的进步,还是道德的修养,都离不开艰苦的磨炼,仁道的践行更是如此。"道"不是一个脱离世间的超越本体,穷、富、苦、乐,处处皆"道",所以行道亦不离穷、富、苦、乐。正是因为子贡有穷、富不同的人生经历,并在其中有所体验,当受到孔子点拨时,才会有所醒悟。

因此,行道既不离生活,又超越生活,如此才能"告诸往而知来者",在此过程中,智慧得以唤醒,生命也随之破茧成蝶。

十六　　子曰:"不患人之不己知,患不知人也。"

释义:

孔子说:"不要去忧虑自己不被他人理解,该忧虑的是自己没有理解他人。"

解意:

以自我为基点,以他人为目标,是儒家对待自我与他人之间关系的基本态度,也是一种重要的道德修养。

修身是儒家道德理想与政治目标实现的基点,修身就是倡导每一个人都应该树立起主体意识,自己管理好自己,自己对自己负责,当他人不了解、不认同、不赞赏自己的时候,不要去责怪他人,要在自己身上寻找原因,反躬自省,以身作则。修身是基点,从这个基点出发,层层推扩出去,由修身而齐家、治国、平天下。所以,一个人既要勇当主体,承担责任,同时又要削弱主体的地位,放下自心,融入他人的世界之中,认同他人,理解他人,关爱他人。真正的忧患来自自己,而非他人。

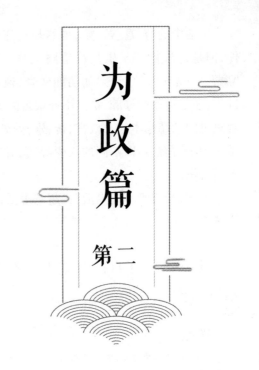

为政篇 第二

一　子曰:"为政以德,譬如北辰,居其所而众星拱之。"

释义:

孔子说:"管理社会如果高举德性,就好像让德性居于北极星的地位,德性归位,其他事情自然迎刃而解。"

解意:

德者,得也,人因得"道"而有"德",人,生来就具有德性,德性即本心、仁心、良知,正如王夫之说:"不学而能,必有良能。不虑而知,必有良知。"[1]德性是一个人的根本,就好像北辰为众星的枢纽一样,一个人如果万事都能依照德性,自然能够明辨是非、自我管理。

管理不是以己心去管理他人之心,更加不是运用机心来搅乱人心,而是充分调动每一个人本有的德性,让每一个人的言行都能依照各自的德性。因此,学习重在自得,管理重在自理,如果人人都能自得、自理,就真的实现无为而无所不为了。

---

① 《思问录·内篇》。

二　　　子曰："诗三百，一言以蔽之，曰'思无邪'。"

释义：

孔子说："《诗经》三百零五篇，用一句话来概括，就是'天真无邪'。"

解意：

仁心天生有之，且真实无妄，故为"天真"。孔子教人在仁心上体认，仁心无形无象，直指难见，如果后天习气再深重成蔽，便积重难返。所以，孔子迂回求进，方便施教，由情入性，变化气质，以此达于心性，而诗教和乐教正是达到这一目标的最好手段。

诗歌与音乐都是心情的直接表达，心情与心性即一非一，心性是心情的本源，当心性受到外物的作用时，便产生了心情，心情是心性的表现。心性与心情，犹如海水与波浪，没有海水，便没有波浪，没有风，海水也不能起浪。当心情起伏波澜、不离心性本原时，便是保真，是"觉"；反之，心情放逸而不知所归，便是失真，是"迷"。因此，心情既不能全然否定，也不能放任自流，而要加以合理地调节与引导，一方面至情流溢、真诚不伪，另一方面乐而不淫、哀而不伤，让心情保持在适度的范围之中，以免流连忘返，这便是孔子删定《诗》的依据，也是诗教的意义所在。

三　　　子曰："道之以政，齐之以刑，民免而无耻；道之以德，齐之以礼，有耻且格。"

释义：

孔子说："用政令去管理社会，用惩罚去规范言行，人民只会畏罪而逃避责任，不会生起羞恶之心；去唤醒人民的德性，用礼节去规范言行，人民不仅会生起羞恶之心，而且还能自正其心。"

解意：

治理社会，重在让人民自我规范、自我管理，这也是现代民主的内在要求。人民能够自我规范、自我管理，首先就要培养人民的主体精神。儒家认为，德性是一个人最重要的主体精神，不管是齐家、治国，还是平天下，最终要通过激发每一个人自己的德性来实现，不管是道德，还是法律，也都应该以唤醒人们德性为主要目标，只有这样，公民才有可能成为社会的道德主体和法律主体。

孔子认为，与法律相比，道德更加有助于实现这一目标，所以更加重视道德工具的作用。不过,孔子也并没有因此而否定法律的功能,法律以强制性的手段将严重脱离德性的言行拉回正轨,以奖、惩的方式使其改邪归正、良心发现,是治理社会不可或缺的手段。然而,如果法律不以德性、良知为归宿,而只是一味地显露强权与霸道,非但起不到教化的作用,而且还会加重德性上的遮蔽,愈行愈远。道德也同样如此。

四 子曰:"吾十有五而志于学,三十而立,四十而不惑,五十而知天命,六十而耳顺,七十而从心所欲不逾矩。"

释义:

孔子说:"我十五岁的时候进入大学,立志求道;三十岁将求道确定为自己的人生方向,不退不转;四十岁的时候看透了人生百态,对一切言论事变不再疑惑;五十岁豁然贯通,天人合一,也由此领悟到了生命的终极使命;六十岁时,心不顺外境迁移,六根清净,心有所安;七十岁的时候,心物无碍,终得自在。"

解意:

这段话是孔子回顾自己一生的求道经历,也是孔子生命超越过程的直接表达。

古人学习分小学、大学两个阶段。大学十五岁开始,孔子进入大学,立志于道,为真理而学,非为功利。在求道的过程中,人们时常会受到他物的利诱,会遭到他人的嘲讽,孔子也不例外,但是他一如既往,不为所动,信心充满,在三十岁时,将求道确立为自己的人生方向,从此不退不转。三十岁之后,孔子的人生阅历开始变得丰富,行道之路也变得越发艰辛,人生百态也由此看得更加透彻,故有四十不惑。如果说四十不惑是对生命淡然的态度,尚且带有一丝对现实的无奈与人生的悲凉,到了五十岁时,孔子终于打破天、人之间的紧张与冲突,领悟到了天道的意义以及人道的使命,这是孔子一生中最重要的一次飞跃和质变。五十岁之后,孔子逐渐步入生命的佳境,继续在人生的境遇中切磋琢磨,眼、耳、鼻、舌、身、意不乱于内,安于本心,心安理得,此谓"六十而耳顺"。七十岁时,心、物之间毫无隔阂,打成一片,人心与道心融为一体,得大世界者,得大自在。

　　孟懿子问孝。 子曰："无违。"

五　　樊迟御, 子告之曰："孟孙问孝于我, 我对曰: '无违。'"

　　樊迟曰："何谓也?" 子曰:"生, 事之以礼。 死, 葬之以礼, 祭之以礼。"

释义:

孟懿子①问孔子如何行孝。孔子说:"永不违背自己的孝心。"

之后, 樊迟②在为孔子驾车时, 孔子告诉樊迟说:"孟懿子之前问我如何行孝, 我告诉他永不违背自己的孝心。"

樊迟问:"什么意思呢?"孔子说:"父母活着的时候, 要依照礼节照料他们;父母死了之后, 要依照礼节埋葬他们, 祭奠他们。"

解意:

孝, 发之于心, 用之于礼。孝心是孝礼的源泉, 有了孝心, 对父母才会忠、才会诚;孝礼是孝心的表达, 有了礼节, 行孝才能有效、适当。孔子认为, 对父母的爱要源于内在的孝心, 而不是外在的条件, 外在的条件是多变的, 而内在的孝心是永恒的, 不管父母是富贵也好, 是贫贱也罢, 是活着也好, 是死去也罢, 子女都不曾改变对父母的爱, 礼节也因而不会丢弃、失当。因此, 依于孝心来行孝, 孝道才能一如既往地进行下去, 这便是真正的"不违"。

六　　孟武伯问孝。 子曰:"父母唯其疾之忧。"

释义:

孟武伯③问孔子怎么行孝。孔子说:"想父母之所想, 忧父母之所忧。"

解意:

子女是父母心之所系, 不管子女离开多远、多久, 不管子女年龄多大, 父母总是会为子女操心和担忧, 所以, 子女孝顺父母, 就是将心比心, 要明白父母所操心和担

---

① 孟懿子:鲁国大夫, 孟孙氏第九代宗主。
② 樊迟:孔子的学生, 姓樊, 名须, 字子迟。
③ 孟武伯:孟懿子的儿子, 鲁国大夫, 继承了孟懿子的权位。

忧的事情,然后尽力地为父母分担忧愁。当得知父母最操心的事就是子女自己时,子女照料好自己,就是对父母行孝;当得知父母体弱多病时,照顾好父母的身体,就是对父母行孝;当得知父母孤独无依时,陪伴在父母身边,就是对父母行孝。所以,子女应以父母之心为心,想父母之所想,忧父母之所忧。

七 子游问孝。 子曰:"今之孝者,是谓能养。 至于犬马,皆能有养。 不敬,何以别乎?"

释义:

子游①问孔子如何行孝。孔子说:"今天很多人行孝,只是养活父母。但是,狗、马也得到人们的喂养,如果没有一片孝敬之心,孝父母与养狗马又有什么区别呢?"

解意:

孝的本源是心,源于孝心,才有孝敬与孝养。孝敬是对父母心怀敬意,所有的孝行,包括孝养在内,都是子女敬心的表达,因此,能孝敬者,必能孝养。孝养是指提供饮食给父母、养活父母,侧重于孝的物质层面,是孝的基础,也是孝的较低层次。孝敬虽然离不开孝养,但是子女又不能仅限于孝养,而要带着孝敬去孝养。一方面,孝敬是内在的,孝敬要通过孝养体现出来,如果只有孝心,父母却得不到很好的照顾,孝心也无从体现;另一方面,如果没有发自内心的孝敬,孝养便只是养,而不是孝了,养父母与养犬马就没有区别了。

只有带着孝敬去孝养,孝养才能各得其所。不同的子女,其物质条件常常多寡不等,如果完全按照物质财富付出的多寡去衡量子女孝心的多少,这是离开了孝敬以及每个家庭的实际情况,片面地议论孝养,是孝养的抽象化。其实,财富付出的多寡与孝敬用心的高下并不存在根本的关系,只要子女尽其所能,无愧于心,便是最好的孝敬和孝养。

八 子夏问孝。 子曰:"色难。 有事,弟子服其劳;有酒食,先生馔。 曾是以为孝乎?"

释义:

子夏问孔子如何行孝。孔子说:"行孝难在一直保持和颜悦色。子女帮着父母做事,让长

---

① 子游:孔子的学生,姓言,名偃。

者先食酒菜,难道这就是孝了吗?"

解意:

孝是仁德培育的起点,在儒家思想体系中居于基础性的地位,因而受到历代儒家们的重视。儒家的孝思想非常丰富,涉及孝的各个方面,如孝心、孝顺、孝礼、孝养、孝敬、孝行、孝道等。拿孝行来说,孝敬父母要做到:养其体,赡养父母;养其色,对待父母和颜悦色;养其志,想父母之所想,忧父母之所忧。

孝敬父母,养色常常被子女所忽视,也最欠缺,这是因为,父母与子女最为亲近,所以情感表达的方式也最为直接,毫无刻意和掩盖,但也因为如此,子女内心的孝敬之心常被各种各样的情绪左右,高兴时,对父母和颜悦色,言语柔和,不高兴时,对父母爱答不理,甚至言语顶撞。所以,孝敬父母,不能只是体现在行为的结果上,还要注意行为中的态度与意愿。

九 子曰:"吾与回言终日,不违如愚。退而省其私,亦足以发。回也不愚。"

释义:

孔子说:"我经常在言语上教导颜回,颜回①只听受,无问难,好像很愚钝。其实,颜回只是不用言语辩说,而在独立用心体察我的话,并结合自己的生命体验,去验证、内化与觉知。颜回一点儿都不愚钝。"

解意:

颜回"不违",看似愚钝,实则大智,大智若愚。有违,是追求"知"的态度和方法,求"知"者,大多要进行概念的辩论,通过反复的提问和对话,让知识的逻辑更加严谨、理论更加完备。"不违",是求"道"的态度和方法,求"道"者,大多重视生命的内在体会,心潜默识,因而不逞口舌之快,不显才思之敏,以自得为目的。颜回重在求道,所以在平日里不在言辞上论是非,不在思维上做分辨,听到老师的悟道之言,当下仁心自照,因而自顾不暇。

---

① 颜回:孔子的学生,姓颜,名回,字子渊。

十　　　子曰："视其所以，观其所由，察其所安。人焉廋哉？人焉廋哉？"

释义：

孔子说："要判断一个人，首先要考察他的行为动机和意图，是善还是不善；再观察他为达到目的所采用的手段，是正当还是不正当；最后再体察他在做此事时的情绪，是乐意还是不乐意。这样，一个人怎么隐藏自己呢？一个人怎么隐藏自己呢？"

解意：

人与万物的根本区别在于人有心，心可使人悟道，也可使人迷障。迷障使人真诚的内心无法显露，既不能真诚地面对他人，也不能真诚地面对自己，自欺欺人，自我蒙蔽。因此，只有去除迷障，方能觉悟。

孔子认为，去除迷障，需要由外及内，层层地走入内心深处。首先，透过外在的言行，去考察言行背后的动机和意图，不因错事而否定了好心，也不因好事而忽略了坏心。其次，进一步观察为达到目的所采取的手段，手段是用心，最能体现一个人心灵的操守与日常的修为。行道虽是目标，但是道又在所行的过程之中。王夫之说："行而后知有道，道犹路也。"①就好像唐僧师徒向西天求经，所历经的种种磨难便是真经所在，离了磨难，没有真经。最后，还要体察内心所安，心安于善，行仁之路自然快乐无忧，心安于利，行仁之路自然犹豫勉强。

因此，观人即是观心，观人心亦是观己心，观心才能识障，才能进一步地破障而觉道。

十一　　　子曰："温故而知新，可以为师矣。"

释义：

孔子说："在旧的知识中获得新的智慧，这正是个体生命觉悟与中华文明延续和发展的真正导师。"

解意：

人的生命是日新月异的，可谓是"苟日新，日日新，又日新"②，每天的生活都会遇

---

① 《思问录·内篇》。
② 《大学》。

到许多的困惑,也都有许多新的经验。与此不同,古代圣人的书籍千年未变,可是当新的生命与旧的知识进行对话的时候,就可能会迸发出智慧的火花,实现当下的自得。正如钱穆所说:"时时温习旧得而开发新知,此乃学者之心得。"①所以,"温故"为旧闻,"知新"为新悟,在旧闻中开出新悟,通过经典的诠释来获得自我生命的觉悟。

其实,圣人之"故"皆是古代圣人的悟道感言,只是就时空而言是"故",其所悟之道,本身无所谓"故"。就生命的智慧与大道来说,不管是传统之"故",还是当下之"新",未尝有变,"周虽旧邦,其命惟新"②就是这个道理,"天不变,道亦不变"③,其"新"其"旧",只是当下的不同应用而已。

因此,"温故而知新",是古与今的统一,是继承性与断裂性的统一,它是个体生命觉悟与中华文明延续和发展的真正导师。

十二 子曰:"君子不器。"

释义:

孔子说:"君子的理想不是成器。"

解意:

"器",是器物的意思,凡器物,都有特殊的用途,"器",可以引申为一技之长,指一个人的具体才能。君子也有自己的专长,如"德行:颜渊,闵子骞,冉伯牛,仲弓。政事:冉有,季路。言语:宰我,子贡。文学:子游,子夏"④。但是,君子的理想并不仅限于这些专长,而是要用自己的专长去实现更高尚的理想,"器"是工具,"道"才是目的。

与"器"相对的是"道",《易传》云:"形而上者谓之道,形而下者谓之器。"孔子之道,是入世之道,是仁义之道,君子的人生理想和追求是践行仁道,将自己的才华和力量奉献给他人和社会,将当下的具体工作与天下关怀结合起来。所以,君子一方面要由"器"进"道",以"器"为进"道"的路径;另一方面又要由"道"御"器",以"道"来指导"器"的运用。"道"不离"器",又贯通一切"器"。

---

① 钱穆:《论语新解》,生活·读书·新知三联书店 2012 年版,第 34 页。
② 《诗经·大雅·文王》。
③ 《汉书·董仲舒传》。
④ 《史记·仲尼弟子列传》。

十三　　子贡问君子。 子曰:"先行其言而后从之。"

释义:

子贡问孔子如何成为君子。孔子说:"先去践行,你才真正明白说的是什么。"

解意:

孔子提出的许多原则与观念,不是思辨的抽象概念,不能脱离具体鲜活的当下运用,脱离了实践,人们既不能确认观念的真实性,也无法获得切己的体会,更难以从中领悟到生命的智慧。因此,孔子反对口头辩说,更赞同躬行省私、默而识之。言语无法辩"道",只是悟后感言。

十四　　子曰:"君子周而不比,小人比而不周。"

释义:

孔子说:"君子无所偏袒,小人阿私相结。"

解意:

君子求"道",以道心对待他人,道心即仁心,放下自我,融入众生,故能大仁不仁,一视同仁,心地坦荡,无所偏私。小人常以己心、私心来交友,心量不免有所狭小,所交之友必与己同类,不容异己,自贵相贱。所以,君子守道,不刻意攀附,天下自然有志同道合的朋友;小人从自己的爱见出发,攀缘结私,患得患失。庄子曰:"君子之交淡若水,小人之交甘若醴。"①君子重道义,不重私情,因而朴实无华,平淡如水,大公无私;小人重私情,不重道义,虽然亲密无间,却常常是非不论,植党营私。

十五　　子曰:"学而不思则罔,思而不学则殆。"

释义:

孔子说:"只学不思,惘然自失;只思不学,危殆不安。"

解意:

中国之学,是智慧之学,智慧的获得必须将学与思结合起来。学,即读书问难,

---

① 《庄子·山木》。

以知识的获得为目标,但是知识终究是对象性的。比如学《论语》,学文中字与词的意思,了解孔子的言行及智慧,但是这些知识与智慧终究是孔子的,而不是自己的。如果只是博闻,而不能通过思来反观己心,自得智慧,则是买椟还珠、舍本求末,所以,学要靠思而有所得。正如孟子说:"思则得之,不思则不得也。"①而且,智慧之学一以贯之,道通为一,如果只学不思,则百家学问支离难贯,必然茫然无解,难登道之堂奥。

另一方面,如果只思不学,则会陷入一己之见,成为一曲之士,不仅思想难以得到进展,而且还可能会自以为是、傲慢无知。正如戴震所说:"凡学未至贯本末,彻精粗,徒以意衡量,就令载籍极博,犹所谓'思而不学则殆'也。"②读书研究同样也是参悟的过程,经籍乃圣贤得道体悟之流露,阅读经籍,与圣贤跨时空的对话,便能互参求证,如果不相符合,则加以改正,如果暗契道心,则信心充满。因此,只思不学,求道之路就会危殆不安,或信心不足,或误入歧途。

十六　　子曰:"攻乎异端,斯害也已。"

释义:

孔子说:"克服自己的极端言行,德性的运用才不会走向反面。"

解意:

儒家倡导中庸之道,中庸的反面就是异端,异端是非此即彼、偏而不中,故不能通乎全体。因而,"攻乎异端",不是打击异己的意思,而是"克己复礼"。这是因为,"中"是人的德性的重要品质,"中"则不二,故德性包含广大。但是,德性在发用的过程中,往往离"中"而有所偏执,正如有子曰:"信近于义,言可复也;恭近于礼,远耻辱也。"因此,"攻乎异端",正是要通过克服、消减自己的极端言行,常保仁心,止于至善。比如,勇敢为中道,而懦弱与鲁莽就是异端,"攻乎异端",就是面对自我的懦弱,给自己加油打气,增加信心,面对鲁莽,则三思而后行。

其实,在中庸与中道的智慧之下,异端也无所谓异端,真正的中庸,正是一种能够包容与融合异端在内的大智慧。如刘宝楠所说:"执两端而一贯者,圣人也。执一端而无权者,异端也。"③异端是当下的有限性,故为常态,正是在异端的超越性推进之中,人性与历史才趋向于中道,也才展现出中庸之道的永恒性。因此,中庸既体现

---

① 《孟子·告子上》。
② 戴震:《戴震集》,上海古籍出版社2009年版,第181页。
③ 刘宝楠:《论语正义》,高流水点校,中华书局2012年版,第614页。

了德性的无限性，又展现了生命与文明在传承过程中的整体性。正如《易传》云："一阴一阳之谓道。"阴、阳是道的异端，正是在阴、阳两极的相互推动之下，才展现了道的全体，离了阴、阳，便无道。

十七　子曰："由！诲女知之乎！知之为知之，不知为不知，是知也。"

释义：

孔子说："子路①啊！让我来告诉你应该知道什么吧！知己所知，更要知己所不知，这才是智。"

解意：

"智"是通往"道"的重要方法。智是智慧，知是知识，知识是有限的，智慧是无限的，知识侧重于所知者，智慧则侧重于知其所不知者，因此，古人用智慧来反思和批评知识。

知识以闻见与意识为主要内容，它为人们提供了理解世界与理解自我的感性素材、思维结构和价值观念，因而是构成生命自我的最主要方面。但是，由于每个人所获得的知识总是有限的，"吾生也有涯，而知也无涯"②，所以由知识构成的自我也是有限的，从自我的所知出发去理解的世界与自我，也注定充满了偏见与傲慢。与此不同，智慧总是以批评知识的面目出现，智慧总是要告诉人们，要放下由知识所构成的自我的偏见，明白自我的不足与知识的有限，有所知，并知其所不知，方能自知自明，达于无限。于"无知"之中，心灵与世界自然相互映照。乾坤朗朗，只缺澄明的心。

十八　子张学干禄。子曰："多闻阙疑，慎言其余，则寡尤；多见阙殆，慎行其余，则寡悔。言寡尤，行寡悔，禄在其中矣。"

释义：

子张③向老师学习如何求得俸禄。孔子说："广开言路，去除真伪难辨的言论，然后再谨慎

---

① 子路：孔子的学生，姓仲，名由，字子路。
② 《庄子·养生主》。
③ 子张：孔子的学生，姓颛孙，名师，字子张。

地去说符合事实的话,这样说话就会很少有过失;多方阅历,去除危险不安的行为,然后再谨慎地去做正义善良的事情,这样就不会让自己悔恨。说话没有过失,行为不让自己悔恨,俸禄就在其中。"

解意:

为学是为政的基础,但是为政又要比为学更加谨慎,也更加考验一个人的人生智慧,这是因为,为官临政,事事关乎百姓人民,自己的一言一行都会给广大人民带来重大利益或是伤害。正如康有为所说:"著书讲学之说,尚有悔而改定之时。为政如发机然,机一误发,国事民命系之,悔何可追? 此亦求仕者所读而汗下者也。"① 所以,为政并不是一项仅仅为了自己求俸禄的个人的事情,而是一项关乎众生利益的公共事业,所以要慎之又慎。

为政不仅需要有谨慎、敬畏的态度,还需要具备多方面的综合素养与能力,为政者既要能够坚守仁爱公正的道德原则,又要掌握更多领域的专业知识,此外,还需要有丰富的人生阅历,熟悉世故情伪,协调多方面的利益关系,具有因时、因地、因人制宜的灵活性。将百姓的事情都做好了,把百姓的生活都安顿好了,"小我"的利益自然就在"大我"中实现了,为政者的人生正路就在其中。

十九 哀公问曰:"何为则民服?"孔子对曰:"举直错诸枉,则民服;举枉错诸直,则民不服。"

释义:

鲁哀公②问孔子:"怎么做可以让人民对国家心悦诚服?"

孔子说:"用正直来纠正邪曲,人民会心悦诚服;用邪曲来压制正直,人民就不会心悦诚服。"

解意:

人民对国家心悦诚服,国家才能团结、进步和强大。因此,每一位国家的管理者都希望得到人民的支持,让人民诚服,而要做到这一点,首先就要得到民心。民心不等于人民的欲求与意愿,人民的欲求各不相同,意愿变动无常,但是民心是相同的、稳定的。民心从根本上来说,就是德性、良知。《诗经》曰:"天生烝民,有物有则。民之秉彝,好是懿德。"③ 人民依照仁心、德性,自然具备明辨是非的能力,也自然会亲近

① 康有为:《论语注》,中华书局1984年版,第25页。
② 鲁哀公:鲁国的第二十六代君王。
③ 《诗经·大雅·烝民》。

正直、远离邪曲。张栻说："夫子之告之者，虽为哀公而言，其实先王以得民心者，不越是也。盖善善而恶恶，乃兆民之彝性。在上者举措得宜，则莫不盎然而诚服，盖有以顺其彝故也。不然，则将憪然而不服，以拂其性故耳。"①因此，国家只有遵照德性，用正直来纠正邪曲，才能顺应民心，只有顺应民心，才能得到民心。

从中可以看出，孔子所主张的以德治国，实质上是依德性治国，而不是以道德礼仪治国，更没有反对法律在治国中的积极作用。孔子认为，德性应当作为道德与法律制定与运用的根据，道德与法律皆是德性培育的手段。正如钱穆说："盖礼治即仁治，即本乎人心以为治。"②只有当国家的政策符合人们的德性要求时，才能顺应民心，人民也才会对国家心悦诚服。

二十　　季康子问："使民敬、忠以劝，如之何？"子曰："临之以庄，则敬；孝慈，则忠；举善而教不能，则劝。"

释义：

季康子③问孔子："怎样做可以让人民对上级恭敬，对国家忠诚，并勤勉上进呢？"孔子说："上级庄重地对待人民和处理人民的事务，人民就会有恭敬之心；国家能让人民安心地在家孝敬父母、慈爱子女，忠诚之心就能得到培养；社会提拔举用善人、耐心教育不善的人，人民就会勤勉上进。"

解意：

社会道德风尚的养成，以激发每个人本有的内在德性为根本，而德性之所以需要激发和培育，是因为大多数人都不能自觉地发掘与坚定德性，容易受到外在环境的影响，甚至是决定，往往近朱则赤，近墨则黑，所以道德的养成需要诸多外因的作用。

汉儒董仲舒说："民之号，取之瞑也。使性而已善，则何故以瞑为号？以瞑者言，弗扶将，则颠陷猖狂，安能善？性有似目，目卧幽而瞑，待觉而后见。当其未觉，可谓有见质，而不可谓见。今万民之性，有其质而未能觉，譬如瞑者待觉，教之然后善。"④意思是说，人民虽然有先天的善性，但是如果不加扶持，人性就会堕落。就好像眼睛一样，眼睛虽然具有能见的功能，但在睡着时，眼睛不能见，只有觉醒时，眼睛才能

---

① 张栻：《张栻集》，邓洪波校点，岳麓书社 2010 年版，第 16 页。
② 钱穆：《论语新解》，生活·读书·新知三联书店 2012 年版，第 59 页。
③ 季康子：鲁国大夫，当时鲁国政治上最有权势的人。
④ 《春秋繁露·深察名号》。

见。因此,人民本有的德性就像睡着时的眼睛一样,只有唤醒他,才能重见光明。

人民德性的唤醒,需要充分调动各方面的力量。国家要积极倡导社会公德,举用善人;上级长官要以身作则,做好道德表率;家庭成员要进行爱的传递与熏陶,从孝慈中培养博爱的种子;社会上下还要积极发挥教育的作用,做好善的向导。只有这样,才能逐渐实现"天下归仁"的理想。

二十一

或谓孔子曰:"子奚不为政?"子曰:"书云:'孝乎惟孝,友于兄弟,施于有政。'是亦为政,奚其为为政?"

释义:

有人问孔子:"先生为什么不做官,参与政治呢?"孔子说:"《尚书》上讲:'孝敬父母,友爱兄弟,这正是在参与政治啊。'处处都可以参与政治,为什么非要当官才能参与政治呢?"

解意:

政者,正也,维系人间秩序,使其归于正直,因此,政治就是将社会秩序归于正直的实践活动。人类总是希望生活在有序的社会环境中,这不仅是人们德性的内在诉求,也同样是生活实践的需要。如果人人都不守秩序,社会就会混乱,对人对己都没有益处。

政治关乎每一个人的生活,是每一个人德性的内在要求。政治据于德性,德性源于天道,天道又决定人道,人道再通过政治得到实现。由于"道"的要求无处不在,所以在人间社会中,政治也无处不在,国有国政,家中亦有家政,离了国家之政,便没有家中之政,而如果缺少了家庭的孝慈与和谐,国家秩序也不可能稳定,社会也不可能和谐。正如《大学》说:"身修而后家齐,家齐而后国治。"因此,齐家不仅是治国的基础,更应是治国的重要内容,家庭的和谐不能只靠家庭成员自身的努力,更加需要国家的保障。让老年人身边有儿女相伴,不再孤独,让青少年得到父母的身教,不再留守家乡,让中年人安心工作,保家卫国,这些不正是政治吗?

二十二

子曰:"人而无信,不知其可也。大车无輗,小车无軏,其何以行之哉?"

释义:

孔子说:"人如果没有信用,就不知该怎么办了。好像牛车或马车,如果少了连接车辆与牲口的关键,车又怎么前行呢?"

解意：

信有本体，也有作用。信的本体是信心，信心是一个人的恒常心。唐代诗人李益《江南曲》有"早知潮有信，嫁与弄潮儿"，此中的"信"，正是恒常之义，恒常心作用于万事万物之中，就是信用。天道有常，日月更替，春、夏、秋、冬四季循环，从来都是如期而至；如果天道无常，一切生命都将不复存在。同样，一个人做任何事情，也得有恒常心，没有了恒常心，摇摆无定，朝三暮四，什么事情都做不好。人与人之间如果没有了信用，任何事情也都做不成。

在儒家思想中，信并不具有独立的道德意义，信需要以仁、义、礼、智为条件，而仁、义、礼、智也都离不开信，没有了信，仁会被放逐，义会被利吞噬，礼得不到坚守，智会导致疑惑。《吕氏春秋》曰："君臣不信，则百姓诽谤，社稷不宁；处官不信，则少不畏长，贵贱相轻；赏罚不信，则民易犯法，不可使令；交友不信，则离散郁怨，不能相亲；百工不信，则器械苦伪，丹漆染色不贞。"[1]所以，信是所有德行的关键。

二十三　子张问："十世可知也？"子曰："殷因于夏礼，所损益，可知也；周因于殷礼，所损益，可知也。 其或继周者，虽百世，可知也。"

释义：

子张问："三百年之后的中国可以知道吗？孔子说："商代继承了夏代的礼仪，并有所变革，这是可以知道的；周代继承了商代的礼仪，并有所变革，这也是可以知道的。将来同样会有某个朝代继承并变革周代，不要说三百年，就是过了三千年，也是可以知道的。"

解意：

孔子此论，可一扫儒家有为法之流弊。儒家所倡导的道德，既有道德之本体，又有道德之表现。其本体，为实智，是永恒的和普遍的价值，时至今日，仍在研习；就其表现，则是权智，不同的时代，道德的具体表现和运用必会有所不同，因时而宜。知实与权二智，则能见微知著，知未来之事。

钱穆说："礼必随时而变，仁则古今通道。"[2]由此可见，不管是中华文明，抑或是生命修养，都是继承与变革的统一，是接续与断裂的统一。今人对待中国传统文化，应弃末逐本，依于道德本体，开启当下时代的道德新风；而迂腐之人则弃本逐末，在

---

① 《吕氏春秋·贵信》。
② 钱穆：《论语新解》，生活·读书·新知三联书店 2012 年版，第 76 页。

形色方面效仿古人,东施效颦!

二十四　子曰："非其鬼而祭之,谄也。见义不为,无勇也。"

释义:

孔子说:"不是你的祖先,你却祭拜他,这是献媚;看到正义的事情,你却不去做,这是懦弱。"

解意:

孔子所处的时代,仍然是以鬼神文化占主导的时代,人们敬畏鬼神,希望通过祭拜鬼神,祈福禳灾。然而,孔子要努力将人们关注的重心由鬼神转变到人事上来,释"鬼"为自己的祖先,认为祭祀祖先并不能获得保佑,而只是在人伦关系的确认之中,安顿生命,培育德性。与其献媚鬼神,不如见义勇为,因为真正需要关怀的不是鬼神,而是人事,真正能够保佑自己的也不是祭拜鬼神,而是守护自己的德性。

人类文明,大体都经历了从鬼神文化到人文文化的演进过程,西方有以人性取代神性的文艺复兴,中国有以德性取代鬼神的儒家文明,两者皆是人类重要的思想启蒙,为人类的进步做出了巨大贡献。

八佾篇

第三

一　孔子谓季氏："八佾舞于庭，是可忍也，孰不可忍也？"

释义：

孔子说季氏："季氏在家族祭祀时使用八佾，连这样的事情都能忍心做出来，还有什么事做不出来？"

解意：

礼是道之文，是道表现出来的秩序以及人在遵循秩序时的规范。天地有自然秩序，人间有社会秩序，儒家倡导人道，非常重视家庭人伦秩序与国家政治秩序，主张用礼来维系家庭秩序与国家秩序。春秋时期，礼崩乐坏，君不君、臣不臣的现象时有发生。面对这样的社会现实，孔子用仁来挽救礼，通过改善人心来拯救乱世。仁心人人本有，仁心的发用就是礼，所以，礼不外乎仁，不仁，必然非礼。

八佾是一种古代的舞蹈，八个人排成一行叫一佾，八佾就是八行，六十四人共同舞蹈。依照传统礼节，天子用八佾，诸侯用六佾，大夫用四佾，季氏是大夫，应该用四佾。季氏非礼，其内在的原因正是"忍心"。"忍心"，仁心便不能发用。

二 三家者以雍彻。 子曰："'相维辟公，天子穆穆'，奚取于三家之堂？"

释义：

季孙氏、孟孙氏和叔孙氏是鲁国的三位当权大夫，三家举行家祭时，在祭祀完毕撤去祭品时，用《雍》这一首诗歌来伴奏。孔子说："《雍》诗中所赞美的是'诸侯陪伴在天子左右，天子祭祀，至诚至敬'，《雍》诗怎么能在这三家堂上唱呢？"

解意：

《雍》是《诗经》中的一首，孔子引用的"相维辟公，天子穆穆"，就来自《诗经》中的《雍》篇。《雍》这首诗专门用于天子宗庙之祭，三家僭而用之，故而非礼。

季氏用八佾之舞蹈、"三公"用《雍》诗，虽然是为表达正常的情感，但是情感如果不符合社会的秩序，不能用礼加以节制，则会流于荒淫。中国古代的礼，是维护社会秩序的规范，社会秩序的规范虽然有其历史性，但是每一个社会都必须通过人民对一定规范的遵行来实现社会秩序的安定。礼的作用有正、反两个方面：一方面，礼是正常情感的实现与保障，如葬礼、祭礼、婚礼等；另一方面，礼又是对过度情感的约束与节制，两者的共同目的都是达到"和为贵"，即通过对情感的调节，使其保持在一定的适度范围之内，并以此来规范行为，达到社会的和谐与安定。所以，孔子批评季氏与"三公"，并不是因为他们享受舞乐，或用诗歌来祭祀，而是他们的这些情感需求破坏了礼仪规范，导致了社会的混乱。

三 子曰："人而不仁，如礼何？ 人而不仁，如乐何？"

释义：

孔子说："一个人如果不能居于仁心，怎么能合理地运用礼和乐呢？"

解意：

仁心的发用是仁民、爱物，礼和乐都是表达和实现仁爱的工具和手段，仁心则是礼和乐的内容与实质。仁心与礼、乐是体与用的关系，如果没有礼、乐，仁心难以得到传达；如果仁心不起作用，礼、乐则会走向仁爱的反面，或者流于虚伪的外在形式，或者成为满足私欲的工具。在中国古代社会历史中，礼教往往脱离仁心的宗旨，成为政治统治的工具，"以礼杀人"。所以，礼、乐的运用一定要从仁心出发，才能避免祸害。正如刘宝楠说:"礼乐所以饰仁,故唯仁者能行礼乐。"①由此观之,季氏观八佾,爱乐也,三家行家祭,爱礼也,然皆不能居于仁心,故而非礼非乐。

现代礼仪的职业发展,是礼仪脱离道德走向独立的表现,若能由外达内,也不失方便,但若不知返归,那么礼仪就成了单纯的技术性表演,从而根本上失去了礼的意义。

四 林放问礼之本。 子曰:"大哉问! 礼,与其奢也,宁俭;丧,与其易也,宁戚。"

释义:

林放向孔子请教礼的本体。孔子说:"这是一个意义重大的问题! 礼,与其奢华,不如简朴;丧礼,与其简朴,不如哀伤。"

解意:

礼的本体和实质是仁心,仁心无形无象,表现于人的情感之中。当情感发自于仁心时,自然中和、无邪;当情感掺杂私欲时,则失度偏邪。所以人的情感需要礼加以节制和规范。东汉思想家王充说:"情性者,人治之本,礼乐所由生也。故原情性之极,礼为之防,乐为之节。性有卑谦辞让,故制礼以适其宜中,情有好恶喜怒哀乐,故作乐以通其敬。礼所以制,乐所以作者,情与性也。"②因此,礼的根本作用在于回归仁心,使情感自然中和。

然而,礼在实际的运用中,往往脱离其本体,礼的外在形式常常不能居于仁心、中和情感,反而遮蔽仁心、摇荡情感。子曰:"礼云礼云,玉帛云乎哉?"意思是说,礼的本体常常被礼的表现所掩盖。因此,通过由奢反俭,可以突破礼的外在形式的遮蔽,追寻礼之本体。我们常说礼轻情意重、平淡是真,就是这个意思,虽然礼轻与礼重都还是礼的外在表现形式,但是礼轻能淡化礼的外在形式,便于突出礼所要表达的人的真诚内心。

对于葬礼来说同样如此,葬礼之所以要举办,是为了通过这样的形式来表达亲人的哀痛之情,而不是追求仪式的简或繁。当然,如果能由哀痛之情更进一步深入到仁心之中,"慎终追远,民德归厚矣",便真正达到了礼的本体。因此,"礼之本"既不是外在的礼仪形式,也不是任意的情感发作,而是仁心以及由仁心发动的真情实感。礼治只是手段,仁心才是中心。

① 刘宝楠:《论语正义》,高流水点校,中华书局 2012 年版,第 81 页。
② 《论衡·本性》。

五　　子曰："夷狄之有君，不如诸夏之亡也。"

释义：

孔子说："那些未经过礼义教化的民族尚且能尊重自己的君王，而周朝各国的臣子心中早没有君王了。"

解意：

以孔子当时的历史状况来看，处于中原地区的周朝较为文明，而偏远的少数民族则较为野蛮，但是文明与野蛮并非取决于其历史的传统，而是取决于现实的发展。文明的传统可退化为野蛮的社会，野蛮的传统也可进步为文明的社会，与人的进步一样，孔子并不看重原初的基础，而更看重自身当下努力的程度，此谓"性相近也，习相远也"。

六　　季氏旅于泰山。　子谓冉有曰："女弗能救与？"对曰："不能。"子曰："呜呼！　曾谓泰山不如林放乎？"

释义：

季氏要祭拜泰山。孔子对冉有①说："你难道不能阻止他，纠正他的错误之举吗？"冉有答道："不能。"孔子说："唉！林放为何也不能阻止，难道我们要去指望泰山之神吗？"

解意：

礼之本在仁，子曰："人而不仁，如礼何？"仁对于礼的本体意义，不仅表现在礼的运用要以仁为出发点和落脚点，还意味着一个人如果缺失了仁的担当精神，就不能坚守礼。孔子批评季氏非礼而不仁，更加指出冉有和林放没有阻止季氏，推卸责任，同样是不仁。因为仁是一个人坚守人道的主体性力量。子曰："我欲仁，斯仁至矣。"仁者理应当仁不让。

人居于仁，所以依靠人道，而不依赖神道。仁是人的自我主宰，是人道确立的根本保证；反之，不仁，则身不由己，道德主体亦无从建立。

---

①　冉有：孔子的弟子，姓冉，名求，字子有，又叫冉求。

七　子曰："君子无所争。必也射乎！揖让而升，下而饮，其争也君子。"

释义：

孔子说："君子不是毫无原则地竞争。哪怕是射箭比赛也一定如此，登台前相互作揖，比赛结束后，相互饮酒，这样的竞争才是君子的风范。"

解意：

凡物皆有两面，竞争也不例外。"君子无所争"，不是不竞争，不是与世隔绝。孔子赞同竞争，因为只有在竞争中，个人与社会才能获得普遍的进步。但是，竞争又不是毫无原则地竞争，不能以一颗功利心去竞争，也不能将竞争当作唯一的目的，这样的竞争往往会扰乱人心，为达目的不择手段，还会成为人类争夺甚至杀戮的先导。正如康有为所说："盖争之极，则杀戮从之，若听其争，大地人类可绝也。然进化之道，全赖人心之竞，乃臻文明；御侮之道，尤赖人心之竞，乃能图自存。"[1]君子之争是光明正大的竞争，要将一颗仁心、一颗不争之心贯彻于竞争之中，这样的竞争取胜了不会傲慢，失败了不会气馁，无所谓得与失，也无所谓损与益。因此，竞争中存有仁道，有仁心才能有所竞争。

八　子夏问曰："'巧笑倩兮，美目盼兮，素以为绚兮。'何谓也？"子曰："绘事后素。"
曰："礼后乎？"子曰："起予者商也！始可与言诗已矣。"

释义：

子夏请教孔子："《诗》中说：'讨人喜爱的酒窝好漂亮啊，黑白分明的眼睛好美妙啊，不加装扮的素颜好迷人啊。'她如此美丽动人，却简单淳朴，这是什么道理呢？"孔子回答道："绘画先有白描，后上五采。"

子夏又问："礼也是后天的吗？"孔子说："子夏阐明了我的思想！他可以与我一同领会诗意、于诗中悟道了。"

解意：

仁，是一个人生命的内核，是内在的良心与德性，仁心生而有之，不求而得，是最

---

① 康有为：《论语注》，中华书局 1984 年版，第 33 页。

天然和质朴的。礼在仁之后,是仁的自然流露,将仁心发用于事事物物之中,则事事物物皆合于礼,因此,礼与仁在本质上是一致的。但是,礼也可能会背离人的先天仁心,变成一种外在的形式,而且,在人心巧智的作用之下,人还可以利用外在的礼仪来掩饰内在的目的,这样的礼往往是人为的、非自然的,表面有礼,实际无礼。所以,后天丰富而庄重的礼应当以先天质朴的仁心为基础和前提。

《礼记》云:"凡礼始于脱,成于文,终于隆。故至备,情文俱尽;其次,情文佚兴;其下,复情以归太一。"[①]这一句话充分说明了儒家对待礼乐的态度。意思是说,礼乐在产生之前,人们的情感表达是轻率和直接的。后来有了礼乐,才有了文采的修饰,人们的感情才烘托得宏大而崇高。因此,情感与修饰相恰相融、文质彬彬,是礼乐的最高层次。如果做不到这一点,也应该让情感与文饰、内容与形式相互影响。如果这一点也做不到,那么宁可归于太一这个原始质朴的状态,也不能让礼乐流于形式、徒有其表。

九

子曰:"夏礼吾能言之,杞不足征也;殷礼吾能言之,宋不足征也。文献不足故也,足,则吾能征之矣。"

释义:

孔子说:"夏代的礼仪,虽然我能重述,却不能在夏后代的杞国那里得到佐证;商代的礼仪,虽然我能重述,却不能在商后代的宋国那里得到佐证。杞国与宋国之所以没有留下佐证,是因为两国缺少史料典籍和能传承文明的贤者,如果有的话,我就能佐证了。"

解意:

以孔子为代表的儒家非常重视典籍与圣贤,圣贤传承典籍,并借助典籍表达思想。儒家之"道"是入世之道,是将自我奉献于人类文明之道,所以,每一位儒士身上都肩负着传承中华文明的使命,保存与传承典籍,也成为他们的职责所在。一个民族的文明如果要源远流长,必须通过史料典籍的保存与圣贤文人的传承。正是因为儒家对文、献方面的贡献,才成就了中华悠久不息的伟大历史与灿烂文明,也为当代世界的改善与进步保存了重要的思想资源。

经典具有永恒的价值,虽然经典文本与思想义理存在着一定的距离,但是文本又是保存与展现思想的最佳手段,"文"以载"道"。正如东汉思想家王符说:"是故圣

---

① 《大戴礼记·礼三本》。

人以其心来造经典,后人以经典往合圣心也。"①刘勰说:"言之文也,天地之心哉!"②戴震也说:"经之至者,道也;所以明道者,其词也;所以成词者,未有能外小学文字者也。由文字而通乎语言,由语言以通乎古圣贤之心志,譬之适堂坛之必循其阶,而不可以躐等。"③经典蕴含着圣人心迹,后学通过学习经典,就能够沿着圣人的心迹而契合道心、传承大道。

十 子曰:"禘,自既灌而往者,吾不欲观之矣。"

释义:

孔子说:"禘祭,从一开始献酒时,我就不想再往下看了。"

解意:

禘祭本是天子大祭。商朝末年,周公辅佐武王打败商纣,为周朝立下了汗马功劳,后来周公被分封为鲁国诸侯。周公死后,周成王特别赐予鲁国享有禘祭的资格,以追念周公,可见,鲁国禘祭所表达的是天子与周公间的君臣情义。如今的鲁国是君不君、臣不臣,禘祭却仍然在延续,孔子认为,鲁国禘祭已经失去了礼的内涵与本体,流于形式,有名无实,所以不欲观之。正如朱熹说:"鲁之君臣,当此之时,诚意未散,犹有可观,自此以后,则浸以懈怠而无足观矣。"④

十一 或问禘之说。 子曰:"不知也。 知其说者之于天下也,其如示诸斯乎!"指其掌。

释义:

有人向孔子请教禘祭的仪式。孔子说:"不知道。如果人们真的懂得禘祭的道理,天下治理易如反掌!"孔子一边说着,一边指着自己的手掌。

解意:

礼有礼义与礼仪之分。礼义是礼仪存在与运用的内在根据,礼义的本体是仁心;礼仪是礼义表现于外的形式,礼仪的存在是为了让仁心得以发用、获得安顿。因

① 《潜夫论·赞学》。

② 《文心雕龙·原道》。

③ 戴震:《戴震集》,上海古籍出版社 2009 年版,第 192 页。

④ 朱熹:《四书章句集注》,中华书局 1983 年版,第 64 页。

此,缺少了仁心,礼仪就失去了存在的根源与意义。孔子认为,鲁国行禘祭,君臣之间的仁爱之心已经不复存在,禘祭名存实亡,所以,对于它的形式,知与不知,都无所谓。不过,孔子还是希望能够引导人们去明白禘祭的本质,以及仁心对于国家治理与天下太平的根本意义!

十二　　祭如在,祭神如神在。 子曰:"吾不与祭,如不祭。"

释义:

　　祭祀祖先和神灵的时候,就好像祖先与神灵真的在面前一样。孔子说:"如果我不用心参与祭祀,如同没有祭祀。"

解意:

　　孔子之道,乃入世之道,只谈人事,不谈鬼神,但是孔子又主张保留祭祀的仪式。这是因为,在祭祀祖先或祭拜神灵的时候,人们往往心怀敬畏,一时能放得下意识中的妄心与妄念,诚敬地直面自己的内心。在祭祀时,人们不应用理性去分析祖先、神灵的有无,以及灵验与否,而是要用一颗敬畏、真诚的心去参加祭祀,如李泽厚说:"行祭礼的时候必须设想鬼神(祖先)是存在着,要求的仍是一种心理情感的呈奉而不是理知的认识或论证。"①所以,祭祀祖先和神灵时,就好像祖先和神灵真的在眼前,让自己的内心接受祖先和神灵的拷问,接受仁心的洗礼。

　　俗话说:心诚则灵。只有心诚,你才能听到自己仁心深处的声音,也才能真诚地接受仁心的反省与批评,得到心灵的净化,获得生命的主动。《礼记》有云:"夫祭者,非物自外至者也,自中出生于心也。"②因此,祭祀就是祭自己的内心。

十三　　王孙贾问曰:"与其媚于奥,宁媚于灶,何谓也?"子曰:"不然。 获罪于天,无所祷也。"

释义:

　　王孙贾③问孔子:"听说灶神比奥神灵验,应该讨好灶神,有道理吗?"孔子回答说:"没有道理。如果违背了仁心,向谁祈祷都没有用。"

---

① 李泽厚:《论语今读》,中华书局 2015 年版,第 56 页。

② 《礼记·祭统》。

③ 王孙贾:人名,卫国大夫。

解意：

春秋时期，鬼神文化仍然占据主导。孔子一方面顺应时代的状况，保留祭祀的形式；另一方面，又积极引导人们从外在的鬼神崇拜走入内在的仁心依据。鬼、神属于天命，不同于人道，但是天命与人道之间又不是相互割裂的。天命即是道心，人心秉承天命，与道心相契。道心的体现就是仁心、人性。正如《中庸》曰："天命之谓性。"王夫之也说："心者，天之具体也。"① 所以，仁心、人性非父母所给，非教育所授，人人生来本具，是谓天生。孔子所提倡的仁心，既同于人心，又异于人心，仁心不在人心之外，仁心是合于道心的人心。

仁心即是道心，祈祷天地神灵，便是修养自己的仁心，违背了仁心，便是违背了道心和天意。所以，生命的真正主宰不是外在的神灵，而是内在的仁心。

十四　　子曰："周监于二代，郁郁乎文哉！ 吾从周。"

释义：

孔子说："周代的文明继承并变革了夏、商两代的文明，比前两代更加丰富灿烂！所以我赞同周代的文明。"

解意：

中华文明经过夏、商二代，到了周代，礼乐文明基本齐备，号称"礼仪三百，威仪三千"②，因此，中华文明成形于周代。周代以降，百家争鸣，实质上都是对周代礼乐文明的继承、反思、批判和发展。

康有为说："孔子之道，以文明进化为主。"③荀子也说："百王之道，后王是也。"④孔子虽然赞同周代，但是并不能由此认为孔子是一位守旧泥古的复古主义者，前文有"其或继周者"，充分表明孔子所赞同的并不是某一个朝代，而是文明在一损一益中所推动的历史进程。

---

① 《思问录·内篇》。

② 《中庸》。

③ 康有为：《论语注》，中华书局 1984 年版，第 38 页。

④ 《荀子·不苟》。

十五　　子入太庙，每事问。 或曰："孰谓鄹人①之子知礼乎？入太庙，每事问。"子闻之，曰："是礼也。"

释义：

孔子进入太庙，每遇到不懂的事物都要询问。有人说："谁说孔子知礼了？他到了太庙，什么都问。"孔子听到后说："这正是礼啊。"

解意：

礼一定是文质彬彬，重文轻质与重质轻文皆是对礼的误用，然而，世人往往只看到礼在文饰言行上的外在表现，而忽视了礼是内在仁心和情感的率直表达。孔子入太庙，不懂便问，直道而行，真真切切，秉心方正，不伪不诈，反而让人觉得不知礼、不懂事，难道只有不懂装懂、懂了也装不懂，才叫懂礼？呜呼！孔子非儒家，儒家者何？后来一些人装模作样、伪善圆滑，与对礼的误用有莫大的关系。

十六　　子曰："射不主皮，为力不同科，古之道也。"

释义：

孔子说："射箭比赛不要求射穿靶子，因为每个人的力量不同，这是古人的道理。"

解意：

射箭比的是射中，而不是力气；礼重在表达仁心，而不在乎礼轻礼重。仁心人人本具，为仁由己，只要自己愿意，仁心皆能发用。然而，仁心发用，却不能以外在的事的大小来衡量，更不能用外在的功德利益来取代内在的仁心。仁心实无大小，只要量力而行、尽其所能就可以了。

十七　　子贡欲去告朔之饩羊。 子曰："赐也，尔爱其羊，我爱其礼。"

释义：

在每月初一的告朔仪式上，都要用一只活羊作为牺牲，子贡想废除羊的牺牲。孔子说：

① 鄹人：孔子的父亲叫叔梁纥，叔梁纥曾是鲁国鄹邑大夫，所以人们称孔子为鄹人之子。

"子贡啊,你想省下的是羊,而我想保留的是礼。"

解意:

告朔是周代的一种礼制。古代天子在年底时,颁发来年的历书给诸侯,诸侯将历书藏于太庙之中,每月初一,以告朔之礼,从太庙中请出历书,昭告百姓。告朔时,会用活羊牺牲。

春秋时,礼崩乐坏,诸侯不臣于天子,天子也不履行天子的职责,不告朔,告朔之礼只是徒有虚名,所以子贡觉得用活羊牺牲已经没有意义,不如废除。但是孔子加以反对。孔子反对,原因有二:其一,孔子虽然看到当时礼崩乐坏的社会现状,但还是希望能够保留礼的名分,期望通过这个名分来促成礼义的恢复,即通过"正名"来达到纠正现实的目的;其二,在孔子看来,礼离不开文采的修饰,需要借助外在的形式来烘托与表达内心的情感,在庄严的礼仪形式中,人们的心灵会归于诚敬,仁心可能会得到唤醒,这也是当代接续传统礼仪的意义所在。

在先秦诸子思想中,墨家和道家对礼仪的态度与儒家有所不同。墨家从功利主义与实用主义的立场出发,主张"非乐""非葬",比如在对待祭礼杀羊这个事情上,墨家往往会认为杀羊是一种不经济的浪费行为,劳民伤财,应该加以废除。道家会从万物平等、尊重本性、重质轻文的观念出发加以反对。而以孔子为代表的儒家以社会整体秩序的和谐为宗旨,反对去除告朔饩羊,其根本不在于羊,而在于饩羊所代表的社会秩序。

十八　子曰:"事君尽礼,人以为谄也。"

释义:

孔子说:"对君王保持本有的尊敬和礼节,人们却认为是谄媚。"

解意:

孔子按照正常的礼节来对待君王,不偏不倚,中和适宜,然而,世人认为这是谄媚、讨好。其实,不是孔子谄媚,而是世人无礼。屈原说:"举世皆浊我独清,众人皆醉我独醒。"[1]孔子的孤独,源自于此。

---

[1] 《楚辞·渔父》。

十九　　　定公问："君使臣，臣事君，如之何？"孔子对曰："君使臣以礼，臣事君以忠。"

释义：

鲁定公问："如何才能让臣子甘愿服从君王，竭尽全力服务君王？"孔子回答道："君王首先要对臣子以礼相待，臣子才能忠诚于君王。"

解意：

定公继位之后，公室势衰，臣子多失礼于君王，定公患之，以问孔子，孔子却认为，君臣关系的失序，君王要负首要责任。

君臣关系是古代的"三纲"之一。在"三纲"之中，不管是君臣关系、夫妻关系还是父子关系，关系的双方都存在着差别。在孔子看来，这个差别主要不是社会等级与地位的贵与贱的差别，也不应导致命令与顺从、剥削与被剥削的关系，而只是在道德责任的承担上有重与轻的区别，在道德表率上有主动与被动的差别，因为"纲"的本意是提网的总绳、事物的关键，即表率与榜样的意思。在国家政治中，君王应该做好表率，天下无道，君王应首先承担责任；在夫妻关系上，丈夫要首先自正其身，管好自己，夫妻不和，丈夫应反省自己、勇担责任；在父子之间，父亲要做好子女的表率和榜样，因为子女的优点与缺点大多来自父母长辈。君、夫与父的道德责任，具体来说就是仁、义、礼、智、信这"五常"，在处理君臣、夫妻和父子的关系时，君、夫和父要首先主动地运用仁、义、礼、智、信来对待臣、妻和子，做好表率与榜样。正如东汉思想家王符在论述君臣关系时说："是以忠臣必待明君乃能显其节，良吏必得察主乃能成其功。君不明，则大臣隐下而遏忠，又群司舍法而阿贵。"①

人与人的关系是互为因果、阴阳交感的。一方面，君王只有首先使臣以礼，臣子才能事君以忠；另一方面，也只有臣子事君以忠了，君王才能使臣以礼。所以，不管是君与臣，还是夫与妻、父与子，彼此都应平等相待，都需要贯彻严于律己、宽以待人的忠、恕之道。

---

① 《潜夫论·明忠》。

二十　　子曰："关雎，乐而不淫，哀而不伤。"

释义：

孔子说："《诗》中的《关雎》篇，欢乐而不失当，悲哀而无损伤。"

解意：

喜、怒、哀、乐，乃人之常情，人情本于人性，人情适宜，即是人性。正如《中庸》曰："喜怒哀乐未发谓之中，发而皆中节谓之和。"两者体、用不离，无情，非人也。人生之路就是仁心的发用与展开，人道的本质是仁道，而仁道的修行非但不是虚静寂寞、无情无欲，反而应该充分调动一个人的合理情感，激发一个人的爱人之情。正如钱穆说："无哀乐，是无人心。无人心，何来有人道？"①喜者，善善之情；怒者，恶恶之情；哀者，悲悯之情；乐者，助人之情。因此，丰富的情感，是培养仁德的重要因素。

然而，人情如果自人性出而不知返回，过度而不加节制、放任自流，则会损人害己、违背仁道。《诗》中《关雎》，描写的是君子与淑女之间的爱情，有了爱情，才有夫妇，而夫妇正是人道的开端。子曰："君子之道，造端乎夫妇，及其至也，察乎天地。"②真正的爱情一定是"乐而不淫，哀而不伤"的，因而与情欲有别。情欲是占有对方，欲念充斥；而爱情则是珍爱对方，奉献自己，甚至不惜生命。爱情，虽然有时因不得见而有所苦涩，但也因有所念而心中幸福，因而是温馨、平和的。当我们理解到爱情的真谛，并践行真爱的时候，便已经悄然走在了仁道之上。

二十一　　哀公问社于宰我。　宰我对曰："夏后氏以松，殷人以柏，周人以栗，曰：'使民战栗。'"
子闻之，曰："成事不说，遂事不谏，既往不咎。"

释义：

鲁哀公问宰我③，土地神的牌位应该用什么木材制作。宰我回答说："夏代用松木，商代用柏木，周代用栗木，用栗木的原因是使人民战栗、畏惧。"

孔子听到后说："已经过去的事情就不要再解说了，已经完成的事情就不要再挽回了，已经做过的事情就不要再追究了。"

---

① 钱穆：《论语新解》，生活·读书·新知三联书店 2012 年版，第 68 页。

② 《中庸》。

③ 宰我：孔子的学生，姓宰，名予，字子我。

解意：

鲁哀公见君不君、臣不臣，于是希望通过神权来加强王权。宰我迎合哀公，以"使民战栗"来解释用栗木立土神所能起到的社会作用，即"设神道教"。通过鬼神来达到教化的目的，是三代治世的主要方式，但是到了春秋时期，这种鬼神文化已经到了需要变革的时候。诸子百家的兴起，正是对过去鬼神文化的批判与超越，将鬼神文化引导至人文文化之中。

春秋时期的诸子百家争鸣是中国有史记载的第一次思想启蒙与生命觉醒，而孔子正是这次伟大启蒙运动的旗手之一，"子不语怪、力、乱、神"，大兴教育，有教无类，将生命的权力与依托从外在的鬼神那里夺回来，安顿在家庭与社会的道德伦理之中，安顿在每个人自己的内在仁心与现实仁道之中。由此可见，孔子绝非复古保守之人，而是主张革旧图新的改革家。

二十二

子曰："管仲之器小哉！"

或曰："管仲俭乎？"

曰："管氏有三归，官事不摄，焉得俭？"

"然则管仲知礼乎？"

曰："邦君树塞门，管氏亦树塞门；邦君为两君之好有反坫，管氏亦有反坫。管氏而知礼，孰不知礼？"

释义：

孔子说："管仲的志向还是小了些啊！"

有人不懂孔子的意思，问："难道是因为管仲不节俭吗？"

孔子说："管仲的确不节俭，管仲有三处府第，自己聘用的家臣也不兼职，怎么会节俭呢？不过这不是他志向小的原因。"

这人又问："难道是因为管仲不守礼节吗？"

孔子说："管仲的确不拘小节。国君宫殿的入门处设有屏风，管仲家的入门处也设屏风；国君招待外宾用餐，专门加上放酒杯的台子，管仲平时在家用餐也设有放酒杯的台子。如果管仲守礼，还有谁不守礼呢？不过这也不是他志向小的原因。"

解意：

孔子希望通过仁政来达到天下归仁的理想政治，但是身处于春秋乱世，孔子又需有所变通，经权结合，仁智统一，在追求王道的过程中，不能完全地排斥霸道，如果能通过霸道而上达至王道，也不失为明智之举。

在管仲的辅佐下,齐桓公不用武力而九合诸侯,成为一代霸主,其成就有目共睹。孔子也常常大加赞赏,子曰:"桓公九合诸侯,不以兵车,管仲之力也。如其仁!如其仁!"又说:"管仲相桓公,霸诸侯,一匡天下,民到于今受其赐。"然而,在对管仲加以赞赏的同时,孔子又深为惋惜,惋惜于管仲不能在已有形势的基础上进一步地由霸进王,更上一层,所以说管仲之器小哉。正如司马迁曰:"管仲世所谓贤臣,然孔子小之,岂以为周道衰微,桓公既贤,而不勉之至王,乃称霸哉?"①刘向也说:"桓公用管仲则小也,故至于霸,而不能以王。故孔子曰:'小哉!管仲之器。'盖善其加遇桓公,惜其不能以王也。"②

管仲不能由霸进王,从根本上来说,是不知天命,不识仁体。仁者,生生不息,进取不已,而管仲略有小成,则贪图享乐,故孔子认为其器小哉!

二十三　子语鲁太师乐,曰:"乐其可知也:始作,翕如也;从之,纯如也,皦如也;绎如也,以成。"

释义:

孔子与鲁国乐师谈论音乐时说道:"音乐我可以理解:开始演奏时,五音交错相感,人心振奋;随之,音声和谐,清浊有别;最后,音乐听之于耳,动之于心,乐心交感,让听者境界升华。"

解意:

孔子听鲁太师作乐,犹闻大道。音乐奏响之时,五音齐发,万物并作,故翕如也;随之,阴阳交感,五音协调,文质彬彬,混同为一,故纯如也;继续听下去时,五音又泾渭分明,各司其职,素位而行,自在独存,故皦如也;圣人以心造乐,听者亦以乐往合圣心,人心相通,得受教化,至善也,至美也,故绎如也。孔子曰:"兴于诗,立于礼,成于乐。"乐实乃教化的最高境界,既是音乐之旅,也是生命之旅。

音乐的创作与演奏发自于人情,作用于人心。当心情愉悦时,听欢快的音乐,会更加愉悦;当心情忧伤时,听悲伤的音乐,会加重忧伤;当心情过于快乐或过于忧伤时,听平和的音乐,则可以让人心绪平静。《乐记》曰:"乐也者,圣人之所乐也,而可以善民心,其感人深,其移风易俗,故先王着其教焉。"③《琴史》中也说:"圣人既以五声尽其心之和,心和则政和,政和则民和,民和则物和。"④因此,音乐的作用不仅是娱

① 《史记·管晏列传》。
② 《新序·杂事》。
③ 《礼记·乐记》。
④ 《琴史·释弦》。

乐,更能够陶冶情操,实现道德教化,甚至有辅助王治的社会作用。

二十四

> 仪封人请见,曰:"君子之至于斯也,吾未尝不得见也。"从者见之。
> 出,曰:"二三子何患于丧乎? 天下之无道也久矣,天将以夫子为木铎。"

释义:

孔子和弟子路过仪这个地方,仪城的边防官是一位隐士,请求孔子接见,对孔子的弟子说:"君子来到这里,我都要见一见。"孔子的弟子引他去见孔子。

见过之后,这位边防官对孔子的弟子们说:"你们何必如此精神颓丧,忧患文明不继、大道不行呢? 天下虽然离开正道很久了,但是上天让孔子住世,警示世人。"

解意:

孔子一生,游历各国,宣扬正道,虽然四处碰壁,犹如丧家之犬,却不为乱世而妥协,正气凛然,虽然不遇,却弥足珍贵。孔子之于中国,犹如苏格拉底之于西方,皆是上天派来唤醒人们的木铎和牛虻,是暗夜之明灯,故可为圣人。正如刘勰说:"至夫子继圣,独秀前哲,熔钧六经,必金声而玉振;雕琢情性,组织辞令,木铎起而千里应,席珍流而万世响,写天地之辉光,晓生民之耳目矣。"[①]天下无道久矣,世人亦掩耳盗铃,得过且过,无可奈何,夫子却知其不可为而为之,虽然未能使乾坤扭转,却明辨真伪善恶,警醒世人,使善根永续,故而立天下有道之机。

天下之道,虽是自然过程,但自然之道,亦有人道的力量包蕴其中,无人道,便无天道。因此,孔子虽罕言天道,却正在用自己的积极有为来顺应天道,孔子践行其使命,正是天道的合理运动。

二十五

> 子谓《韶》:"尽美矣,又尽善也。"谓《武》:"尽美矣,未尽善也。"

释义:

孔子在评价《韶》这首乐曲时说:"既悦耳动听,又能感化人心。"在评价《武》这首乐曲时说:"虽然韵律优美,却显露武力,不能感化人心。"

---

① 《文心雕龙·原道》。

解意:

《韶》乐和《武》乐分别歌颂了舜帝和武王,也反映了两个不同时代的状况。孔子所评价的并不仅仅是音乐的美妙与否,也不是舜帝与武王本人的得失,而是通过音乐,对两个历史事件本身进行反思。《乐记》云:"治世之音安以乐,其政和;乱世之音怨以怒,其政乖;亡国之音哀以思,其民困。声音之道,与政通矣。"①舜帝延续尧帝,垂拱无为而天下治,处太平之世,故而尽善尽美;而《武》乐所反映的是商纣无道,"暴殄天物,害虐烝民"②,以及武王伐纣救民的历史事件,虽然武王最终重开太平之世,功莫大焉,但是毕竟兵刃相接,以暴易暴,血流成河,征诛而得天下,故而尽美未能尽善。

舜帝与武王,其功一也,但是对于百姓的生命来说,则大为不同。仁者爱人,圣人替天行道,不为个人的欲望与名利,只为百姓请命、续命而已,又怎么能让百姓成为满足私欲的工具和战争的牺牲品呢? 孙子曰:"百战百胜,非善之善者也;不战而屈人之兵,善之善者也。"③所以圣人祈求太平,反对战争,即使要战,也应以不战而胜为最高境界。

二十六　子曰:"居上不宽, 为礼不敬, 临丧不哀, 吾何以观之哉?"

释义:

孔子说:"在上位时,不宽容他人,行礼不诚敬,居丧不哀伤,我怎么能看得下去呢?"

解意:

在社会中,每个人都承担着不同的角色,一个人往往既是上位者,也是下位者。当面对自己的晚辈与下属时,自己就是上位者;当面对自己的长辈与长官时,又是下位者。一个人在处上位时,很容易升起傲慢的情绪,高高在上,所以,越是在上位时,就越是要放低自己的身架,既要严于律己,做好表率和榜样,承担起更多的责任与义务,又要宽以待人,不以对待自己的标准来要求他人。

---

① 《礼记·乐记》。

② 《尚书·武成》。

③ 《孙子·谋攻》。

里仁篇
第四

一　　　子曰："里仁为美。择不处仁，焉得知？"

释义：

孔子说："居住在仁心之中，人生处处都是美好的。不依照仁心去选择、判断，智慧怎么能获得呢？"

解意：

仁心是人道的根源和起点，从仁心出发，行走在仁道之上，就是孔子心中的完美人生。因此，仁是人的内核，是人生的归宿，正如孟子曰："仁，人之安宅也。"①仁心是爱人之心，所以是美好的，人生如果能安居在仁心之中，从仁心出发来看待世界，那么，人间处处自然都充满着仁爱。

仁心之中还蕴含着明辨之心。孔子虽然关注的领域更多是人类社会中的道德生活与政治生活，较少地关注自然世界及其规律，但是孔子为儒家提供了一个重要的认识论基础，即认识世界要从仁心出发。不管是对人还是对物，真正的理解都不应该是"以我观之"，而需要设身处地、将心比心、同情地去理解，只有在仁心之中，人

———————

① 《孟子·离娄上》。

045

们才能真正地去倾听、亲近和融入他人与万物,并在此中确认他人与万物的真实存在。理解,实质上是一个由相爱到相知的过程。所以,离开了仁心的发用,就无法获得真理与智慧。

二　　子曰:"不仁者不可以久处约,不可以长处乐。仁者安仁,知者利仁。"

释义:

孔子说:"不能坚守仁德的人,既不能长久处在穷困中,也不能长久处在逸乐中。仁者能安于仁心,智者有利于践行仁德。"

解意:

子曰:"知者乐水,仁者乐山。"仁是稳定的,智是流动的,智要靠仁来稳定和指导,仁要靠智来追求和发动。仁是生命的本体。有了仁,一个人就知道生命的起点在于先天的仁心,生命的修行在于仁德的稳固,生命的目标在于仁道的践行;有了仁,一个人的精神是充实的,信念是善良的,生命是富足的;有了仁,一个人才能真正树立起伟大的理想和信仰,仁者正是通过奉献自我才最终实现自我。

仁者有坚定的内心,有丰富的精神,还有伟大的理想,所以,不管是处在穷困之中,还是处在富裕之中,都不会改变他的内心,不染尘累,安之若素。反之,一个人如果离开了仁,便暂时失去了生命的内在信念,逃避生命的价值与意义。当长久处在穷困之中时,就会无法忍受穷困,做出违法乱纪的事来;长久处在享乐之中,也无法填满他内心的空虚,做出更加出格的事来。正如朱熹说:"不仁之人,失其本心,久约必滥,久乐必淫。"①因此,仁者诉之于内,不愿乎外,安乐是恒常的;不仁者无内而求之于外,故而患得患失,终无安乐。

三　　子曰:"惟仁者能好人,能恶人。"

释义:

孔子说:"只有仁者,才能真心地去爱人、去恨人。"

解意:

爱与恨,是人之常情,仁者也不例外,仁者有爱,也有恨,仁者原来也是那么的真

---

① 朱熹:《四书章句集注》,中华书局 1983 年版,第 69 页。

实率性！但是，要想真正地做到明辨是非善恶，真正地去爱人和恨人，就不能依赖爱和恨这样的情感，也不能夹杂着个人的利益。如果从情感出发，爱的人往往是与自己相似的人，恨的人也常常是与己不同的人，但是与己所同的人未必是善人，与己不同的人未必就是恶人。如果夹杂着利益，就会喜爱对己有利的人，厌恶对己不利的人。但是带给自己利益的人，未必就是善良的人，与自己没有利益关系，甚至对自己不利的人，也未必就是邪恶的人。正如李泽厚说："或仅凭一己之爱憎好恶而排拒或钦羡，经常出于无知和缺乏理性。"[1]仁者与此不同，仁者的好、恶是真正的好好而恶恶，这是因为仁者的好、恶超越了一般人的好、恶，他不是从自己的情感与利益出发，而是要摒除自己的私心，坦荡荡地以自在本有的仁心与良知去观照他人，别其善恶。

仁心生而有之，本具明辨是非的能力，因此，仁者以先天仁心为根本依据，能真心地去爱，真心地去恨，"圣人真心独朗，物物斯照"[2]。仁者真心去爱，为了存其所善，真心去恨，为了去其所恶，所以，仁者的恨，没有恶意，同样是爱。

四　　子曰："苟志于仁矣，无恶也。"

释义：

孔子说："一个人如果能有志于仁道，心中就没有恶念。"

解意：

仁者，仁民爱物者也，一个真正走在仁道上的人，虽然会依仁心观照是非，辨别善恶，但其目的仍然是改非为是、止恶迁善。所以，在仁者的心中，实际上并不存在真正的厌恶与仇恨，仁者对待所有的人都是一视同仁，正是因为一视同仁，仁者的心量才能广大，才能普济众生，人道也因此而伟大。

蕅益大师说："千年暗室，一灯能破。"[3]一个人一旦立志于仁道，犹如回头是岸，生命也从此焕然一新。

①　李泽厚：《论语今读》，中华书局 2015 年版，第 75 页。
②　《肇论·般若无知论》。
③　蕅益大师：《四书蕅益解》，江谦等点校，中国水利水电出版社 2012 年版，第 71 页。

五

子曰："富与贵，是人之所欲也，不以其道，得之不处也；贫与贱，是人之所恶也，不以其道，得之不去也。君子去仁，恶乎成名？ 君子无终食之间违仁，造次必于是，颠沛必于是。"

释义：

孔子说："富裕与高贵，是每个人都希望拥有的，不能用正当的方式得到，我就不要；贫困与低贱，是每个人都厌恶的，不能用正当的方式去除，我就安于贫困与低贱。君子如果离开了仁心，还能称为君子吗？ 君子无时无刻都不会离开仁心，仓卒慌忙时是这样，倾覆流离时也是这样。"

解意：

仁心是仁道的起点，仁心的坚固不可不慎。人们都希望得到富贵、远离贫贱，这是人之常情，圣人也不例外。圣人与小人都希望得利，利与义之间并不存在着根本的矛盾。但是，就如何得利，通过什么样的手段和方式得利，则是考验一个人的仁心、品质的关键。王充说："是则以道去贫贱如何？ 修身行道，仕得爵禄、富贵。得爵禄、富贵，则去贫贱矣。不以其道去贫贱如何？ 毒苦贫贱，起为奸盗，积聚货财，擅相官秩，是为不以其道。"[1]君子以仁义为先，利益的获得是践仁行义的自然结果，所以君子不会违背公义与良心去求利，得利或是不得利，皆能无愧于心。小人以利益为根本目的，所以常常不择手段、违背公义与良心来求利。

行在仁道途中，人才不会在尘世中迷失、沉沦，求仁而得仁，得利或不得利，于人生的理想无所损益，人生修行，不过如此。所以，只有君子才能做到义、利的统一，能得大利者，必是君子。小人在求利的途中，急功近利，以功利为目标，常常在危难之中不能自立，离开公义、违背良心而得利，得利而失其身，舍本求末，终不得利。正如荀子所说："仁之所在无贫穷，仁之所亡无富贵。"[2]从中可以看出，儒家对义与利的思考，非但不是迂腐之论，对当今经济社会的健康发展与人心纠正亦有重大的价值。

① 《论衡·问孔》。
② 《荀子·性恶》。

六　　子曰:"我未见好仁者,恶不仁者。 好仁者,无以尚之;恶不仁者,其为仁矣,不使不仁者加乎其身。 有能一日用其力于仁矣乎? 我未见力不足者。 盖有之矣,我未之见也。"

释义:

孔子说:"我已经见不到主动地去求仁、远离不仁的人了。主动去求仁的人,把仁看得高于一切;主动远离不仁的人,是为了护持自己的仁心,不被不仁影响和玷污。人们能够在一天之中坚守仁心、践行仁道吗? 我从未见过有能力不足的人,也许真的有吧,至少我还没有见到过。"

解意:

仁心人人本有,非是外求,既是本有,求仁就是自己力所能及的事。子曰:"我欲仁,斯仁至矣。"仁与不仁,完全取决于主体的意愿,而不取决于能力。不过,了知仁心在我,并非难事,难就难在对仁心坚守不离,始终如一地践行仁道。颜回"三月不违仁",仁体方才得以确立,三月虽短,却实非易事。可见,不管是主动地去求仁,还是远离不仁,都要用力于仁,这才是儒家修身的关键。

世人仰望圣道,常常觉得圣道非己力所能及。如孔子的弟子冉求说:"非不说子之道,力不足也。"孟子的弟子公孙丑也说:"道则高矣,美矣,宜若登天然,似不可及也。"[①]殊不知圣人与自己平等不二,皆有仁心,皆可行仁,不管是圣人,还是常人,都是能够做到在一天之内让自己的内心不离仁心,让自己的行为符合仁道的,如果一天能够做到,两天也自然能做到,三天也同样能做到。《大学》云:"苟日新,日日新,又日新。"就这样,日积月累,仁心可固,仁道可成。

七　　子曰:"人之过也,各于其党。 观过,斯知仁矣。"

释义:

孔子说:"人的过错,大多来自于身处的群体。观察过错的来源,便知道仁心从未离开。"

解意:

是人就会犯错,但不能因为人会犯错,就认为人性本恶。荀子虽然主张人性恶,但是荀子所谓的性,并非天性、本心,而是积习、习气。既然是积习、习气,就说明不

---

① 《孟子·尽心上》。

是天生的,而是后天养成的,这些不良习气,大多受到自己所处的环境和所属的群体的不良影响,如家庭、学校、朋友圈、单位,乃至社会等。如果仔细去观察每个人的错误就会发现,这些错误并不是来源于人的本性,而是来自于其群体,这样,人们就能从中领悟到其本性不恶、仁心未泯,并在此基础上改过自新,知仁求仁。

八　　子曰:"朝闻道,夕死可矣。"

释义:

孔子说:"清晨领悟到人生的使命,晚上我便死而无憾。"

解意:

孔子之道,是入世之道,因此,孔子并不追求个体生命的永恒,而是将奉献自我作为人生的终极使命。当孔子闻得仁道,领悟到人生的使命就是无私地将自己的力量奉献给他人、社会,乃至人类的时候,回顾一生的路,夫子不正是将其一生的心血都奉献给了人类文明传承与人心教化事业了吗?人生匆匆,闻道,此生才能坦坦荡荡、无怨无悔,才能看破生死大惑,也才能安居仁心、安行仁道。

九　　子曰:"士志于道,而耻恶衣恶食者,未足与议也。"

释义:

孔子说:"士立志于仁道,但又以粗衣淡饭为羞耻,这样的人,是难以与他论道的。"

解意:

在有志于闻道、行道的读书人那里,衣食住行只是必要的物质条件,简易与奢侈,对于内心的志向来说,无增无减。而且,士君子践行仁道,仁民爱物,任重道远,当面对生命的匆匆流逝,实在操心不了太多的个人物质条件。

生活的物质条件只是生命价值的实现手段,而非目的。世人常常在用物质财富为人生价值铺路的同时,遗忘了人生价值,将物质生活的铺路石当成了大道本身。人生虽然可经可权,变通无碍,但在人生道路的选择这个大问题上,绝不能含糊。

十　　子曰："君子之于天下也，无适也，无莫也，义之与比。"

释义：

孔子说："君子对待天下的人和事，没有什么是必须去做的，也没有什么是必须不能做的，应以义作比照。"

解意：

君子自立于天地之间，天下何其之大，道路何其之多，何去何从，却没有一个定则。君子之间，贫富、贵贱可以不同，性格作风可以差异，处事方式可以有别，职业选择可以各异，但是这些都不会影响他们成为君子。《易传》曰："天下同归而殊途，一致而百虑。"君子之间一定是"和而不同"的。不同之间之所以能和，是因为君子都有一个共同的基础——仁义。孔子说："君子去仁，恶乎成名。"孟子也说："居仁由义，大人之事备矣。"①君子内心存仁，行事循义。

仁与义，是孔子倡导的重要德行。其中仁是善良的根源、德行的基础与人道的目标，仁在孔子的思想中，是众德的根本；义侧重于践仁行德的态度与原则，是在遇事中对仁的坚定抉择。正如扬雄所说："君子于仁也柔，于义也刚。"②钱穆也说："仁偏在宅心，义偏在应务。"③所以，君子之间虽有诸多差异，但皆能坚守仁义；君子行事，虽然不拘一格、灵活多变，但又有义作为基本的参照原则。所以，君子的洒脱，非要以仁义的深厚涵养为基础不可。

子曰："从心所欲不逾矩。"这等境界是以长久的学与习为基础的，是建立在"吾十有五而志于学，三十而立，四十而不惑，五十而知天命，六十而耳顺"这一前提之上的。孟子曰："言不必信，行不必果，惟义所在。"④这等境界也只适用于"富贵不能淫，贫贱不能移，威武不能屈"⑤的大丈夫身上。因此，人生之路无捷径，渐悟顿悟本一体。

---

①　《孟子·尽心上》。
②　《法言·君子》。
③　钱穆：《论语新解》，生活·读书·新知三联书店2012年版，第86页。
④　《孟子·离娄上》。
⑤　《孟子·滕文公下》。

十一　　子曰："君子怀德，小人怀土。君子怀刑，小人怀惠。"

释义：

孔子说："君子的心中怀有仁德，小人的心中只有乡土。君子的心中怀有刑律，小人的心中只有利益。"

解意：

仁德，由内至外，由近及远，故由亲亲而仁民，由仁民而爱物，层层扩充，以至于博大。正如孟子说："知皆扩而充之矣，若火之始然，泉之始达。苟能充之，足以保四海；苟不充之，不足以事父母。"①君子心中怀有仁德，故能超越狭隘的亲亲之爱，将爱推扩至他人乃至万物，只有这样的爱，才突破了本能情感的层面，上升为道德。与此不同，小人心中只怀念着自身乡土小家的利益，虽然无可厚非，却未能广大，谈不上道德。孔子此言，正是劝勉人们由怀土进而怀德，由亲亲进而爱人。

小人重私利、轻公义，在追求个人利益的时候，常常被利欲熏心，蒙蔽了良知，故而怀惠往往忘刑、得意而忘形、无刑而刑至。君子怀刑、谨小慎微，故能无惠而惠至。由此可见，心中所怀，不可不慎。

十二　　子曰："放于利而行，多怨。"

释义：

孔子说："专注于个人利益而行，必将招致多方怨恨。"

解意：

利本身并不必然与义相对立，在主观上求自己的利益，也可以在客观上给他人带来利益，能将自己的利益与他人的利益统一起来，是义的重要体现。然而，如果过分地专注于个人利益的获得，往往就会损害他人的利益，违背公义。正如康有为说："人不能无取，取利而和，则谓之义，不谓之利；取利不和，则谓之利，不谓之义。"②所以，儒家并没有将义与利截然地对立起来，也没有用义来否定利，而是倡导义与利的统一，只不过当义与利发生冲突的时候，必定舍利取义。

其实，自己的利益与他人的利益在根本上是统一的，自己利益的收获多少，完全

---

① 《孟子·公孙丑上》。
② 康有为：《论语注》，中华书局 1984 年版，第 50 页。

取决于带给他人多少利益。所以带给他人的利益是原因,而自己利益的获得是结果。事情的完成一定是从原因出发,结果则顺其自然,不求自得,如果能明白这个道理,并依此而行,就符合义了。

十三 子曰:"能以礼让为国乎,何有? 不能以礼让为国,如礼何?"

释义:

孔子说:"如果能用礼、让来治国,那么治国有什么困难的呢? 如果不能用礼、让来治国,光有礼又有什么用呢?"

解意:

孔子重"礼",但"礼"又离不开"让",只有将"礼"与"让"结合起来运用,"礼"才能保持在合理的范围之内。"礼"是通过对差别的规定来达到调节人与人之间关系的目标,如荀子曰:"辨莫大于分,分莫大于礼。"①礼涉及父子、兄弟、夫妇、长幼与君臣等各种关系,在处理这些关系的时候,礼首先就要规定关系双方的地位与职分,相互差别,不能混淆。然而,"礼"所规定的差别如果演变成了严酷的上下等级制度,并以上压下,这样,"礼"非但不能达到调节人际关系的目的,反而会成为压迫的工具和人类不平等的帮凶。所以清代大儒戴震痛斥"以礼杀人",鲁迅也深刻地批判了"吃人的封建礼教",老子也因为看到对"礼"的片面性强调可能导致的灾难,所以提出不争的思想。正如老子说:"不尚贤,使民不争。""不尚贤"就是不作贤与愚的绝对分别,认为一切分别见解都是有为法,虚幻不实。

孔子虽然重视"礼"的作用,但也多次提到了"礼"的不足,认为"礼"必须以"仁"为基础、以"和"为目的。如孔子说:"人而不仁,如礼何?"有子说:"礼之用,和为贵。""礼"只是手段,"礼"的运用只有深入贯彻了爱人这一实质,才能达到和谐的目标,而"让"正是"仁"在"礼"中运用的具体要求。"让"即谦让、不争,指处上位者谦让下位者,不与下位者争,如父让子、兄让弟、夫让妇、君让臣,在谦让与不争之中,"礼"的分别性规定所可能导致的不平等的压迫才有可能得到避免。正如康有为说:"争心未解而空饰礼文,实非文明也。"②因此,"让"是"礼"的重要补充,是"礼"的合理性的重要保障。

---

① 《荀子·非相》。

② 康有为:《论语注》,中华书局 1984 年版,第 51 页。

十四　　子曰："不患无位，患所以立。 不患莫己知，求为可知也。"

释义：

孔子说："不要因为目前还没有得到理想的职位而忧患,应该忧患自己还不具备得到这个职位的德性与才能。不要因为别人不赏识自己而忧患,应该问一问自己到底有什么地方值得别人赏识。"

解意：

万物的存在与发展,都要遵循基本的因果规律,虽然有因不必有果,但是无因则必定无果,所以君子应该忧患原因,不必忧患结果。正如扬雄所说:"学者,所以求为君子也。求而不得者有矣,夫未有不求而得之者也。"①对于一个人的成功来说,需要考虑的是成功的条件,只要让各种条件具足了,成功的结果才有可能到来。因此,可求的是原因,不可求的是结果,求其原因,不求其结果,向自己求,不向他人求,自然就能"不怨天,不尤人",也不会给自己平添许多烦恼。

许多年轻人喜欢谈理想,但又认为理想很丰满,现实很骨感,认为理想在彼岸,现实在此岸,两者的鸿沟似乎无法逾越,往往产生悲观厌世的情绪,或者随波逐流的态度。其实,理想才真正是我们可以把握的东西,我们可以思考理想,可以规划未来,这是一个人的自由,因此,理想是现实的;虽有理想,但现实的结果则往往难以遂人所愿,谁又能完全地左右现实呢? 因此,现实才是理想的。青年人只有怀抱理想、勇往直前,才能逐步改变现实。

十五　　子曰："参乎! 吾道一以贯之。"曾子曰："唯。"
　　　　子出，门人问曰："何谓也?"曾子曰："夫子之道，忠恕而已矣。"

释义：

孔子说:"曾参啊! 我的全部学问是可以贯通起来的。"曾参说:"是的。"

孔子离开后,曾参的同学问:"老师的学问怎么贯通啊?"曾参说:"老师的学问,可以用忠与恕来贯通。"

---

① 《法言·学行》。

解意：

孔子之道，仁道也。仁道，乃人道之本质，是人生之道、入世之道。仁道，多是从人生之路的展开过程来说的，而仁道又需要有根基、有起点，这便是仁心。因此，仁心是仁道的起点，仁道是仁心的展开。离了仁心，仁道便失去了内核和本质，不能成其为仁道；离了仁道，仁心便局限于内在的修养，而成了出世之道。

曾子用"忠"与"恕"来理解孔子之道，颇合孔子之意。正如《中庸》说："忠恕违道不远。"中心为忠，如心为恕。"忠"，就是不违内心，不离仁心，因此，"忠"，是就仁心上来说的，侧重于内心的修养；"恕"，是指如自己的仁心一般地去对待他人，是推己而达人，"恕"是就仁道上来说的，侧重于仁心的发用与人道的展开。忠与恕的结合，就是由仁心出发，达于仁道。

十六　　子曰："君子喻于义，小人喻于利。"

释义：

孔子说："君子心中存有公义，小人眼中只有私利。"

解意：

君子的心中存义，唯义而行，求义而不问利，是谓真义。小人心中存利，眼中也只有利，而且还常常打着正义的旗号去求利，表面存义，实质求利，把义当作了求利的工具，故而最终取利而弃义。

这句话常常让人误解，以为儒家是义、利不两立，其实不然。儒家并非反对利，而是不问利，教导世人求义以得利，以利来行义。君子以义而行，直心道场，不管结果能否获得利益，都能对得起内心的正义，不违良心，契合天理，因而能真正地得到大利。正如董仲舒说："故物之于人，小者易知也，大者难见也。今利之于人小而义之于人大者，无怪民之皆趋利而不趋义也，固其所暗也。圣人事明义，以照耀其所暗，故民不陷。"[1]先圣知道利益皆从正义中来，顺乎正义，不问利益，才能终得利益；但又怕世人利用正义来追求利益，这样一来，不仅利益无法获得，而且还破坏了正义，因此引导世人有心于义、无心于利。无心于利者，义、利双收；有心于利者，义、利双亡。此谓："有心栽花花不开，无心插柳柳成荫。"

圣人之道本来真真切切、简简单单，如此一说，却又破绽百出。老子曰："多言数穷，不如守中。"正是此意。

---

① 《春秋繁露·身之养重于义》。

十七 子曰："见贤思齐焉，见不贤而内自省也。"

释义：

孔子说："看到贤能的人，要向他看齐；遇见不贤的人，自己要向内反省。"

解意：

荀子曰："学不可以已。"①人生在世，时时处处都能学习，学习正是仁者进取精神的集中体现。学习，重要的是发扬自己的优良秉性，改变自己的不良习性，所以，"见贤"是"学"，"思齐"是"习"，"见不贤"是"学"，"内自省"是"习"。

古人学习，首先是为提升自己的修养，是"为己之学"，因而学者眼光朝内，不是朝外。见到好人好事，自觉向他看齐，看看自己是不是也能这样做，不羡慕、不嫉妒；看到坏人坏事，想想自己如果处在"他"的立场中，是不是也会犯这样的错误，不嘲笑、不鄙夷。能做到这些，心中自然没有善与恶的对待，一视同仁，这正是仁者的境界。

十八 子曰："事父母几谏，见志不从，又敬不违，劳而不怨。"

释义：

孔子说："父母犯错时，子女要婉转地劝阻，如果不能劝阻，仍然保持对父母的敬意，不与父母发生冲突，一如既往地为其操心忧劳，不去抱怨。"

解意：

此句孔子阐释如何处理子女与父母之间的矛盾，足见孔子的人生智慧与良苦用心。

人无完人，父母一定也会犯错，父母犯错了，子女忧愁而无怨恨，虽急需呈明大义，但又不失内心的诚敬，见机行事。由此可见，子女在处理父母过失上的矛盾心理：一方面，子女从仁心出发，不自狭于亲亲之爱，当发现父母有了过失，要勇于劝谏，劝谏，既是仁心的发明，更是孝心的体现；另一方面，子女对父母心怀诚敬，不愿与其发生冲突和对抗，不愿冒犯父母，惹父母不快，当见志不从，只有操心忧劳，内心却无抱怨。《礼记》曰："三谏不从，则泣而随之。"②这正是孝子无可奈何、劳而不怨的真实写照。

---

① 《荀子·劝学》。
② 《礼记·曲礼》。

在实际生活中,子女所认为的父母过错,大多数是由于子女与父母的立场不同造成的,只是"仁者见之谓之仁,智者见之谓之智"而已,更何况生长在不同时代的人,之间的代沟更是普遍存在的。所以,这里实在没有一个固定的原则可以遵循,只能具体情况具体对待,不过,总体的精神是"又敬不违,劳而不怨",敬重父母,却不违背仁心,不斤斤计较,也不放弃原则。在大是大非面前,子女不违背原则,但又始终保持对父母的诚敬;在小的事情上,放下自我,顺从父母的意见,任劳任怨。

十九　　子曰:"父母在,不远游,游必有方。"

释义:

孔子说:"父母在世时,子女轻易不要离开父母太远、太久,如果要离开,也一定要有正当的事业的目标。"

解意:

子曰:"己所不欲,勿施于人。"父母与子女应该时时换位思考,方能达到彼此理解、感同身受。

每个人都有幼小的时候,那时,如果父母不在身边,不仅身体得不到细心照料,心灵也常常无助,没有安全感,所以孩子每天缠着父母,使父母无法分出时间致力于自己的事业。如果父母因为工作的需要,暂时离开孩子,也要告诉他们去了哪里、做些什么、何时回来,才能使其安心。在与子女相处的过程中,父母从中体验到了爱的珍贵与人生的意义,并无怨无悔地去付出。

同样,当子女长大了,父母也老了,父母也如同孩子一样,需要身体的照顾与心灵的关怀。所以,父母在的时候,子女轻易不要离开他们太远、太久;如果要离开,也一定是因为子女有正当的事业和目标需要完成,如求学与工作,只有这样的远游,才能让父母心安,并有所期望。

二十　　子曰:"父母之年,不可不知也。一则以喜,一则以惧。"

释义:

孔子说:"父母的年龄,子女常记心中,一想起来,又是欢喜,又是忧惧。"

解意:

对待父母的年龄,亦喜亦惧,因父母年寿而喜,因父母年高而惧。儒家道德以真情实感为基础,喜怒哀乐,皆是内心的素朴表达,最为真切,无须沉思于生死理论,不必受拘于礼仪道德,一任赤子之心而有所发明,即为良知所致,直截了当,吾性自足,不假外求。

儒家的入世之道,总能温暖人心。

二十一　子曰:"古者言之不出,耻躬之不逮也。"

释义:

孔子说:"古人言语谨慎,以行动赶不上言语为羞耻。"

解意:

古人学习,重在知行合一,"履,德之基也"①,学识的培养一定要与道德的践行统一起来。子曰:"学而时习之。"学的落脚点在习,习就是将所学到的知识与见解落实在行为之中,习是学的方法,更是目的。德行的落实,既需要有知识的内化,又需要有德性的稳固,更要具备灵活多变的实践智慧,德行比学识的要求更高。所以,古人不是难于言语,而是难于言后之行,耻于大言不惭。

今人往往片面地追求学识,而轻视德行,重知而轻行,不仅会阻碍人格的完善,而且,缺失了德行,学识本身也会成为社会的祸害,两者孰重孰轻,自可分辨。依于言还是依于行,也是分辨诚信的重要标准。诚信的人,谨言敏行;不诚信的人,多言寡行,言而无信。因此,要想真正做到言行一致,言语岂能过多?

二十二　子曰:"以约失之者鲜矣。"

释义:

孔子说:"能够自我约束、自我克制的人很少犯错。"

解意:

人常常会有非分之想,有了非分之想,不加克制,就会偏离仁心。妄心的发动,如果不加约束,就会有妄为、妄动,做出一些出格的事情来。因此孔子总是告诫学人:"非礼勿视,非礼勿听,非礼勿言,非礼勿动。"一个人素位而行,安分守己,过简约的生活,这实则是道德培养的下手之处。孟子也说:"学问之道无他,求其放心而已

① 《思问录·内篇》。

矣。"①对放纵的心有所收敛和节制,正是学问、修养的首要目标。

二十三　子曰:"君子欲讷于言而敏于行。"

释义:

孔子说:"君子希望自己说话再迟缓一些,行动再勤勉一些。"

解意:

言行一致,是君子的目标,由于言易行难,所以要讷言而敏行。由此可见,儒家所推崇的君子人格,首先是德行,其次才是学理。儒士所要追求的理想人格是心口如一、知行合一的君子,而不是能说会道的理论家或辩论家,这正是儒学与一般理论的根本区别。正如李泽厚说:"《论语》全书贯穿着正是行为优于语言的观点。这样才表里如一、言行一致而塑造出健康的人性,这便是儒学基本精神。"②君子虽然讷于言表,但在平静的水面下,却隐藏着波澜壮阔,需要的只是每日细心照料,静候豁然开朗。

二十四　子曰:"德不孤,必有邻。"

释义:

孔子说:"德性从来不曾孤单,因为德性从未远离过人,德性每天都在陪伴着你。"

解意:

包括儒家文化在内的中国传统文化,归根到底,就是让人向善。一个人为什么要向善呢?原因在于,善是每一个人与生俱来的正气,是天生具备的心灵的内在诉求。向善,心才能安;不向善,心就不能安。这不是一个需要在理论上讨论的问题,而是基于生活经验的实践问题。一个人在求善的过程中,自身的正气就能得到培养。一个善养浩然正气的人,一定是一个充满人格魅力的人,他的人格魅力来自于德性,他用德性安顿了自身,又用德性安顿了他人,这样的人一定会吸引许许多多的人愿意与他接近,因为与这样的人亲近,就是与自己的仁心、德性亲近。正如张栻说:"德立于己,则天下之善斯归之。"③因此,德性从来未被人们冷落,从来不会孤单,

---

① 《孟子·告子上》。
② 李泽厚:《论语今读》,中华书局2015年版,第84页。
③ 张栻:《张栻集》,邓洪波校点,岳麓书社2010年版,第33页。

059

从来不会无人问津。

虽然在现实的生活中,道德的重要作用并没有得到人们的充分认可与尊重,道德好像成为生活中可有可无的装饰品,一个不讲道德的人,似乎也不会太影响他的生活。其实不然,当一个人欺骗他人的时候,他最害怕的恰好就是被欺骗,当一个人不讲诚信的时候,他从心底一定知道诚信是最为珍贵的东西。所以,德性也从来没有离开过他,他所等待的只是早有预期的忏悔,只是让他心甘情愿地接受道德的审判。

叶适说:"仁之于人,相为依凭,如影随响答。"①德性之所以不曾孤单,不就是因为德性无时无刻不在陪伴着我们吗?我们每个人不都是德性的邻居吗?

二十五 子游曰:"事君数,斯辱矣;朋友数,斯疏矣。"

释义:

子游说:"与上级相处,如果过多地指责上级,就会让自己受辱;与朋友相处,如果过多地指责朋友,友情就会疏离。"

解意:

儒家重视人的社会关系,认为人不是孤立地生活在世间,而是存在于人与人之间的关系之中。虽然人是社会中的人,人生之道首先为入世之道,但是,儒家又没有忽视和否定人格的独立与意志的自由。反而,一个人只有能够保持人格独立与意志自由,才能具有理想性与超越性,才能在乱世之中不离仁义,独善其身,并适时地拨乱反正,兼善天下。

在处理人际关系时,儒家讲究中庸之道、不偏不倚,不过分地疏远,也不过分地接近,保持适当的距离正好。人与人之间,如果过分地疏远,就不能尽职尽责,而如果过分地亲近,就会彼此不敬。当对方犯了错误,作为下级或是朋友,当然要勇敢地指出,这是真心的体现;但是错误的认识,又要靠主体的内在接受,过多地外在谴责,只会适得其反。

---

① 叶适:《习学记言序目》,中华书局1977年版,第178页。

公冶长篇
第五

一　子谓公冶长：“可妻也。虽在缧绁之中，非其罪也。”以其子妻之。

释义：

孔子评论公冶长①，说：“我愿意将自己的女儿嫁给他。虽然他曾下过牢狱，但我知道这不是他的错。”孔子将女儿嫁给了他。

解意：

公冶长人品端正，却无故获罪，可见，有德之人也有可能招致厄运，正如王充说："修身正行，不能来福；战栗戒慎，不能避祸。祸福之至，幸不幸也。"②幸运与厄运，不仅与一个人的道德修养有关，还与其所处的社会境况有关。处在乱世之中，正直的人往往会受到伤害，但是，如果人们因此而放弃了对善的追求，迎合乱世，那么社会就会每况愈下。子曰："岁寒，然后知松柏之后凋也。"乱世之中的君子才愈发珍贵。

其实，乱世总是不能长久的。人们在乱世之中，相互倾轧，尔虞我诈，最终伤害

---

① 公冶长：孔子的弟子,姓公冶,名长,字子长。

② 《论衡·逢遇》。

到的是每一个人,而道德也正是在这个时候悄然兴起,成为人类共生的希望。一个人的境遇有好有坏,有顺境,也有逆境,但是君子修身而已,"颠沛必于是,造次必于是"。所以,孔子又怎么会拿外在的暂时境遇来衡量一个人内在的品质呢?正如朱熹说:"夫有罪无罪,在我而已,岂以自外至者为荣辱哉?"①择偶之道尽在其中。

二　　　子谓南容:"邦有道,不废;邦无道,免于刑戮。"以其兄之子妻之。

释义:

孔子评论南容②,说:"国家太平时,不废德才,有用于世;国家混乱时,明哲保身,免于刑罪。"孔子将哥哥的女儿嫁给了他。

解意:

此句紧接上句来说:公冶长居于乱世,受无妄之灾,无害于仁;南容虽居乱世,却免于刑罪,亦无害于仁。两人虽然境遇不同,但在坚守德性方面是相同的。公冶长无罪获刑,孔子感叹其悲壮,发自于内心地同情与理解。孔子不就如同公冶长一般,是明知不可为而为之的耿直之人吗?因此孔子看待公冶长,如视己出,故以其子妻之。与公冶长有所不同,南容居于世,能左右逢源,游刃有余,既不失仁德,又有权变的智慧,不使不仁者加乎其身,孔子也为他感到庆幸,故以其兄之子妻之。

立志,学子长;入世,法南容。

三　　　子谓子贱:"君子哉若人! 鲁无君子者,斯焉取斯?"

释义:

孔子评论子贱③,说:"君子就像他一样! 如果鲁国没有君子,那么子贱的君子品格是从哪里学来的呢?"

解意:

儒家既主张向内心求良知,又要求向师友学习,尊师取友,故有"三人行,必有我师焉"。人的内心虽然本来具备仁心、德性,如孟子说:"恻隐之心,人皆有之;羞恶之

---

①　朱熹:《四书章句集注》,中华书局 1983 年版,第 75 页。
②　南容:孔子的弟子,姓南宫,名适,字子容。
③　子贱:孔子的学生,姓宓,名不齐,字子贱。

心,人皆有之;恭敬之心,人皆有之;是非之心,人皆有之。"①但是如果一任内心,又往往容易以己为蔽,成己为私,况且内在良知隐而未彰,希而难保,所以,后天的教育与学习是必不可少的。子曰:"十室之邑,必有忠信如丘者焉,不如丘之好学也。"又说:"我非生而知之者,好古,敏以求之者也。"孔子尚且学而知之,又何况常人呢?

在先秦儒家中,荀子着重强调了学习的重要性,荀子以《劝学》作为其书的首篇,可见对学习的重视。荀子曰:"不登高山,不知天之高也;不临深渊,不知地之厚也;不闻先王之遗言,不知学问之大也。"②天之高、地之厚以及学问之大,虽然人人凭借己力,皆有成就的可能,但是先代贤哲亦为后人搭建了攀登的阶梯,舍近求远,是谓不智。所以荀子曰:"不是师法,而好自用,譬之是犹以盲辨色,以聋辨声也,舍乱妄,无为也。"③意思是,不虚心地向老师学习,不听劝导,任意妄为,光凭自己瞎捉摸,就好像让盲人去辨别颜色、让聋子去辨别声音一样,结果往往是一片混乱,无所作为。

四　子贡问曰:"赐也何如?"子曰:"女,器也。"
　　曰:"何器也?"曰:"瑚琏也。"

释义:

子贡问孔子:"我是一个什么样的人?"孔子说:"你啊,是一个有用之才。"

子贡又问:"我有什么用呢?"孔子说:"你像是祭祀时盛黍稷的瑚琏。"

解意:

《易传》云:"形而上者谓之道,形而下者谓之器。"器,是技艺、工具,犹如器物。器物、工具在制作中有内在的原理,在运用中存在内在的价值与宗旨,这些就是道。中国哲学认为,道与器是不可分离的,道在器中,由器显道,因而各行各业,各有其道。

孔子之道为入世之道,倡导将自己的才能无私地奉献于他人与社会,在奉献自我的过程中实现自我生命的价值。因此,君子有器,还得有道,有了道的价值导向,器的功能才可以得到合理、正当的利用,一个人的才学才可以造福于人类社会,否则,才能越大,对社会的危害也就越大。正如扬雄说:"器宝也。器宝,待人而后宝。"④如果没有仁德的驾驭与仁道的指导,器者,不宝也。所以,孔子主张"君子不器",教导学生一定要由"器"进"道","下学而上达"。

---

① 《孟子·告子上》。
② 《荀子·劝学》。
③ 《荀子·修身》。
④ 《法言·寡见》。

子贡是春秋时期著名的政治家、外交家，还善于经商之道，才能卓越，孔子视之为如瑚琏一样的贵重器物。但是，此时的子贡仍未得道，未得道，生命不知所处，才能也就无所依归。

五　或曰："雍也仁而不佞。"子曰："焉用佞？ 御人以口给，屡憎于人。 不知其仁，焉用佞？"

释义：

有人说："冉雍①虽有仁德，可惜口才不佳。"孔子说："没有仁德，口才又怎么能发挥积极的作用呢？ 一个人没有仁德，就会用口才去辩驳别人，在言语上凌驾于他人之上，这样只能遭到他人的怨恨。没有仁德，光有口才有什么用呢？"

解意：

在中国文化中，语言的地位远不如西方文化那么突出。古希腊哲学家苏格拉底将对话作为精神助产术，德国现代哲学家海德格尔更是将语言视为"存在的家"，而在中国文化中，言语的地位远远没有静默与行为那么重要，孔子倡导"默而识之"，老子主张"多言数穷，不如守中"，禅宗更是以"不立文字，直指本心"立教，反而，最重视语言与辩论的名家，却被斥之以诡辩术，并最终淹没在历史的长河中。

语言与口才之所以不受重视，是因为中国古代大多的思想家认为，语言只是心灵表达的工具，心灵是本体，语言只是表现，而且语言还具有一定的虚伪性，语言会成为心灵的遮蔽，是通往心灵的障碍。口才只是工具，其本身不存在善恶的性质，虽然口才的好坏会对事物的结果产生一定的影响，但是最终决定事物性质的不是口才，而是内在的德性。只有以仁德为根基，语言才能发挥正面的作用。而如果一个人缺失了仁德，才辩再高，也是华而不实，不仅口才不能得到合理的运用，而且还会利用自己的辩才，逞口舌之快，在言语中凌驾于别人之上，与他人唇枪舌剑，甚至言而无信、混淆黑白，这样，非但不能让别人心悦诚服，反而招致怨恨。

从中可以看出，孔子并不是一般地反对口才，而是强调要以德服人，不以言压人。

---

① 冉雍：孔子的学生，姓冉，名雍，字仲弓。

六　　　子使漆雕开仕。对曰："吾斯之未能信。"子说。

释义：

孔子让漆雕开①去做官。漆雕开对孔子说："我对当官还没有信心。"孔子听到后很高兴。

解意：

仕与学不同。古者学之为己，学习的目的在于安己，而当官的目的在于安人，先安己，再安人，此谓"明明德"而后"亲民"。正如康有为说道："盖自天分气，人己同体，但当成己而后成物，若明德之后而不新民，则于仁道有阙，此圣人合内外之道也。"②漆雕开学能做到安己，所以孔子认为他可以去做官了。但是，漆雕开对当官安人一事，信心不足，正是因为他能自知其不足，才恰好说明了他安己功夫已到，不因急功近利，"硬作主宰，错下承当"③。漆雕开对自己没有信心，才能在做官之路上如履薄冰，谨小慎微，以敬畏之心居官临民，故而孔子心悦。

七　　　子曰："道不行，乘桴浮于海。从我者，其由与？"子路闻之喜。子曰："由也好勇过我，无所取材。"

释义：

孔子悲叹道："仁道不能在中国得到推行，我就乘着小木筏漂洋过海去了，跟随我的，恐怕是子路吧？"子路听到后，面露喜色，兴奋地便要前行。孔子说："子路的勇敢超过了我，这样就更难完成弘扬仁道的使命了。"

解意：

仁道大兴于中国，乃至天下归仁，不仅是孔子一生的理想，更是孔子寄望于后来学人的艰巨使命。在孔子的有生之年，仁道不能得到推行，但是孔子"求仁而得仁"，故无怨，"朝闻道，夕死可矣"，故无憾。作为个体生命的孔子虽然无怨无憾，但是对于人类整体来说，"道不行"，终究是一项未济的事业，后来者应该勇敢地接过孔子的使命，继续前行，而不能以孔子这一个体生命的终结而放弃仁道这一永恒的事业。因此，真正的勇敢是沿着理想继续前进，而不是放弃生命的使命，退隐于山野水边。

子路听闻孔子感叹大道不行，要与他一同离开中国，非但不以道不行而忧，还以

---

①　漆雕开：孔子的学生，名启，字子开。
②　康有为：《论语注》，中华书局 1984 年版，第 57 页。
③　蕅益大师：《四书蕅益解》，江谦等点校，中国水利水电出版社 2012 年版，第 76 页。

得到夫子的夸赞为喜,故被孔子批评。

八

> 孟武伯问:"子路仁乎?"子曰:"不知也。"又问。子曰:"由也,千乘之国,可使治其赋也,不知其仁也。"
>
> "求也何如?"子曰:"求也,千室之邑,百乘之家,可使为之宰也,不知其仁也。"
>
> "赤也何如?"子曰:"赤也,束带立于朝,可使与宾客言也,不知其仁也。"

释义:

孟武伯问孔子:"子路达到仁德了吗?"孔子说:"不知道。"又问子路的能耐。孔子说:"一千辆兵车的国家,可以让他治理军队,但不知道他是否已经达到了仁德。"

孟武伯问孔子:"冉求怎么样?"孔子说:"拥有一千户的采邑和一百辆兵车的卿大夫家,可以交给他管理,但不知道他是否已经达到了仁德。"

孟武伯问孔子:"公西赤①怎么样?"孔子说:"公西赤穿上礼服,可以接待外宾,负责外交,但不知道他是否已经达到了仁德。"

解意:

孔子弟子众多,但被孔子许以仁德的人少之又少,唯有颜回"三月不违仁"。

"仁"是仁心,仁心的坚固即有仁德,仁德的发用过程即是仁道。仁德不同于一般的道德规范,它不是作为他律存在的外在约束,而是发自于内心的诚,是自愿地接受,甚至是乐于亲近的德,因而,仁德是道德自由的体现。

仁德虽然是内在的,但又有由内而外的表现。居于仁德,则外在的言行无处不违仁,一言一行皆是仁,因此,仁是全体大用。从此可以理解,子路具有军事管理的能力,冉求擅长行政事务,公西赤熟悉外交礼仪,三人虽然在某一方面的"用"上体现了仁德,但是这只是仁德在某一方面的外在之用,是已至之处,究竟于内在是否能安于仁、乐于仁,乃至未至之处,是否也能不违于仁,则不知道。康有为说:"一息之违,即已非仁。"②仁德是全体大用,是"颠沛必于是,造次必于是",要想做到这一点,非得有深厚的内在修养不行。譬如:有的人在顺境中能保持进取之心,处逆境时却往往低落消沉;有的人在失意时知道谦虚谨慎,在得意时则忘乎所以;有的人在群居时能够恪守规矩,在独处时则纵情纵欲。这种外在的反复无常正说明了仁德的不稳固,

---

① 公西赤:孔子的学生,姓公西,名赤,字子华,又叫公西华。

② 康有为:《论语注》,中华书局 1984 年版,第 59 页。

没有如山一样稳固的仁德,外在的言行就很难做到一以贯之。

九

子谓子贡曰:"女与回也孰愈?"对曰:"赐也何敢望回?回也闻一以知十,赐也闻一以知二。"子曰:"弗如也,吾与女弗如也。"

释义:

孔子问子贡:"你与颜回哪个更强些?"子贡回答道:"我哪里能跟颜回相比呢?颜回听闻一个道理能够明白十个道理,而我听闻一个道理只能明白两个道理。"孔子说:"不如颜回,我赞同你不如颜回。"

解意:

此段比较子贡与颜回哪个更加接近于仁德,子贡认为自己不如颜回,因为颜回能以一而知十,而自己只能以一而知二。但是,这仅仅是子贡观之而已,子贡重视闻见之知,也同样以闻见之知来评判境界的高下,难道颜回之胜于子贡,就在于知之较多吗?

颜回"不违如愚",不违,故不停留于见闻,以见闻之知进而入德性之知,由十而进一,一者,道也,再由道而反观见闻,故可闻一以知十。因此,颜回胜于子贡之处,在于超越见闻之知,浑然一体,而子贡则仍然停留在见闻、知识上的分别,因而未能见道。正如曾琦云和倪新兵在《论语禅》中说:"在仁者的境界里面,是没有世间知识的,他的心态是没有分别的整体'一',一般人相反,'闻一知十',听到一就联想到很多,杂念纷飞,而仁者相反,不仅是闻一归一,而且闻十乃至千百都要归一。"[1]在仁德境界上,子贡的确不如颜回,甚至连如何不如颜回尚不知道。

十

宰予昼寝。子曰:"朽木不可雕也,粪土之墙不可杇也。于予与何诛?"

子曰:"始吾于人也,听其言而信其行;今吾于人也,听其言而观其行。于予与改是。"

释义:

宰予白天贪睡。孔子说:"腐朽的木头不能再雕琢,污秽的墙面无法再粉饰。对于宰予,我

---

① 曾琦云、倪新兵:《论语禅》,文化艺术出版社 2009 年版,第 119 页。

还有必要批评和教诲吗?"

孔子说:"我一开始看待他人,听到他说的话,就会相信他做的事;今天我看待他人,不仅要听他说的话,更要看他的行动。这是宰予让我改变的。"

解意:

子曰:"为仁由己,而由人乎哉?"仁道的践行,在于主观意愿,不在于外在强制。因此,儒家强调君子要自强不息,而不应自暴自弃。自暴自弃,则志气消沉,外在的教诲都将无从作用。

儒家将行道、弘道看作是君子的人生使命,任重道远,因而强调勤奋,反对懒惰。但是,宰予不仅行为懒惰,有过不改,而且还用言语掩饰,巧言辩说,所以孔子当头棒喝,令其醒悟。仁者不必有佞,仁德的培养是在心灵中养成,在行为上落实,嘴上说得天花乱坠,在行为上却无动于衷,正是仁德培养的大忌。

十一 子曰:"吾未见刚者。"或对曰:"申枨。"子曰:"枨也欲,焉得刚?"

释义:

孔子说:"我很少见到真正刚毅不屈的人了。"有人对孔子说:"申枨①就是这样的人。"孔子说:"申枨不能控制自己的欲望,怎么能刚毅呢?"

解意:

刚毅不屈的品格是道德意志坚定的体现,是坚守仁心、坚行仁道的基础。孔子认为,一个人对仁心的坚守和仁道的坚行,需要能够有效地控制住自己的欲望,不被利欲熏心。正如钱穆所说:"刚德之人,能伸乎事物之上,而无所屈挠。富贵贫贱,威武患难,乃及利害毁誉之变,皆不足以摄其气、动其心。凡儒家所重之道义,皆赖有刚德以达成之。若其人而多欲,则世情系恋,心存求乞,刚大之气馁矣。"②

一个人的欲望有多有寡,这是由先天禀赋造成的,是生理的原因,所以是正常的。正如荀子所说:"欲之多寡,异类也,情之数也,非治乱也。"③欲望本身是无善、恶之分的,但是如果欲望不能得到合理的控制而纵情纵欲的话,一个人的正义之气就会馁败,就极易走向邪恶。心使则刚,欲为则懦。重要的是让仁心来掌控欲望,而不是反过来让欲望掌控了仁心。如果仁心掌控了欲望,心灵就不会被欲望左右,就能

---

① 申枨:孔子的学生,姓申,名枨,字周。

② 钱穆:《论语新解》,生活·读书·新知三联书店 2012 年版,第 109 页。

③ 《荀子·正名》。

够明辨是非,并做出正确的选择;反之,如果欲望掌控了人心,心灵就会遭受蒙蔽,生命没有了心灵的主人,怎么还能坚守仁心和仁道呢?《楞严经》说:"若能转物,则同如来。"①所以,需要加强的是心灵的力量,让心灵掌控欲望,发挥它在生命中真正主宰的作用。

十二　子贡曰:"我不欲人之加诸我也,吾亦欲无加诸人。"子曰:"赐也,非尔所及也。"

释义:

子贡说:"我不希望别人强加给我什么,我也不希望强加给别人什么。"孔子说:"子贡啊,这不是你能达到的。"

解意:

子贡的想法正是孔子一直强调的恕道,即"己所不欲,勿施于人"。《大学》说:"所恶于上,毋以使下;所恶于下,毋以事上;所恶于前,毋以先后;所恶于后,毋以从前;所恶于右,毋以交于左;所恶于左,毋以交于右。"恕道近于仁德,是达到仁德的具体方法,而恕道的实现,又要以仁德为基础,或者说,只有达到了仁德,恕道才能真正地贯彻和落实。这是因为,恕道是从自己出发,达于他人,所以它要以人心之所同、万物之一体的境界为基础,它不仅要知己,更要知人,以此达到人与己、人与物之间的同情与互通,这正是仁者境界的体现。反之,如果只知己,不知人,完全从自我之所欲与不欲出发去对待他人,不去关心他人之所欲是否与自己之所欲相同,或者他人之所不欲是否与自己之所不欲相同,可能就会导致这样的结果,即自己之所欲恰好就是他人之所不欲,或者自己之所不欲恰好就是他人之所欲,如此,进而再将自己之所欲或所不欲扩充至他人,这不正是对他人的强加吗?

所以,恕道的实现需要以仁德为基础,仁德正是以"毋我"为前提,放下自我,融入他人。正如孔子说:"不患人之不己知,患不知人也。"因而,没有仁德,怎么会有恕道呢?如果缺少了仁德,从善的大门进去,走出来的可能便是恶。就好像清代大儒戴震批评宋儒道:"宋以来儒者,以己为见……其于天下之事也,以己所谓理,强断行之,而事情原委隐曲实未能得,是以大道失而行事乖。"②孔子认为子贡尚未达到仁德,无法真正地落实恕道。

---

① 《楞严经》卷二。

② 戴震:《戴震集》,上海古籍出版社 2009 年版,第 187 页。

十三　　子贡曰："夫子之文章，可得而闻也；夫子之言性与天道，不可得而闻也。"

释义：

子贡说："老师讲的'六艺'的技能与'六经'的学问，我能学到；老师讲的人性与天道，我却学不到。"

解意：

孔子以"六经"和"六艺"教授学生，具体而生动，处处能有入手和落实之处，就好像《论语》中的每一句话，都是可得而闻的。而性与天道，不同于文章之数、闻见之知，只能靠自家体会，如人饮水，冷暖自知，故不可得而闻见。正如张栻说："文章，谓著于言辞者。夫子之文章，人人可得而闻也；至于性与天道，则非闻见之所可及也，其惟潜泳、积习之外，而有以自得之。"①

文章学问虽然不同于性命大道，但是"道"不离"器"，"体"以显"用"。况且，孔子之道是入世之道。夫子所谓的"性"即为人性，人性的本真正是仁心；夫子所谓的"天道"，即是天命赋予人道的根本使命，人道的本真正是仁道。所以，性与天道，虽然不能等同于文章学问，但又无处不在，夫子"未尝离事而言理"②。夫子之文章，有间于性命大道，故难以得而闻之；夫子之性与天道，又体现于文章之中，故亦可得而闻也。孔子"下学而上达"，要求弟子能得鱼而忘筌，超越文章，达于性与天道，由此而领悟生命的真谛。

十四　　子路有闻，未之能行，唯恐有闻。

释义：

子路听到一个道理，如果没有做到，就害怕听到新的道理。

解意：

知道，行道，方能得道。知之而不行，谓之假知；行之而不知，谓之盲行。因此，知行一体。子路对知之而能行、行之而有知，有切身体会，所以当德行还未能落实与贯彻的时候，就害怕听到新的道理。

---

①　张栻：《张栻集》，邓洪波校点，岳麓书社 2010 年版，第 37 页。
②　《文史通义·易教上》。

老子说:"上士闻道,勤而行之。"①子路为学之精进,实在让人敬佩! 学者知易行难,难就难在一个"行"字。

十五 子贡问曰:"孔文子何以谓之'文'也?"子曰:"敏而好学,不耻下问,是以谓之'文'也。"

释义:

子贡问孔子:"卫国大夫孔圉死后为何被授予'文'的谥号?"孔子答道:"孔圉天资聪慧,后天仍然刻苦学习,地位很高,却能不恃位而求学,所以得到'文'的谥号。"

解意:

"文"与"质"相对,是指加在自然天性之上的后天的修饰与雕琢,孔子自称"学而知之",正是表明后天的努力(文)才是君子成就自我的根本途径。人生而有涯,而知也无涯,知识的学习与道德的修养没有终点,只是对"文"无限求索的过程。

孔文子虽然天资聪慧,但后天仍然刻苦学习,虽然地位高贵,但为了学问,能不挟贵而问于贱,充分彰显了后天有为的进取精神。因此,孔子认为,孔圉得到"文"的谥号,当之无愧。

十六 子谓子产:"有君子之道四焉:其行己也恭,其事上也敬,其养民也惠,其使民也义。"

释义:

孔子评论子产,说:"子产具备君子的四种品格:他待人谦恭有礼,做事严谨负责,仁爱恩惠百姓,让百姓为国家做事,一定符合公义。"

解意:

子产,姓姬,名侨,是郑国的执政大夫,也是中国古代著名的政治家和思想家。春秋时,子产执掌郑国国政二十余年,在郑国推行政治与经济改革,整顿田制、公布成文法、发展教育、广开言路等,事功著见,人尽皆知。然而,孔子不列子产的事功,而专门彰显其德行,可见德行实为事功之本。从历史上看,许多政治事业卓著的人,常常被其一时的地位与声誉所迷惑,因而事功与德行往往难以兼顾。其言行,常有骄横;处理事务时,态度或多跋扈;居高临下,轻视百姓的切身利益;公私不明,以权谋私。而子产能真正做

① 《道德经》。

到克己奉公,既政绩显著,又不失君子之德,所以受到了孔子称赞。

十七　　子曰:"晏平仲善与人交,久而敬之。"

释义:

孔子说:"齐国大夫晏婴懂得交友之道,与人相交,不管多久,都能得到他人的尊重和恭敬。"

解意:

晏子善与人交往,其善,不是善于交友之术,不是擅长搞人际关系,而是以诚待人,将仁德贯彻于交往之中。一个人交友如果只在策略、权谋上做计较,缺乏仁德的根基,就会巧言令色、毫无诚意,这样的人际交往是难以长久的,时间越久,越是得不到尊敬。因此,在人际交往中,只存在交友之道,而不存在交友之术。

交友之道,自在人心,朋友只是自我这块磁石吸引来的细铁,同类相聚而已,所以,朋友无须刻意去交,自然吸引就好。朋友相交,一定因为志同道合,朋友之间的相互吸引,也主要取决于自我德性与才能的高下,所以,要想交到更好的朋友,自己首先要变得更好,交到不好的朋友,自己首先要反省。晏子依仁德交友,对朋友保持恭敬,所以朋友对他也能保持恭敬。晏子善于人交,只是仁德的自然回报。

十八　　子曰:"臧文仲居蔡,山节藻棁,何如其知也?"

释义:

孔子说:"鲁国大夫臧文仲养了一种叫蔡的大乌龟,并在大乌龟房子的斗拱上刻了大山,短柱上画了水草,这样的知识真的是知识吗?"

解意:

中国文明发端于鬼神文化,在春秋之时兴起的诸子百家,正是对鬼神文化的批判与超越,不管是儒家、道家,还是法家,都有化鬼神文化为人文文化的思想趋势,即使是主张"明鬼"的墨子,也只是"明乎鬼神之能赏贤而罚暴也"①,其归旨仍然在人间的治理。因此,诸子百家的兴起不仅是中国文化的繁盛,更是人类生命的启蒙。

孔子高举人文大旗,对人类的"知"与"不知"、人事与鬼神划出严格的界限,"子

---

① 《墨子·明鬼下》。

不语怪、力、乱、神","敬鬼神而远之",主张人类应依靠自身的力量,关注世间的伦理与政治,将人生的重点放在家庭与社会生活之中,在现实的世界之中去追求和实现人生的永恒价值。孔子认为,人类的本质是人道,而非神道,君子要行入世之道,而非出世之道。正如康有为所说:"盖为人道,而异乎鸟兽道、鬼神道也。"①臧文仲在当时虽然以学识闻名于世,但是他的学识都用在了鬼神上,养乌龟来从事占卜活动,而不知务民之义、服务于人间社会,因而受到孔子的批评。

十九

子张问曰:"令尹子文三仕为令尹,无喜色;三已之,无愠色。 旧令尹之政,必以告新令尹。 何如?"子曰:"忠矣。"曰:"仁矣乎?"曰:"未知。 焉得仁?"

"崔子弑齐君,陈文子有马十乘,弃而违之。 至于他邦,则曰:'犹吾大夫崔子也。'违之。 之一邦,则又曰:'犹吾大夫崔子也。'违之。 何如?"子曰:"清矣。"曰:"仁矣乎?"曰:"未知。 焉得仁?"

释义:

子张问孔子:"楚国的子文三次被任命为令尹②之官,不见有喜色;三次被罢免,不见有愠色。新令尹来了后,子文耐心地将工作一一交代给他。老师,子文这个人如何啊?"孔子说:"是个忠诚的人。"子张问:"达到仁了吗?"孔子说:"只知道忠诚,其他不知道,怎么能说有仁呢?"

子张又问孔子:"齐国大夫崔杼杀害了自己的君王,陈文子听说后,连十乘马车都不要了,辞去官职,离开了齐国。到了他国,说:'这里的臣子与我国的崔杼一样。'于是离开了。又到了一个国家,说:'这里的臣子与我国的崔杼一样。'又离开了。老师,陈文子这个人如何啊?"孔子说:"很清廉。"子张问:"达到仁了吗?"孔子说:"只知道清廉,其他不知道,怎么能说有仁呢?"

解意:

忠不一定仁,清也不一定仁,究竟什么是仁? 这引起孔子学生们的多方揣测与探索。仁者有三,一为仁心,二为仁德,三为仁道。仁心是先天人人本具的良心、良知,是生命的本质,是人生之道的基础和起点;仁德是对仁心的长期坚守而形成的稳

---

① 康有为:《论语注》,中华书局 1984 年版,第 79 页。

② 令尹:楚国官职的名称,是上卿执政者。

固的品德,仁心虽人人本有,但常常不能坚守,背离仁心,故而仁德鲜有;仁道是将仁德贯穿于整个一生之中,是仁德的全体大用,连孔子本人也不敢以仁道自居。

楚国子文三次当令尹,三次被罢免,无喜无愠,可见子文不谋私权、不图私名,为国家尽心尽责,因而为"忠"。陈文子乱邦不居,危邦不入,清廉远恶,独善其身,因而为"清"。二子虽有仁心,但仅凭一方之德,难以估量仁心的稳固,既不知是否具备了仁德,更不能说完成了仁道。仁者,既有内在的坚定性,又有时间的绵延性,是"毅"与"弘"的统一。因此,仁者必忠与清,但忠者、清者未必成仁。

二十　　季文子三思而后行。　子闻之,日:"再,斯可矣。"

释义:
鲁国大夫季文子在行动之前总是要思虑三次。孔子听说后,说:"思考两次就可以了。"

解意:
《论语》中并不包含放之于四海而皆准的普遍法则,夫子因材施教,一切因人而异。季文子思虑过度、计较太细而成蔽,孔子认为三思过分,两次足矣,如若换作别人,恐怕"三思"尚且不够。因此,不可固执于"三思"或是"再思",只有把握仁德之"一",才能游刃有余、灵活应变,以"一"观之,可"三"可"两"。

二十一　　子曰:"宁武子,邦有道则知,邦无道则愚。　其知可及也,其愚不可及也。"

释义:
孔子说:"宁武子①,当国家清明时,他便显露才智,当国家昏暗时,他便假装愚钝。宁武子的才智尚且可以赶上,愚钝我却赶不上。"

解意:
宁武子似南容,于有道与无道之间游刃有余,这点是与公冶长和孔子最大的不同,不过四者的作为都无害于仁,这又是他们的共同之处。南容与宁武子更像道家,收摄聪明,大智若愚,明哲保身;而孔子与公冶长则鲜明地展现了儒家色彩,表现出强烈的社会责任感,体现了舍我其谁、杀身成仁的儒者精神。孔子与宁武子,道不同,无所谓高下优劣。

---

①　宁武子:卫国大夫,名俞,武是谥号。

二十二　　子在陈，曰："归与！ 归与！ 吾党之小子狂简，斐然成章，不知所以裁之。"

释义：

孔子在陈国时说："回去吧！回去吧！我的弟子们志向远大，但才学尚疏，文章虽条贯，却还不明确切之用。"

解意：

天下无道久矣，夫子周游四方，如丧家之犬，时有乘桴浮于海之叹，此时亦有回归故里，修书、传道、授业之念。孔子既有伟大的社会理想，又肩负着文明传承的艰巨使命，所以，当夫子的社会理想难以实现的时候，就要通过文章保存其道，以文载道，教导后学传承其道，使仁道的理想一代一代地继承下去，以待后来人去实现。在文明流传与生命延续的过程中，人人都是孺子牛，人人都是他人梯，都是文明流传与生命延续的接力手，有何功自居，何德自有？唯有在奉献自我中实现自我，这才是仁道的真谛。

夫子归鲁，裁定弟子们的文章学问是非曲直，避免流入异端、不知所归。后来，荀子作《非十二子》，批评诸子文章，认为它们虽然持之有故、言之成理、斐然成章，却"混然不知是非治乱之所存"，因此，儒家的文章与学问，应秉承孔子的入世之道，经世致用。

二十三　　子曰："伯夷、叔齐，不念旧恶，怨是用希。"

释义：

孔子说："伯夷和叔齐，不记怀他人过去的恶事，因而心中没有怨恨。"

解意：

伯夷和叔齐曾是孤竹国君王的儿子，伯夷是兄，叔齐是弟，两人不愿从命于商朝纣王，因此放弃王位，投奔文王姬昌。正值文王逝世，武王兴师伐纣，伯夷、叔齐以为武王以暴制暴，与纣王无异，于是归隐于首阳山，不食周粟，最终饿死。

子曰："君子坦荡荡，小人长戚戚。"君子心地坦荡，气象宏大，内心没有怨气；小人心度狭小，内心常有愁怨，因而难以有大的作为。憎恶，针对人；怨气，留于己。所以憎恶别人越少，留给自己的怨气也会越少；反之，憎恶别人越多，则自己的怨气也就越多。正如康有为所说："盖夷、齐恶其恶而非恶其人。如雷霆之发，过而无留，空洞如天,圆照如镜。"①放下宿怨,心中便得清静自在,当下解脱。

二十四　　子曰:"孰谓微生高直? 或乞醯焉,乞诸其邻而与之。"

释义:

孔子说:"谁说微生高②有直德呢? 有人向微生高借醋,明明没有,却不说没有,转而向邻居借醋给予。"

解意:

在世人看来,微生高乐于助人,是直德的表现,但是在孔子看来,微生高内无真诚,只是徒有其表,实质无德。

直德之人,内有真诚,由内而外,自然而然,有则有,无则无,是为是,非为非,犹如"入太庙,每事问",当下本念,毫无造作。微生高思虑计较,别有所图,所图者,不是"直"德,而是"直"名,累于"直"名,为"直"而"直",故不得真"直"。扬雄说:"妄誉,仁之贼也。"③微生高为了得到"直"名的称誉,徇众随俗,求媚于人,更是损害了直德。

二十五　　子曰:"巧言、令色、足恭,左丘明耻之,丘亦耻之。 匿怨而友其人,左丘明耻之,丘亦耻之。"

释义:

孔子说:"花言巧语,装模作样,卑躬屈膝,左丘明④为之羞耻,我也为之羞耻。隐藏内心的怨恨,表面却去讨好,左丘明为之羞耻,我也为之羞耻。"

解意:

直是一种德性,虽然还未能达到仁德的境界,却是仁德最重要的基础之一。仁心坦坦荡荡,天然生发。仁德的培养,是仁心自身的积累和坚守。因此,仁德的养成,率"性"而为,有为而实则无为,只是直心道场,直道而行。正如僧肇所说:"直心,诚实心也。发心之始,始本于诚实。……夫心直,则信固,信固,然后能发迹造行。

---

① 康有为:《论语注》,中华书局1984年版,第67页。
② 微生高:姓微生,名高,鲁国人,以直德而闻名。
③ 《法言·渊骞》。
④ 左丘明:鲁国太史,相传著有《春秋左氏传》和《国语》,品行高洁,为孔子推崇。

然则始于万行者,其唯直心乎。"①所以,直,首先就是真诚无伪之心,在仁德的培养中,如果平白无故地生出许多机心来,只能南辕北辙,违道远矣。

二十六

> 颜渊、季路侍。　子曰:"盍各言尔志?"
> 子路曰:"愿车马衣裘与朋友共敝之而无憾。"
> 颜渊曰:"愿无伐善,无施劳。"
> 子路曰:"愿闻子之志。"
> 子曰:"老者安之,朋友信之,少者怀之。"

释义:

颜回和子路侍立于孔子左右。孔子说:"何不各自谈谈理想?"

子路说:"我希望与朋友一起共用我的车马与衣裘,即使用坏了,也不遗憾。"

颜回说:"我希望不夸耀自己的仁德,不表现自己的功劳。"

子路说:"希望听一听老师的志向。"

孔子说:"我希望老年人得到安顿,朋友之间相互信任,年轻人心怀理想。"

解意:

师徒三人闲聊志向,却见境界之高低。

子路希望与朋友一同使用自己的车马和衣裘,即使用坏了,自己也不心疼,没有悔恨。子路的志向不在车马和衣裘,而是内心的无憾,培养内在的仁德。由此看出,子路无"内",因而求"内",尚未达到仁德。

颜回希望自己在平日的生活中,不要刻意地去夸耀和表现仁德,其志向由内及外,不是如何去追求仁德,而是如何持有仁德。持有仁德,在于内保仁德而不失,外行仁德而不伐,出入于无我之境。由此可见,颜回虽然已经具备仁德,但尚未实现道德的自由境界。

孔子紧跟颜回说话,故其"之",正是颜回所指的仁德,只不过,颜回言己之仁德,孔子将仁德扩充至天下,天下归仁。在孔子看来,生命虽然各有样态,但皆以仁心为本体,以仁道为人生的共同之路,生命因仁而有得(德),因此,老者以仁德而获得安顿,朋友之间因仁德而相互信任,年轻人心怀仁德,并为之而努力。

---

① 僧肇等:《注维摩诘所说经》,上海古籍出版社 2011 年版,第 20—22 页。

二十七　　子曰："已矣乎！吾未见能见其过而内自讼者也。"

释义：

孔子说："算了吧！我已经看不到能认识到自己的过错，并能自我忏悔的人了。"

解意：

修养仁德的功夫，在于内守仁心，视、听、言、动，皆内省于己，见其善者，内省于己，见其不善者，内省于己。能常守于内，方能体认仁心、培养仁德。因此，仁德的养成，首先在于反躬自省，内保其真。如果仁心不能常保于内，则眼、耳、口、身、意放逸于外，见其善者，羡慕、嫉妒、贪婪之心起，见其不善者，则幸灾乐祸、恶意中伤，这样的话，仁德又怎么能得到培养呢？

二十八　　子曰："十室之邑，必有忠信如丘者焉，不如丘之好学也。"

释义：

孔子说："在十户人家的小镇上，一定有和我一样忠厚守信的人，但不一定能像我一样通过后天的学习来提高修养。"

解意：

仁心先天本有，在乡村中，也常有忠厚老实之人。但是忠厚老实只是善质，而非善德，善质是先天条件，是成善的可能性，善质要成为仁德，离不开后天的学习与修养。子曰："性相近也，习相远也。"小人与君子的区别不在于先天材朴，而在于后天修养，不在于先天的善与不善，而在于后天的进与不进。

一个人先天有善，后天未必能成就其善，只有通过后天的学习，才能最终成就其善，因此，唯有学习能改变命运、成就仁道。

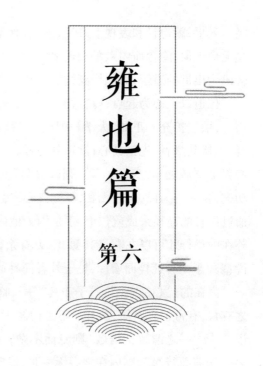

雍也篇
第六

子曰："雍也可使南面。"

仲弓问子桑伯子，子曰："可也，简。"

一　仲弓曰："居敬而行简，以临其民，不亦可乎？ 居简而行简，无乃大简乎？"

子曰："雍之言然。"

释义：

孔子说："以冉雍的德才，可以去做大官了。"

冉雍问子桑伯子①做官如何。孔子说："他为政简洁，可以借鉴。"

仲弓说："对待人民的事情，心中要敬重，行政要简洁，这不是很好吗？如果心中轻率、办事草率，这不是太简单了吗？"

孔子说："冉雍你说得对。"

解意：

孔子之道是入世之道，修身、齐家、治国、平天下，无一不是入世而成就仁道的途

---

① 子桑伯子：鲁人，隐士，思想类似于道家。

径。入世，就途径和表现上来说是有形有象、具体而生动的，就根基和本体上来说则是无形无象、隐含而内敛的。两者一体一用，不可偏废，脱离了途径和表现，儒学就会成为出世的道学，而如果离开了根基与本体，儒学就会沦为世俗经验与生活策略。

仁道以仁心为起点，以仁德为根据，儒家入世，也是以内在的修养为前提，由内而外，层层扩充。正如《大学》中所说："欲治其国者，先齐其家；欲齐其家者，先修其身；欲修其身者，先正其心；欲正其心者，先诚其意。"所以，治国要落实在官吏的道德修养上，"政之本，身也。身立则政立矣"①。官吏的道德修养要在内心的诚、敬上下功夫，要一心为民、大公无私，不能三心二意、以权谋私。孔子赞赏仲弓，认为他可以通过做官的途径来成就仁道，正是因为他内有扎实的修养功夫，内在的仁心稳固了，外在的德行才可以左右逢其源、游刃有余，才能以敬民之心行简政之事。正如颜元说："积于中者纯粹而宏深，见于外者简易而平淡。"②

内在的仁心是"一"，君子守其"一"，临于"多"，故能一以贯之。居内而行外，谓之有常，有常谓之真简，故真简不必拘泥于外在行为的简与繁，可简可繁。正如张栻说："夫主一之谓敬，'居敬'则专而不杂，序而不乱，常而不迫，其所行自简也。"③反之，"居简而行简"，则内在之心无主张，偷安放逸，必然简、繁无常，无常即太简。

二

哀公问："弟子孰为好学？"孔子对曰："有颜回者好学，不迁怒，不贰过。不幸短命死矣，今也则亡，未闻好学者也。"

释义：

鲁哀公问孔子："你的学生中，哪个最好学？"孔子回答道："颜回最好学，他的心不随外物而恼怒，内省过错而不会再犯。可惜颜回死得太早，今天已经见不到像颜回这样好学的人了。"

解意：

子曰："学而时习之，不亦说乎？"学而知之，行而持之，大哉仁德！颜回学而闻道，内修仁心，持之以恒，成就仁德。仁德成就，守仁心而不动，居仁德而不摇，故能不迁怒。喜怒哀乐之情，皆由客尘所染、情之所动而致，是客体之"所"与主体之"能"的相互触动，但是，"所"与"能"之间之所以能够相互产生作用，却是由心来决定的。心不动，则物无所染着，情虽往而不住；心动，则逐物动情，纵而不归。因此，不迁怒

---

① 《法言·先知》。

② 颜元：《颜元集》，王星贤、张芥尘、郭征点校，中华书局1987年版，第56页。

③ 张栻：《张栻集》，邓洪波校点，岳麓书社2010年版，第42页。

的境界,既不是隔离外物,也不是忍杀情欲,而是居于仁体,一心做主。

人非圣贤,孰能无过,其实圣贤也曾犯错,子曰:"丘也幸,苟有过,人必知之。"只不过常人总是在错后悔过,并且因为悔过得不彻底,找不到心之所源,所以常常还会再犯;圣贤在错的心源上找症结,心机未起,仁心先动,在心上磨炼,故无有贰过。

> 三
>
> 子华使于齐,冉子为其母请粟。 子曰:"与之釜。"请益。 曰:"与之庾。"冉子与之粟五秉。
>
> 子曰:"赤之适齐也,乘肥马,衣轻裘。 吾闻之也,君子周急不继富。"
>
> 原思为之宰,与之粟九百,辞。 子曰:"毋! 以与尔邻里乡党乎!"

释义:

子华①出使齐国,冉求请求孔子送给子华的母亲一些小米。孔子说:"给六斗四升吧。"冉求请求增加。孔子说:"再加二斗四升吧。"结果冉求送去了一百六十斗。

孔子说:"公西赤前往齐国,车前驾着肥马,身上穿着轻裘。我听说:君子应该救济困急、雪中送炭,不必锦上添花,再为富人增添财富。"

原思②给孔子当家臣,孔子给他俸禄九百斗小米,原思嫌多推辞不受。孔子说:"不要推辞,用不掉可以周济你的邻里乡人呀!"

解意:

孟子曰:"由仁义行,非行仁义也。"③仁义之行,本是赤子之心,率性而为,不将不迎,自然而然,见"急",同情之心油然而生,因而"周"之。如果刻意地去行仁义,则是仁心之上另立仁心,头上安头,机心便由此而生,利益妄想,故而见富而继。因此,孔子批评冉求,不是吝啬于粮食,而是借此去除冉求仁心的遮蔽。

冉求取粟,孔子以为多;原思辞受,孔子以为不多。到底孰少孰多? 多与少,取决于当事不当事,简单明了,只因有了机心,所以才把简单的事情复杂化。公西赤乘肥马、轻衣裘,本来已经非常富有,冉求何需假借仁义而请益? 原思为孔子家臣,本应得到这些合理收入,何需假借仁义而推辞? 两人皆不当事,不该多的嫌少,不该少的嫌多,未能一任本心,心有遮蔽故。

---

① 子华:孔子的学生,姓公西,名赤,字子华。
② 原思:孔子的学生,姓原,名宪,字子思。
③ 《孟子·离娄下》。

四 子谓仲弓,曰:"犁牛之子骍且角,虽欲勿用,山川其舍诸?"

释义:

孔子评论仲弓,说:"一头普通的耕牛,却生了一头通身赤色,且长着一对整齐角的小牛,虽然人们不愿用耕牛来当祭牛,但是山川之神会舍弃这头小牛吗?"

解意:

仲弓的父亲是农民,按照当时的世卿世袭的等级制度,仲弓的社会地位也是很低的,但是孔子认为仲弓德才兼备,可使南面。可见,父贱,子亦可贵。在孔子看来,贵贱取决于一个人内在的德行与能力。英雄不论出身,一个人只要后天足够努力,就一定能改变先天的命运。从中可以看出,孔子欲打破当时以家族背景来选用人才的旧制,主张根据德、才来选拔人才。

五 子曰:"回也,其心三月不违仁,其余则日月至焉而已矣。"

释义:

孔子说:"颜回,已经三个月不离仁心了,其余的靠日积月累就可以达到。"

解意:

仁德的养成植根于仁心,仁心虽然人人皆有,但要真正地成就仁德,需要一段长久且坚定的过程。这个过程就是孟子所说的"养",具体的做法就是孔子讲的"非礼勿视,非礼勿听,非礼勿言,非礼勿动"。这四句话,正是仁德的下手之处,是仁之方。颜回三月不违仁,整个生命都已安住在仁心之中,一丝不苟,仁心坚定,存养至熟,犹如道教筑基、佛教持戒,大本已然确立,其余枝叶,只要沿着已有的基础日积月累就可达到。

颜回"三月不违仁",三月时间看似不长,但真能做到,又何其难也!

六

季康子问:"仲由可使从政也与?"子曰:"由也果,于从政乎何有?"

曰:"赐也可使从政也与?"曰:"赐也达,于从政乎何有?"

曰:"求也可使从政也与?"曰:"求也艺,于从政乎何有?"

释义:

季康子问孔子:"子路可以从政为官吗?"孔子回答道:"子路行事果敢决断,但这与从政何干呢?"

季康子又问:"子贡可以从政为官吗?"孔子说:"子贡通情达理,但这与从政何干呢?"

季康子又问:"冉求可以从政为官吗?"孔子回答说:"冉求多才多艺,但这与从政何干呢?"

解意:

一句"何有",耐人寻味。"何有"一词用于反问句中,既可以表示"不难",也可以指"无关",这里取无关的意思,表示三人的才能皆就"技""器"言,而未就"德""道"言,故与从政没有根本的关系。

《秦誓》曰:"如有一介臣,断断猗无他技,其心休休焉,其如有容。人之有技,若己有之。人之彦圣,其心好之,不啻若自其口出。是能容之,以保我子孙黎民,亦职有利哉!人之有技,冒疾以恶之;人之彦圣,而违之俾不通,是不能容。以不能保我子孙黎民,亦曰殆哉!"[1]意思是,假若有一个大臣,除了仁德之外没有别的本领,但是他心胸宽广,有容人之量,看到别人有本领,就如同自己有一样,看见别人有德行,心中喜悦,而不只是嘴上说好,这样的人是可以保护好人民的,对国家有大利益。相反,如果一个人有很多本领,却缺乏仁德,心胸狭隘,看到别人有本领就嫉妒、厌恶,看到别人有德行就想方设法去压制,这样的人不仅不能保护好人民,反而会危害国家。

仲由果敢,子贡通达,冉求多艺,三人各有所长,皆可独当一面,在行政的某一方面发挥自己的优势。但是,从政难道仅仅具备行政才能就可以了吗? 这些技能对于从政这一关乎人民命运与社会前途的事业来说,有什么根本的关系呢? 如果徒有这些能力而缺乏仁德,又怎么能治理好国家、服务好人民呢? 行政才能只是从政之"器"与"术",虽然必不可少,但是如果遗落了行政之"道",缺乏贡献自我与服务他人的仁者精神,其"技"与"术"只会适得其反,终究有害于政治。

---

① 《尚书·周书·秦誓》。

七 季氏使闵子骞为费宰。 闵子骞曰："善为我辞焉！ 如有复我者，则吾必在汶上矣！"

释义：

季氏派人来请闵子骞①管理费邑。闵子骞说："好生地都我推辞掉吧！如果再来召我，我就离开鲁国，到汶河以北的齐国去！"

解意：

费地是季氏的采邑，管理费邑等于臣于季氏，成为季氏家臣，然而季氏非礼无义，所以闵子骞宁愿离开鲁国，前往齐国，也不愿意与之为伍。

孔子教育弟子，"危邦不入，乱邦不居"，但是为何孔子常常深入险境呢？这是因为，只有安于仁心、居于仁德的人，才能以"一"应"万"，不管身处治世还是乱世，都能始终如一，"颠沛必于是，造次必于是"，并左右逢源，游刃有余。反之，如果在仁心未安、仁德不固的前提下，贸然行于乱世，则会破坏修行，危害德性，或者同流合污，如冉求"为季氏附益"，或者一意孤行，自取其咎，如"子路不得其死"。闵子骞自知仁德未成，不为费宰，保全其真。

八 伯牛有疾，子问之，自牖执其手，曰："亡之，命矣夫！斯人也而有斯疾也！ 斯人也而有斯疾也！"

释义：

冉伯牛②得了严重的传染病，不欲见人，孔子去看望他，透过窗户握住他的手，说："不必遗憾，这是仁者的天命！只有这样的人才会得这样的病！只有这样的人才会得这样的病！"

解意：

冉耕正行有德，善于待人接物，勤勉工作，废寝忘食，得了传染性恶疾，孔子虽有不舍，却劝其无憾，因为这正是仁者的天命！孔子"五十而知天命"，孟子曰："尽其道而死者，正命也。"③圣人所知之命，正是仁者舍生取义、杀身成仁的伟大使命！仁道漫漫，从生至死，只是一条无私奉献的人生之路。"朝闻道，夕死可矣！"仁者之路，何

---

① 闵子骞：孔子的学生，姓闵，名损，字子骞。
② 冉伯牛：孔子的学生，姓冉，名耕，字伯牛。
③ 《孟子·尽心上》。

其壮哉! 何其美哉! 正如张栻说:"盖其修身尽道,以至所为谨疾者,亦无有憾也。"①颜回求道而早夭,伯牛躬行而得疾,两人都走完了仁道的全程,虽不尽命,然亦得命,"求仁而得仁,又何怨乎?"

九 子曰:"贤哉,回也! 一箪食,一瓢饮,在陋巷,人不堪其忧,回也不改其乐。 贤哉,回也!"

释义:

孔子说:"贤德啊,颜回! 一碗粗食,一瓢冷水,住在破旧的小屋里,别人无法忍受贫苦的忧愁,颜回却不改愉悦的心境。贤德啊,颜回!"

解意:

孔颜之乐,是宋儒多加体验处,其乐从何而来? 从贫苦中来,抑或从富贵中来? 贫苦与富贵,只是一个人所处的外在境遇,而外在的环境又怎么能牵动仁者的心境呢? 仁者的心如山一般坚定,一以贯之,故为仁德,处在贫苦之中不能改变心境,处在富贵之中也不能改变心境。

颜回存仁心,居仁德,心思不杂,故能在与物砥砺磨炼中,独自在仁体之源里体悟愉悦。正如孟子说:"君子深造之以道,欲其自得之也。自得之,则居之安;居之安,则资之深;资之深,则取之左右逢其原。故君子欲其自得之也。"②颜回之乐,源之于仁,安贫乐道,故能自得其乐,自得者,不愿乎外,所以,外在的忧患非但不能撼动仁心,反而会激发仁者的内心体认与愉快。

十 冉求曰:"非不说子之道,力不足也。"子曰:"力不足者,中道而废。 今女画。"

释义:

冉求说:"不是我不愿意追随老师的仁道,是因为我的力量不够。"孔子说:"如果力量不够,半途才会力竭,如今你却画地为牢,不肯前进。"

解意:

仁德虽然得之不易,但是仁心人人具有,只是愿不愿意发动那颗仁心而已。《尚

---

① 张栻:《张栻集》,邓洪波校点,岳麓书社 2010 年版,第 44—45 页。

② 《孟子·离娄下》。

书》云:"人心惟危,道心惟微,惟精惟一,允执厥中。"这十六字,真乃中华文明精华之所在。仁心即道心,道心之所以难以推动,实乃人心的阻碍,因此,"道心惟微",源自于"人心惟危",打破人心之阻碍,发动仁心,仁道成矣,这也是"一日克己复礼,天下归仁"的内在道理。

道心不得者,皆是任由人心驰骋,自甘堕落,自暴自弃。正如孟子曰:"自暴者,不可与有言也;自弃者,不可与有为也。言非礼义,谓之自暴也;吾身不能居仁由义,谓之自弃也。仁,人之安宅也;义,人之正路也。旷安宅而弗居,舍正路而不由,哀哉!"①道心不同于人心,但又内蕴于人心之中,因而道心不离人心,道心虽有阻碍,只要人心坚守正道,不违如愚,终能得道。

十一　　子谓子夏曰:"女为君子儒,无为小人儒。"

释义:

孔子对子夏说:"你要成为一名以仁道为理想的读书人,而不要成为一名以功名为目标的读书人。"

解意:

何谓儒? 儒者,学文章、求学问之人也。求学问文章又为何? 对这一问题的不同回答,分为君子儒与小人儒。君子儒与小人儒,其共性在于学文章、求学问。不同在于:君子儒以此修己而安人,养仁德,行仁道;小人儒以此成就一己功名。君子儒以利求义、以文进道,故取大舍小;小人儒以义求利、以学求仕,故取小舍大。正如清人刘逢禄在《论语述何》中说:"君子儒,所谓'贤者识其大'者,小人儒,所谓'不贤者识其小'者。识大者方能明道,识小者易于矜名。"②两者相比,足见境界之高下。

君子儒,上达不离下学,故为儒,下学而上达,故为君子。子夏文章斐然,但徘徊于文章之间,孔子点醒子夏,由文进道。孔子此句,亦在为其所创立的儒家正名,为君子正名。真正的孔门儒者,起于仁心,居于仁德,行于仁道,是谓君子儒。

---

①　《孟子·离娄上》。
②　程树德:《论语集释》,程俊英、蒋见元点校,中华书局 1990 年版,第 502 页。

十二

子游为武城宰。 子曰:"女得人焉尔乎?"曰:"有澹台灭明者,行不由径,非公事,未尝至于偃之室也。"

释义:

子游当了武城的长官。孔子说:"你在那里发现人才了没有?"子游说:"有个人叫澹台灭明①,行事光明正大,不走小道捷径,不是公事,从来不到我家。"

解意:

"女得人焉耳乎?"其中"得人"两字,尽显子游为官之德。子曰:"为政以德,譬如北辰,居其所而众星共之。"王充也说:"无道之君莫能用贤。使管仲贤,桓公不能用;用管仲,故知桓公无乱行也。有贤明之君,故有贞良之臣。"②因此,贤者自贤,方能得其贤,不贤者自不贤,故得其不贤,善恶皆自造,怪不得他人与世事。子游为官,廉洁奉公,故能发现澹台灭明这样的人才;反之,如果官员自身贪赃枉法,则会视此等人才为愚笨之人,而重用奸邪小人。正如康有为说道:"后世有不由径者,人必以为迂,不至其室,人必以为简,非孔氏之徒,其孰能知而取之?"③

中国由传统而至今日,重视人情、私交,公事往来,如无私下交情,则显得冷淡无情。然观《论语》,古人重公轻私,不徇私情,无情之处,方显真情,由今观之,传统有本有末,岂能舍本而逐末?

十三

子曰:"孟之反不伐。 奔而殿,将入门,策其马,曰:'非敢后也,马不进也。'"

释义:

孔子说:"孟之反④不自夸、不居功。带领军队撤退时,他主动断后,掩护全军,快到自己国家的城门时,快马加鞭,说:'不是我敢于断后,而是我的马不愿前进。'"

解意:

孟之反勇敢作战,主动断后,是有军功;以马不愿进为由,不欲得名贪功,因而受到孔子的赞赏。修养德性,需要摆脱功名之心,这是因为,一个人自居的功、名越多,

---

① 澹台灭明:姓澹台,名灭明,字子羽,后来成为孔子的学生。
② 《论衡·书虚》。
③ 康有为:《论语注》,中华书局1984年版,第78页。
④ 孟之反:鲁国大夫,名侧。

就越会受到功、名的迷惑,乌云遮蔽,也就越认不清自己,任由功、名所堆砌的假我为真我,由此愈行愈远。因此,只有不居功、不求名,才能摒弃功、名的假象,远离一切虚妄的念头与言行,真诚地面对自己,只有这样,仁德才能得到真正的培养。

孟之反言其"非敢",表明他勇于断后,非血气所致,非鲁莽之举,而实是仁心发动,是仁德的自然体现。生命由仁德做主,虽然不敢,但亦勇往直前。由此可见,仁德乃人之真正主宰,是人与禽兽的根本区别。

十四 子曰:"不有祝鮀之佞,而有宋朝之美,难乎免于今之世矣。"

释义:

孔子说:"如果没有像祝鮀①那样的口才,而只有如宋朝②一样的美貌,也是难以在当今的乱世中幸免于难的。"

解意:

孔子感慨,在乱世之中,人们只追逐外在的表现,不关心内在的修养,所以孔子说:"古之学者为己,今之学者为人。"乱世中,一个人如果不会自我吹嘘与标榜,即使有美丽的外貌,也难以幸免于祸害。美丽的外貌尚且如此,更何况内在的仁德呢?夫子不遇,不也很正常吗?穷,然后见君子。

十五 子曰:"谁能出不由户? 何莫由斯道也?"

释义:

孔子说:"有谁出门是不从自家大门出去的? 但是人生为何就不愿走在仁道之上呢?"

解意:

出门皆从房门中出,房门乃出门必经之途,自家房门尚且寻得到,而自家仁心、仁道为何寻不到呢? 人人皆内揣珍宝,不知有其宝,人人皆有仁心,却不能顺应仁心而践行仁道。

仁道,是人生道路的根本,是人间正道,犹如仁心人人本有,仁道也从未远离过我们。子曰:"德不孤,必有邻。"非道远人,人自远道。正如张栻所说:"道虽不可离

---

① 祝鮀:卫国大夫,字子鱼,有口才。
② 宋朝:宋国的公子朝,有美貌。

如此,然人之违之者亦多矣。人虽自违之,而道亦未尝离也。"①仁道对于每个人来说,"思则得之,不思则不得"②,犹如从门出去,自然而然。《中庸》曰:"道也者,不可须臾离者也,可离非道也。"你闻与不闻,道都在那里;你行与不行,道不离不弃。

十六 子曰:"质胜文则野,文胜质则史。文质彬彬,然后君子。"

释义:

孔子说:"一个人如果先天质朴过重,后天文教不足,就会粗俗野蛮;一个人如果后天文教过重,先天质朴不足,就会浮华不实。只有将先天质朴与后天文教相互协调,恰如其分,才是君子。"

解意:

一切文化都是"人"的文化,因为文化是人对自然的改造与修饰,体现了人的后天有为;同时,一切文化也都是"天"的文化,因为所有的文化创造都是以自然天性为基础,表现了对先天的尊重。文化中的"人"性,即是"文";文化中的"天"性,即是"质"。"质"与"文"的关系,是儒家文化的核心问题。

就个体的人来说,每一个人先天都是质朴的、自然的,但是如果一直保持着先天的自然状态,没有文明教化,则是野人,所以,儒家非常重视文化教育的作用,强调后天的人为力量。然而,如果一个人在后天文化教育的过程中,过度地被"人"化、"文"化,而丢掉了质朴、纯真的"天性",这样的人就会浮华、虚伪。所以对于个体修养来说,应该损有余而补不足,达到"文"与"质"的协调发展。

就孔子所追求的"仁"来说,"质"是仁心,人人先天本有,是仁道的起点,孟子"道性善",其"性",就是从"质"上来说的;但是,有仁心未必有仁德,仁德的实现不仅要先天具备善性,更离不开后天的修养功夫,后天的修养便是"文",所以荀子言性恶,其"性"就是从"文"上来说的,即缺失了后天的修养,先天的性会导致恶。可见,在仁道的实现上,"质"与"文"不可偏废。

就儒家治学方法来说,儒家历来有"尊德性"与"道问学"两条不同的路向。《中庸》说:"故君子尊德性而道问学,致广大而尽精微,极高明而道中庸,温故而知新,敦厚以崇礼。"其中,"尊德性"是于内在的仁心、良知上体认,在先天之"质"上去修养;而"道问学"则强调后天修养的作用,用后天之"文"来弥补先天之"质"的不足。两

---

① 张栻:《张栻集》,邓洪波校点,岳麓书社2010年版,第46页。

② 《孟子·告子上》。

者皆修德凝道之大端,不可偏废。

由上可知,从儒家思想的各个方面来看,"质"与"文"都必须协调发展。今人所谓"文质彬彬",偏重于文雅,而忽视了质朴的一面。这一方面歪曲了孔子与儒家的正见与智慧,另一方面也反映了儒家在后期流传的过程中,出现了重文轻质的思想倾向,并由此导致了"伪君子"这样的文化乱象。今人学儒,仍需保持清醒的头脑,时刻警惕。

十七　子曰:"人之生也直,罔之生也幸而免。"

释义:

孔子说:"人类只有靠正直才能生存,不正直得以生存,只是侥幸而已。"

解意:

正直与不正直,不仅是一个人道德素养的体现,更是人生在世的整体要求。道德存在于人与人、人与物之间的关系之中,善者,爱人,恶者,害人,而独自的个人生活是不存在道德问题的,爱己与害己,都无关乎善、恶。因此,道德不是抽象的,而是一定历史环境与社会生活的具体表现,是人的社会性,即人与人之间共生共存的现实要求。

荀子说:"故人生不能无群,群而无分则争,争则乱,乱则离,离则弱,弱则不能胜物。故宫屋不可得而居也,不可少顷舍礼义之谓也。"[1]人必须在群体中存在,人间道德的形成也是建立在人类群体这一基础之上的,正直与不正直也是如此。如果人人皆不正直,损人终究害己,人与我皆不得生存,只有大多数人正直,社会秩序才能保持稳定,人与我的生存才皆有可能。因此,只有一个社会整体正直了,每个人的生存才能获得保障,即使有个别的人不正直,也能侥幸生存;而如果一个社会整体不正直,每一个人的生存都只是侥幸,正直则必有灾祸。

十八　子曰:"知之者不如好之者,好之者不如乐之者。"

释义:

孔子说:"懂得了仁的道理,最好还能切身去践行仁;践行仁,最好还能享受仁带给生命的

---

① 《荀子·王制》。

喜悦。"

解意:

知即是学,在文章中了解仁德,在道理上领会仁心,此谓"知之者"。"知之者",只是一个学问家,儒家不只追求一般的学问,更追求人生中的学问,人生中的学问不能只停留在思维的抽象概念中,还要在人生中去践履、去修行,在与事、物的切磋琢磨中,坚守仁心,践行仁道,此谓"好之者"。"好之者"虽然身体力行地去追求,但是仍然有所勉强,守死善道,尚且未能达到道德的自由之境,只有由"好之者"进入"乐之者",仁心才能最终与生命为一,悠然自得,乐以忘忧,自在地行在仁道之上。

子曰:"学而时习之,不亦说乎?"知之者,学;好之者,习;乐之者,悦。"知之"、"好之"、"乐之",是孔子仁学的三层境界,也是中国学问的三大特点。一方面,"知之"才能"好之","好之"才能"乐之",只有"学而时习之",才能"说之";另一方面,由"知之"进而"好之",学问才能稳固,由"好之"进而"乐之",才能领会仁道的美好,人们也才能自愿与自由地行在仁道之上。

十九 子曰:"中人以上,可以语上也;中人以下,不可以语上也。"

释义:

孔子说:"中等境界以上的人,可以对他说深奥的道理;中等境界以下的人,可以对他说浅显的道理。"

解意:

人与人之间有境界的高低之分,不同境界的人对真理的接受态度、领悟程度以及运用方式都有很大的不同。正如老子曰:"上士闻道,勤而行之;中士闻道,若存若亡;下士闻道,大笑之,不笑不足以为道。"①所以,对境界较高的人,可以言"道";对境界较低的人,只可以言"器"。

然而,"道""器"不离,道无处不在。对中人以上,虽然可以直言大道,但又不能离俗绝器;对中人以下,虽然以生活切近处入手,但其目的也是以指见月,下学而上达。所以,孔子教学,一定是根据学生的不同情况,方便善巧,处处皆能契理契机。正如张敬夫说道:"圣人之道,精粗虽无二致,但其施教,则必因其材而笃焉。"②可见,《论语》之中,并不存在普遍性的法则,孔子教人,因材施教,循循善诱,学习《论语》,

---

① 《道德经》。

② 朱熹:《四书章句集注》,中华书局 1983 年版,第 89 页。

也应活学活用、化知为智,不可盲目崇信、死于文字。

二十 樊迟问知。 子曰:"务民之义,敬鬼神而远之,可谓知矣。"问仁。 曰:"仁者先难而后获,可谓仁矣。"

释义:

樊迟向孔子请教怎么做才符合智。孔子说:"专心致力于人民的事务,敬畏并远离鬼神之事,这就是智了。"樊迟又问老师怎么做才符合仁。孔子回答道:"先奉献自己,再成就自己,这就是仁了。"

解意:

对于人道与神道,孔子有明确的划界思想。孔子之道,是入世之道,所以,能将人道与神道明确地划分开来。知人道,不去知神道,行人道,远离神道,这便是"智"。知人事、行人道,就必须走入世间,了解人民的生活世界,在尊重人民的基础上,移风易俗,因势利导。孔子所处的春秋时期,鬼神文化昌盛流行,人民多事鬼神,所以,孔子主张既要远离鬼神,又要敬畏鬼神。敬鬼神,即是敬人民。

孔子时常仁、智并举,樊迟问"智",孔子告之要知人道,而非知神道,于是樊迟就人道而问"仁"。仁道正是人道的本质,仁道就是奉献之道、无我之道,是在奉献自我中成就自我的人间正道。

二十一 子曰:"知者乐水,仁者乐山。 知者动,仁者静。 知者乐,仁者寿。"

释义:

孔子说:"智者的品格犹如流水,仁者的品格犹如大山。智者行事变动不居,仁者心境平和宁静。智者利人,故能悦人;仁者安己,故能恒常。"

解意:

孔子的理想人格是仁、智统一。智者通达事理,灵活应变,左右逢源,游刃有余,故而如水一般灵动;仁者内守仁心,不随物迁,无忧无怨,如如不动,故而如山一般坚韧。君子游于山水之间,动中有静,静中有动,生命也犹如高山流水,动静合一。

仁者与智者,并非两人,君子集仁、智于一身之中,仁者是智之体,智者是仁之用。仁者推己及人,周流不息,发之于外则为智;智者居中处正,止于至善,涵蕴于内则为仁。因此,君子动静结合、乐寿同享。

二十二　　子曰："齐一变，至于鲁；鲁一变，至于道。"

释义：

孔子说："齐国变革，能由智进仁，达到鲁国的境地；鲁国再一变革，就能仁智统一，达到至善。"

解意：

孔子主张仁、智统一，不仅人生修养是这样，国家治理也是如此。齐国与鲁国，各偏重于仁、智，不能两全，皆未达至善。

齐国的开国君主是姜尚公，姜尚公治理齐国，顺应风俗，不拘礼节，发展商业，为中国海洋文化之鼻祖。然而，齐国重智轻仁，虽然任用霸道与法术，盛极一时，却离开仁道愈行愈远，终究难以长治久安，开出太平之世。正如《汉书》曰："初太公治齐，修道术，尊贤智，赏有功，故至今其士多好经术，矜功名，舒缓阔达而足智。其失夸奢朋党，言与行缪，虚诈不情，急之则离散，缓之则放纵。"①孔子认为，齐国如果进一步发展，必须放弃巧智，重返仁道。

与齐国不同，周公的长子伯禽是鲁国的开国君王，伯禽继承周公制礼的传统，在鲁国大兴礼教，使"周礼尽在鲁矣"，但是鲁国又存在着重仁而轻智的弊端。重仁轻智，往往固守旧制，不知变通，不能与时俱进，使礼适用于当下的时代而迂腐无能，所以鲁国在事功上反而不如齐国强劲，在诸侯之间的竞争中逐渐衰落下去。孔子认为，鲁国如果能由仁而通智，则能兼备道之大全，实现大治的至善理想。

孔子在有生之年，未能在齐国和鲁国施展自己的政治方案和理想，但其仁、智统一的观念对中国政治思想产生了深远影响。

二十三　　子曰："觚不觚，觚哉！觚哉！"

释义：

孔子说："觚已经不再像个觚了。觚啊！觚啊！"

解意：

觚是古代的盛酒器皿，腹部有四个棱角，足部也有四个棱角，后人觉得工艺繁杂，就将腹部与足部的棱角去掉了。孔子用觚来表达对事物变化的看法。

---

① 《汉书·地理志》。

事物有两个层面：一是事物的名称概念，即事物在人们头脑中留存的观念；一是事物的存在状态，即事物在现实中的变化。这两个层面的关系就被称为"名"与"实"的关系。在先秦诸子思想中，名实之辨是讨论的核心问题之一。名、实关系之所以会被提出来集中讨论，主要是因为在春秋战国时期，旧有的社会规范与秩序统统被打破了，事物的存在状态发生了剧烈变化，而人们对事物的理解往往还停留在过去的名称和观念之中，名存实亡的现象普遍存在，这样就产生了名与实之间的矛盾与冲突。在这两者的关系中，道家主张"名可名，非常名"①，认为任何一个事物的名称以及内涵都不可能完全涵盖事物的可能性变化、名称以及人们对事物内涵的理解，只是人们对事物暂时性的理解，是观念的暂时居所，因而要求去除名相的执着，"圣人无名"②，顺着事物的发展来不断地修正名称和调整人们对事物的观念，主张以"实"来规定"名"。而以孔子为代表的儒家则认为，事物的存在和变化未必都是合理的，"实"的本质在"名"，所以要通过"正名"，即对事物本质的规定，来纠正事物在变化过程中所发生的偏差，以达到拨乱反正、改造现实的目的。正如孔子说："名不正，则言不顺，言不顺，则事不成。"意思就是，只有当名称以及名称的含义得到正确的规定之后，语言文字才能起到教化和规范的作用，并进而实现社会秩序的确立。

二十四　宰我问曰："仁者，虽告之曰，'井有仁焉。'其从之也？"子曰："何为其然也？君子可逝也，不可陷也；可欺也，不可罔也。"

释义：

宰我问孔子："如果告诉一位仁者，有人掉入井中，他会跳进井里救人求仁吗？"孔子回答道："君子怎么会这样去做呢？君子会前往井边设法救人，但不会将自己陷落其中；君子可能会被欺骗，但不会迷失自我，偏离正义的方向。"

解意：

君子仁、智统一，仁中有智，智中有仁。宰我将仁、智隔离，不知两者实际上是君子的一体两用，宰我为仁者所设的两难之境，正是仁、智隔离之后的两难。君子知人落井，仁心必将发动，见义勇为，舍生取义，在所不辞，故而可逝、可欺也。但是，仁心之中本有是非之明，仁德之中本蕴智慧，正义在前，不能暴虎冯河、鲁莽行事，而要方便施救、智勇双全，故而不可陷、不可罔也。

---

① 《道德经》。
② 《庄子·逍遥游》。

因此,仁者既不是奸诈的聪明人,也不是愚钝的老实人,而是老实与聪明集于一身的人。君子有仁,"仁者安人",也要有智,"知者利人",君子不能因为仁慈而愚钝,否则不仅不能帮助到他人,自己也会遭人陷害。子曰:"好仁不好学,其蔽也愚。"正是提醒仁人在求仁的同时,要学以得智,仁智统一。

二十五　　子曰:"君子博学于文,约之以礼,亦可以弗畔矣夫。"

释义:

孔子说:"君子广泛地在文献中汲取精神的养分,并将其凝练于言行规范,落实于生活实践之中,这样就不会做出离经叛道的事情来了。"

解意:

"弗畔",重要地在于培养稳定、坚固的仁德,而仁德的养成又需要从知与行两个方面入手,两者齐头并进,缺一不可。一方面,君子需要让经典常伴左右,时刻体察圣人境界,从圣人的思想中广泛地汲取精神的营养,在情感上得到鼓舞,在义理上坚定信念,并了解具体的培养方法;另一方面,义理的领悟还需要结合自己的生命状况,将圣人的思想凝练成适合自己的理论修养,在生活中约束随时可能出现的妄念、妄行,身体力行地去贯彻和落实圣人的要求。只有这样,自己才能真正地体悟到仁德的妙用,仁德也才能得到实现,并以此信心坚定。因此,君子所学的知识是广博的,行为准则是明了的,将所学的知识在实践中一以贯之,做到行中有知、知行合一。

二十六　　子见南子,子路不说。夫子矢子曰:"予所否者,天厌之! 天厌之!"

释义:

孔子见了南子①,子路不高兴。孔子指天而誓:"此行,假如有违道义的话,天会厌弃我的! 天会厌弃我的!"

解意:

圣人之道,"无适也,无莫也,义之与比"。孔子仁德在身,虽处乱境,亦能不离仁道,故能"从心所欲不逾矩"。

子见南子,子路忧之,诚是也,夫子不惧,诚是也。诚:从外在表现来说,是内不

---

① 南子:卫灵公的夫人,貌美,传说有淫行。

自欺,外不欺人;从内在本体上来说,是仁德集于内心的程度。子路仁德未达,见夫子与南子相见,惶恐不安;夫子一以贯之,虽见南子,仁做主宰,义来相伴,能无违于仁心。无违于仁心者,合于道心,天不厌弃。

二十七　　子曰:"中庸之为德也,其至矣乎!　民鲜久矣。"

释义:

孔子说:"中庸作为一种德行,至高无上!人们未达中庸已经很久了。"

解意:

中者,不偏;庸者,用也。中庸就是用中,就是将"中"的观念贯穿于一切道德原则之中,让人们在使用道德原则时,不偏不倚,不走极端,兼顾两端,不落两边。《中庸》曰:"中也者,天下之大本也;和也者,天下之达道也。致中和,天地位焉,万物育焉。"中庸是儒家一切道德原则的根本用法,是人最重要的一种德行。

在中庸的指导下,孔子做到了如下几点:不离天道言人道,赋予人道超越性的追求;不离人道言天道,将形而上的天道落实于世间;不离他人言自我,修己然后安人;不离自我言他人,见他人善恶,反躬自省;不离情感论心性,心性只是情感的合理实现;不离心性言情感,情感要由心性做主宰。因此,中庸之道是儒家的天人、人我、身心和谐之道,是儒家的圆融无碍之道。

从中庸出发,儒家的道德原则才能克服其有限性的弊端,从而提升其灵活性、全面性和批判性。儒家的道德原则从本质上来说,属有为法的范畴,具有极强的当下性和实践性,缺失超越时空的普遍性和永恒性,因而只存在相对的有效性。正如老子所说:"仁义,先王之蘧庐也,止可以一宿,不可以久处。"[①]但是,人们在使用道德原则、进行道德实践的时候,往往遗忘其有为法的局限,将其普遍化、绝对化和永恒化。如此一来,不仅道德实践的结果会走向道德的反面,而且道德原则也会被人们误解,遭到全盘否定。因此,只有将中庸的观念贯穿于儒家的道德原则之中,在"中"的指导下,建构、运用和变革道德原则,道德才能发挥正面、积极的作用,也才能最终实现和谐的目标。

---

① 《庄子·天运》。

二十八

子贡曰:"如有博施于民而能济众,何如? 可谓仁乎?"
子曰:"何事于仁,必也圣乎,尧舜其犹病诸! 夫仁者,己欲立而立人,己欲达而达人。 能近取譬,可谓仁之方也已。"

释义:

子贡说:"老师,如果我能广博施与、救济众生,怎么样? 这样就实现仁道了吧?"孔子回答说:"这些事情本身与仁道没有关系,而且,这些事只有德、行皆备的圣人才能做到,连尧和舜恐怕都自觉力量不足啊! 仁者,就是在确立他人的过程中来确立自己,在成就他人的过程中来成就自己。立足于修养自己,行忠恕之道,是培养仁德的切近之处。"

解意:

仁者,"亲亲而仁民,仁民而爱物"①,从孝悌出发,到关爱他人,再到博爱万物。子贡以博爱为仁,就目标本身来说,并没有错,但是子贡希望自己能直接行博爱之举,并以此来达到仁德,成就己之立、己之达,则错了。因为博爱并不是外在的行为表现,而是内心的爱的广大;仁德的养成与仁道的践行也不能一蹴而就、一超直入,而是需要一个由近及远、循序渐进的漫长过程,是通过"立人"和"达人"来成就自我的过程。子贡求仁心切,不免好高骛远,反而离仁远矣。

仁与圣相比,仁侧重于主体内在的意志,求仁而得仁,而圣,则是仁道在现实社会中所可能取得的伟大功业,所以圣不仅需要仁德的内在品性,还离不开主体外在的境遇,是德性与权力的统一。孔子一生行道,希望将仁德推行于整个天下,不过,居于乱世,仁道可成,圣果难遇。圣是可望不可即的,孟子曰:"君子有三乐,而王天下不与存焉。"②所以孔子将希望寄托于君子,而非圣王。

仁道同样是艰深和广大的。欲行仁道,先要修身。修身就是从最切近的自己开始做起。对内自正其心,不违仁心,此谓"忠";对外将心比心,善待他人,此谓"恕"。"忠恕",便是培养仁德的下手之处。

---

① 《孟子·尽心上》。
② 《孟子·尽心上》。

述而篇 第七

一　　　子曰："述而不作，信而好古，窃比于我老彭。"

释义：

孔子说："我只阐述古代的道理，而不创作新的理论，这一点我敢把自己比作老彭①。"

解意：

君子不器，志于道。道者，今之道也，古之道也，古今一也，古今大道相同，所变者，器也。正如董仲舒所说："王者有改制之名，无易道之实。"②僧肇也说："今若至古，古应有今；古若至今，今应有古。"③所以，对于大道，仅能述之，又何能作之？

君子体道修德，发自于内心之诚，来不得半点虚假，因此首先要信其有道，然后才能有志于道。此信，正是老子所谓"道之为物，惟恍惟惚。恍兮惚兮，其中有象；惚兮恍兮，其中有物。窈兮冥兮，其中有精；其精甚真，其中有信"④之信。"信而好古"，才能以崇敬和热爱的态度对待传统文化，敬畏经典，通过对经典的不断诠释来推动

---

①　老彭：商代贤大夫，好述古事。

②　《春秋繁露·楚庄王》。

③　《肇论·物不迁论》。

④　《道德经》。

思想的发展。中国几千年来的思想从未离开过那几部经典著作,如汉代之"五经"(《诗》《书》《礼》《易》《春秋》)、魏晋之"三玄"(《老子》《庄子》《易经》)等。这种思想的传承脉络,看似毫无创作、没有新意,只是一味地回归传统,其实不然。回归传统:一方面是为了反复地体察道体自身,在源头处汲取思想的资源;另一方面,不免带有当代的生命关怀。回归传统,实质上是向传统发问,向道体问路,以解决当下切近的问题。正如李泽厚所说:"任何'述'中都有'作',孔子以'仁'解'礼',便是'作'。实际上孔子是'述而又作'。"①"述而不作"是文明的继承,是圣贤于"信而好古"之中内在信念的自然表现;"述而又作"是文明的流传,是传统文化在诠释的过程中所展现出的当代价值。

此外,经典的理解与诠释,又不仅仅是一个单纯关乎思维的理论理性的问题,还是一个充满德性与德行于其中的实践理性的问题。这是因为,"信而好古"正是生命之无我境界的表现,亦是仁德的重要体现。与"信而好古"相应的诠释之路意味着与传统保持着亲密的关系,在继承中发展;意味着在对传统的尊重中,保持着自我的谦逊与谨慎;意味着向内心寻求传统的根源,在古义的理解中内化为德性。所以,在对经典进行创造性诠释的过程中,应避免对传统的摧毁和与传统的断裂,消减自我意识的过分凸显,以至于孤傲自大,应将外向性的追寻与内在德性的培养结合起来。

二　　子曰:"默而识之,学而不厌,诲人不倦,何有于我哉!"

释义:

孔子说:"将学问内化为德性,勤勉学习而不厌烦,教育他人不厌倦,这些就是我的生命过程和人生意义吧!"

解意:

孔子是中国第一位真正意义上的教师,也是中国从古至今所有教师的真正楷模。孔子用他的一生诠释了一位教师的崇高品格与伟大使命,即"默而识之,学而不厌,诲人不倦"。唐代思想家韩愈说:"师者,所以传道授业解惑也。"中国现代教育家陶行知也说:"学高为师,身正为范。"从中可以看出,中国人所理解的教师是道德与学识的统一,是学生的道德楷模和学识榜样。

在孔子看来,教师不是一种单纯以教育技法为手段的谋生职业,而是仁者爱人、

---

① 李泽厚:《论语今读》,中华书局 2015 年版,第 125 页。

智者利人的人格与角色的必然表现。一名真正的教师首先要重视自身道德的修养，化知识为德性，表里如一、言行一致，不能说一套、做一套。教师由于职业的原因，很容易言多行少，所以，"默而识之"的功夫尤为重要。一名真正的教师是终身与知识打交道的人，是一个热爱真理、追求真理的人。学海无涯，所以一名教师必须终身保持"学而不厌"的态度，以学习为生活的主要方式。教育是教师的天职，但是教师不是为了教育而去教育，不能好为人师。教育本质上是仁者修己而安人的自然表露，是生命自觉之后的幸福分享，是知识文明的传承方式。因此，非有高尚品德与伟大使命的人，难以真正做到"诲人不倦"。

夫子的一生以文明接续为使命，以述而不作、教书育人为行道、传道的主要方式。此乃孔子的活生命、真精神，离了这些，夫子又在哪里，又有什么呢？

三　　子曰："德之不修，学之不讲，闻义不能徙，不善不能改，是吾忧也。"

释义：

孔子说："仁心不能得到修养和巩固，学问不能得到阐明和传授，见到正义不能勇往直前，发现缺点不能及时反省和改正，这些是我对自己最大的担忧。"

解意：

孔子最重视知行合一、表里如一，对传统儒士与当代知识分子来说，最大的弊病就是知而不行。人心虽然有仁，但是不修，则仁德不成；学问虽需默而识之，但是不讲，则义理不能条贯，思想难以彰明，仁道不能传承；是非之心，虽然人皆有之，但是见义，尚须勇为，不为，则浩然正气不能培养，善德不能日进；己之不善，虽受观照，但不知悔改，不能日新。

仁道贯穿于生命的始终，任重而道远，故孔子有忧。有忧，故学而不厌，诲人不倦。孔子"终日乾乾，夕惕若厉"①，"日日新，苟日新"②，故而无忧。有忧，方能无忧。

① 《易·乾》。
② 《大学》。

四　　　子之燕居，申申如也，夭夭如也。

释义：

孔子在家中闲暇无事时，轻松舒坦，祥和愉悦。

解意：

孔子之道，为入世之道。入世，就要与人、事打交道。在社会生活中，每个人都担任着不同的社会角色，人们的言行举止也都或多或少地会受到这些社会角色和身份的影响和束缚，因而在处理不同的社会事务时，外在的言行需要有所权变，要因时、地、人而宜，工作时紧张而忙碌，在家时轻松而愉悦，不用到哪里都板着一副"君子"的严肃面孔，做"假道学"的表面功夫。孔子在家闲居，虽然与工作的忙碌状态有所不同，但是其仁德是一以贯之的，于闲居时，仁心更是尽显无余，轻松舒坦，祥和愉悦，既不局促，也不放纵，正是仁者恬淡、中和之貌。

五　　　子曰："甚矣吾衰也！久矣吾不复梦见周公！"

释义：

孔子说："我已经衰老得这么厉害了！已经很久没有梦见周公①了！"

解意：

庄子曰"至人无梦"，展现出儒家入世之道与道家出世之道的不同。孔子有梦，正体现了其入世情怀。孔子年老时，感慨大道不行，在自己的有生之年，社会理想未能实现，然而，文明待需传承，理想待需接力，因此，孔子晚年返归故里，专心于教育与修书，以待后世之用。夫子不复梦见周公，因为天命已经有所传递；夫子虽不复梦见周公，但是夫子时常被后生所梦见，夫子"少者怀之"之志，已然实现了。

六　　　子曰："志于道，据于德，依于仁，游于艺。"

释义：

孔子说："一位真正的仁者，以仁道为志向，以仁德为依靠，以仁心为源头，游心于日用之间，自在，如是。"

---

①　周公：姓姬，名旦，周文王的儿子，鲁国的第一位国君，也是孔子心目中的圣人。

解意:

孔子的思想以仁为核心,儒者生命也同样是以仁为核心。仁在哪里?在生命的全部过程之中。因此,仁道就是仁者的生命之路,是仁者的人生志向。在仁道的历程中,处处都有偏离大道的危险,人生的修行之路如履薄冰、如临深渊,因而仁者据守仁德,以仁德来为人生的仁道征程护航和保障。仁道是过程,仁德是依靠,而仁心则是起点与源头。正是由于人人先天都具备仁心,所以仁德才不外乎于人,仁道才是人生本应行走的正道,在人生之路上,仁心为人生提供了取之不尽的德性与智慧。

艺是仁在生活中的展开,仁心必散发于外在,仁德必作用于事中,仁道必行走在当下,故而生活的时时处处皆为艺。于"艺"中"游",顿显夫子自由逍遥之境,同时又显示了孔子入世、生活之生动趣味,此谓"自在"。正如康有为所说:"游者,如鱼之在水,涵泳从容于其中,可以得其理趣而畅其生机。"[①]然而,夫子"从心所欲"又"不逾矩",在游艺中,仁心自作主宰,此谓"如是",自在而如是,如是而自在,"极高明而道中庸",正是仁者生命的生动写照。

七　　　子曰:"自行束修以上,吾未尝无诲焉。"

释义:

孔子说:"只要是自己主动求上进、来求教的,我都会教诲他。"

解意:

子曰:"为仁由己,而由人乎哉?"为学与求仁,重在"自行",只要自己有充分的决心与毅力,学问与仁德是一定能够成就的;反之,如果自暴自弃,即使有再好的名师教诲也是无用。

孔子收授弟子,只要有求学上进之心,不问贵贱、贫富,一视同仁,有教无类。孔子教育弟子,不为名利,只为文明传承与仁道接续。当今教师,应以孔子为楷模。

---

① 　康有为:《论语注》,中华书局 1984 年版,第 90 页。

八 子曰："不愤不启，不悱不发。举一隅不以三隅反，则不复也。"

释义：

孔子说："直到学生为学所至而未能上达时，我才去开导他；直到学生心有所得而言之不出时，我才去启发他。告诉学生一个方面，学生如不能自行钻研其他三个方面，我就不再继续教他了。"

解意：

孔子教育学生，虽然诲人不倦，但是又不轻易地去开导和启发，而是耐心地等待，让学生自己去发掘学习的潜能，自己去发明仁心的动力，虽然不启、不发，却甚过启发；反之，如果老师越俎代庖，拔苗助长，非但无益，反而还有害处。正如孟子所说："天下之不助长者寡矣！以为无益而舍之者，不耘苗者也；助之长者，揠苗者也；非徒无益，而又害之。"①意思是，天下不助苗生长的人太少了，认为默默地积累无用，于是就舍弃了积累，将不助长等同于不锄草的懒汉，其实，拔苗助长，非但对禾苗没有好处，反而还有害。孔子以启发式的教学方式教育学生，希望学生能亲身参与学习的全部过程，在"学而时习之"中有所"自得"。同样的，学生学习，首先就要养成学习的自觉性、主动性和积极性。如果自己未能达到一定的程度，即使有老师的开导，也不能进步；如果自己未能心有所得，即使有老师的启发，也无法言说；如果听到老师举示一隅，不能自行钻研其他三隅，所有的知识都终将还给老师，知识也难以转化为德性与智慧。

九 子食于有丧者之侧，未尝饱也。子于是日哭，则不歌。

释义：

孔子与服丧的人在一起，吃不下太多的饭。孔子吊丧哭过，这一天就不再唱歌了。

解意：

仁者的情感不勉强、不造作。见服丧之人，恻隐之心油然而生，故无心于饮食；伤心之处自然落泪，没有应不应该落泪的原则；高兴之处自然喜悦，没有应不应该喜悦的观念。率性而为，天真流露，无忧思，无妄念，方能体仁、学道。

---

① 《孟子·公孙丑上》。

十

子谓颜渊曰："用之则行，舍之则藏，惟我与尔有是夫！"子路曰："子行三军，则谁与？"
子曰："暴虎冯河，死而无悔者，吾不与也。必也临事而惧，好谋而成者也。"

释义：

孔子对颜回说："社会重用，就推行仁道，不被重用，就保存仁道，能做到这些的，只有我与你吧！"子路说："如果老师率军打仗，将与谁同行呢？"孔子说："赤手空拳与猛虎搏斗，不借助船只徒步渡河，死了也不追悔的人，我是不会与这样的人同行的。不管是弘扬仁道，还是行军打仗，必须谨慎应对、精心谋划才能取得成功。"

解意：

将仁道推行于整个天下，天下归仁，是儒家的最高理想。这个理想的实现，不仅需要先圣先贤的全力倾注，更需要一代一代的志士仁人接过仁道的使命，继续前行。当历史的条件有利于仁道推行的时候，应不失时机地推行仁道，夫子之行，非为名利；当历史的条件不适合弘扬仁道的时候，应该保留和传承仁道的星星之火，以待后世之用，夫子之藏，非为保身。因此，仁道的推行犹如打仗一般，不能依赖一己之勇力，更不能凭借一时的鲁莽，而应有全局意识，精心谋划，才能最终成功。

十一

子曰："富而可求也，虽执鞭之士，吾亦为之。如不可求，从吾所好。"

释义：

孔子说："财富如果可以通过正当的方式获得，即使是去做低贱的粗活，我也可以去做。如果不能用正当的方式获得，我便坚守正义，独行仁道。"

解意：

义与利，是儒家常常讨论的话题。孔子认为，利益与正义并不是矛盾的，"富与贵，是人之所欲也"，如果是合乎正义的利益，为什么不去努力得到呢？董仲舒认为，义与利都是人生的必需，"利以养其体，义以养其心。心不得义不能乐，体不得利不能安"①。因此，儒家虽然高举正义的大旗，但也没有用正义来否定利益。然而，当义

---

① 《春秋繁露·身之养重于义》。

与利发生了矛盾,在正义与利益之间,非得取其一的话,君子会勇敢地选择正义而放弃利益,因为在这种情况下,选择了利益,就等于背弃了正义。

君子心地坦荡,不管是有利益,还是没有利益,都能无愧于心,因此君子不怨天、不尤人。孔子身处乱世,利益与正义不能两得,于是取义舍利,素位而行,独善其身,安贫乐道。

十二　　子之所慎:齐,战,疾。

释义:

对这三样事情,孔子总是慎重的:斋戒、战争和疾病。

解意:

斋戒、战争和疾病,三者分别关乎心灵的静与乱、国家的存与亡和身体的生与死,所以,不得不慎重。

斋戒是祭祀前的准备,心灵清静,以己心通于道心。"颜回三月不违仁",曾子一生"如临深渊,如履薄冰",心灵每日都如同斋戒,一心不乱。战争关系到人民的生死与国家的存亡,仁者爱人,故而反对战争,即使是正义的战争,也应慎之又慎。疾病关系到个人的身体与寿命,孔子虽然不追求个体生命的长生久视,倡导在生命奉献的过程中实现生命的价值,但是重生也是仁德的应有之义。况且,生命的奉献与身体的健康和寿命的长短也存在着密切的关系,所以并没有因为心灵与理想的追求而否定肉体存在的价值。

十三　　子在齐闻韶,三月不知肉味,曰:"不图为乐之至于斯也。"

释义:

孔子在齐国听闻了《韶》乐,三个月品尝不出肉的美味,说:"想不到音乐能达到如此高的境界。"

解意:

子谓《韶》:"尽美矣,又尽善也。"可见,《韶》乐不仅悦耳动听,而且还能感化心灵,达到了尽善尽美的境界。

儒家倡导和乐、雅乐,重视音乐的教化作用,子曰:"兴于诗,立于礼,成于乐。"在孔子看来,和乐和雅乐,既具有平心静气、去躁除妄的正面作用,又摆脱了礼仪的外在强制性,在"随风潜入夜,润物细无声"之中达到道德培养的作用,因此,音乐是教化的最后阶段和最高境界。古人重视音乐,在于音乐能够达到心灵的宁静,而不是收获感官的刺激。感官的刺激会导致心灵的混乱,正如老子曰:"五色令人目盲,五音令人耳聋,五味令人口爽,驰骋田猎令人心发狂,难得之货令人行妨。是以圣人为腹不为目,故去彼取此。"①因此,心灵的宁静与德性的培养,首先就要超越感官的享乐,孔子在音乐中获得了精神的愉悦与境界的提升,因而忘记了感官的享乐。

十四

冉有曰:"夫子为卫君乎?"子贡曰:"诺,吾将问之。"
入,曰:"伯夷、叔齐何人也?"曰:"古之贤人也。"
曰:"怨乎?"曰:"求仁而得仁,又何怨?"
出,曰:"夫子不为也。"

释义:

冉有问子贡:"老师会赞同卫出公据国拒父的做法吗?"子贡说:"这样吧,我来帮你问一问。"

子贡进了孔子的房间,问道:"老师您认为伯夷和叔齐是什么样的人?"孔子说:"是古代的贤人。"

子贡又问:"他们悔恨过吗?"孔子说:"他们二人以仁道为理想,最终成就了仁道,有什么悔恨的呢?"

子贡听了孔子的话后就离开了,然后对冉有说:"老师不赞同。"

解意:

卫灵公时期,卫国的朝政由卫灵公的夫人南子把持,太子蒯聩杀害了南子,被卫灵公逐出卫国,逃往到了晋国。卫灵公去世之后,由蒯聩的儿子,即卫灵公的孙子辄继承王位,成为卫国的国君,是为卫出公。之后,晋国意图让蒯聩回国,并以此来控制卫国。卫国一方面抵御晋军,另一方面也自然拒绝了蒯聩回国。冉有想问孔子对待卫出公以子拒夫的态度,作为儿子的辄能这样对待自己的父亲吗?子贡于是用伯夷与叔齐二人来试探孔子。

伯夷与叔齐是商代末期孤竹君的两个儿子,是兄弟俩。孤竹君死后,根据其父遗命,立叔齐为继承人。叔齐不接受王位,让位给哥哥伯夷,伯夷也不愿意接受,于是两人都放弃了君位,逃到了周国。后来周武王以武力推翻了商朝,两人又拒绝食

① 《道德经》。

用周朝的粮食,最终饿死于首阳山上。子贡发问道:伯夷与叔齐虽是古代有德行的人,但是两人起初放弃君位,之后不任官于周朝,是谓不忠,违背父亲的遗愿,是谓不孝,两人对自己的行为难道没有悔恨吗? 其问正是暗指卫出公。卫出公让位,是对国不忠,不让位,是对父不孝,深陷两难之境。

孔子认为,对国君的忠诚或是对父母的孝敬都不能只停留在外在的原则上,外在的原则如果缺失了内在良知的话,就有可能丧失善的本原而走向恶。比如对国君的忠诚,如果所效忠的国君是暴君、独夫,而自己不能向内叩问良知,仍然绝对效忠的话,这种忠就是愚忠,非但不是道德的,而且还会造成恶的后果。对父母的孝敬也同样如此,看到父母犯错,理应加以阻止,而不能一味顺从。因此,生活中常常遇到许多道德难题,最终要靠内在的仁心去解决。古代贤人伯夷与叔齐就是如此。两人因为对商纣王的暴政不满,不愿助纣为虐,故而去君位而不受,此是仁心的发动;后来见武王以暴易暴,不食周朝之粮,同样也是据于仁心。既然两人皆是据于仁心而发,"求仁而得仁",又何须在意他人的是非之论呢?

因此,对待卫出公的行为,只有他自己的仁心才能做主,外人又岂能道哉? 子贡,乃至孔子,又怎么能代替得了辄本人的内心呢? 子贡不理解安心二字,因而错解了孔子之意。

十五　子曰:"饭疏食饮水,曲肱而枕之,乐亦在其中矣。 不义而富且贵,于我如浮云。"

释义:

孔子说:"吃粗粮,喝冷水,曲臂当枕,这么贫穷也不会减少我的喜悦。以不正当的方式获得的富贵,对我来说,犹如天空中的浮云。"

解意:

富贵中有乐处,贫贱中亦有乐处,乐与不乐,实与富贵贫贱无关。今人处富贵之时,怀念贫贱之乐,一旦重处贫贱之中,乐不在也;处贫贱之时,向往富贵之乐,达到富贵之时,乐亦不在。夫子恐世人认为唯有富贵之中有其乐,故而言贫贱之乐;又恐世人认为唯有贫贱之中有其乐,故又不拒斥富贵。富贵本非浮云,唯其不义,则为浮云。

乐与不乐,皆由内在决定,而不与外在相关。孔子认为,决定一个人内在的是仁,决定一个人快乐的是能否让仁做主宰,因此,仁者,既能常处约,也能常处乐,仁者所乐者,乃仁心之混元,仁德之充满,仁道之善行。《中庸》曰:"素富贵,行乎富贵。素贫贱,行乎贫贱。"《吕氏春秋》也说:"古之得道者,穷亦乐,达亦乐。所乐非穷达也,道得于此,则穷达一也。"①君子立志于求仁,贫贱来时,安于贫贱,富贵来时,安于富贵,素位而行,不愿乎外,只求自得。

十六　　子曰:"加我数年,五十以学易,可以无大过矣。"

释义:

孔子说:"我五十岁的时候才开始学习《易》,如果让我早几年学习,就可以避免一些大的过错了。"

解意:

《易》以阴、阳来阐发大道,其中蕴含着宇宙与生命的总体规律:以天道言之,示生灭消长之道;以人道言之,明祸福存亡之理。《易》运用广泛,儒、道两家皆受其影响,其中儒家以《易》修仁,道家以《易》修仙,旨趣不同。

孔子直到五十岁时才开始学习《易》,嫌太晚了,认为如果能提前几年,在五十岁之前学《易》,就可以减少所犯的错误。《易传》曰:"圣人设卦观象,系辞焉而明吉凶,刚柔相推而生变化。"《易》上观天文,下察地理与人事,阐明人生在不同时空阶段中的特殊处境及应对策略,使人们可以在人生的道路上进退有度。夫子早年游说各国,以伸张理想,却四处碰壁,几近丧命,虽然孔子坚忍不拔的精神展现了仁者的品质,诠释了仁者的人生使命,但是这种明知不可为而为之的做法,确是不智的体现,尚未达到进退自如的中庸之境。孔子"五十而知天命",当于此时学《易》密不可分。学《易》,让孔子领悟了仁者的生命真谛,将仁者的仁道历程融入天道的整体运动之中,将自我的人生奋斗与仁道的历史进程统一起来,在求仁、行仁的路上,坚定不移,游刃有余。

十七　　子所雅言,诗、书、执礼,皆雅言也。

释义:

孔子在讲授《诗》《书》和主持礼仪时,使用的都是通行于各国的书面语。

解意:

春秋时,各个诸侯国之间相对独立,百姓之间往来较少,彼此言语不通,各持方

---

① 《吕氏春秋·慎人》。

言。孔子首创私学，有教无类，广开方便之门，因而要放下自己所执的方言，使用通行的雅言来接引学人，传道授业。使用雅言，正体现了孔子不囿于地域与民族的界限，有天下归仁的博大胸怀。而且，孔子不以先天初性为至善至美，更加重视后天的人文修养，通过雅言的教化，由质进文，化俗为雅，移风易俗，文质彬彬。

现代中国人舍弃文言文，使用白话文，固然有特定的历史原因，但文言的舍弃，也使中国人在很大程度上丢掉了悠久的文化传统。李泽厚说："中国书面语言对口头语言有支配、统率、范导功能，是文字（汉字）而不是语言（口头语言）成为组合社会和统一群体的重要工具，这是中华文化一大特征。"①中国传统的文言是"文"与"言"的统一，"言"指口头语言，"文"指书面语言，从孔子开始，倡导雅言，正是要求以"文"来引导和规范"言"，将"言"上升为"文"的高度，以此达到文化修养和文明教化的目的。

十八　叶公问孔子于子路，子路不对。 子曰："女奚不曰，其为人也，发愤忘食，乐以忘忧，不知老之将至云尔。"

释义：

叶公②向子路询问孔子是什么样的人，子路没有作答。孔子说："你为何不说，我这个人，努力起来，连吃饭都会忘记，内心愉悦，一切忧愁都抛在脑后，岁月流逝，连年老了都未察觉。"

解意：

仁者道大难明，子路不对。然而，仁道虽高而不玄，虽远而切近，离开了每日的努力奋进，仁道又在哪里呢？"敢问路在何方，路在脚下。"正如扬雄所说："天下为大，治之在道，不亦小乎？ 四海为远，治之在心，不亦迩乎？"③因此，仁道就存在于仁者的脚下，体现于仁者的奉献过程以及在奉献中领悟到的境界。仁道没有终点，川流不息，生生不已，但是人生短暂，因此仁者竭尽全力地完成人道的职责与使命，依照自己的处境与条件，做对他人、对社会和对自然有意义的事情，发愤忘食，死而后已。仁者在践履人道的过程中，体悟人生的真谛，收获生命的信仰与永恒，深知死亡不可避免，从而激情满怀。仁道难得，得仁首先在于求仁，因此，孔子对仁道孜孜不倦地追求，以至于岁月流逝，乐以忘忧，不知老之将至。

① 李泽厚：《论语今读》，中华书局 2015 年版，第 136 页。
② 叶公：楚国大夫沈诸梁，字子高，叶城长官。
③ 《法言·孝至》。

十九　　子曰："我非生而知之者，好古，敏以求之者也。"

释义：

孔子说："我不是生来就有知识的，是通过继承传统，并勤奋学习得来的。"

解意：

孔子一再地告诉我们，他不是生而知之的，而是学而知之的。孔子与我们一样，都是普通的人，只要努力，每个人都能成为孔子，都能成为圣贤，所以，人们既不可妄自菲薄，也无须将孔子神圣化和偶像化。

孔子的知识是通过"好古"来实现的。好古，并不是复古，更不是以古非今，而是以古为体，以今为用，古为今用。今人所了解的"古"，是由古代、传统在历史的流传过程中，经过时空的扬弃，积淀下来的文明，这样的文明往往超越了特定的历史性而散发出永恒之光。所以，孔子好古，实际上是热爱和追求永恒的"道"，而不是一味地迎合当下、追赶时髦。

二十　　子不语：怪，力，乱，神。

释义：

孔子不谈论四件事情：怪异，武力，悖乱，鬼神。

解意：

孔子不谈奇怪异常的事情，只谈日常身边的事情；不谈武力、霸道的功利，只谈德性、王道的作用；不谈现实中存在的混淆是非、颠倒次序的事情，只谈人与社会应该要做到的事情；不谈出世、神道，只谈入世、人道。孔子认为，德性的培养，乃至社会的治理，都离不开正面的熏陶染习。如果人们长期受到怪、力、乱、神的熏习，人心就会混乱，就会诱发怪、力、乱、神的观念与言行。所以，人心与社会需要正面的、积极的教育和引导。

孔子不谈论怪异与鬼神的事情，体现了儒家的入世精神。怪异之事与鬼神之事，都是超自然、超世间的神秘之事。孔子"敬鬼神而远之"，既不否定，也不肯定，通过"不语"的不言之教，引导人们从怪异走向正常，从天上走向人间，并勇敢地承担起家庭和社会的责任，完成人之为人所应该完成的事业，这便是人道、仁道。

二十一　子曰："三人行，必有我师焉：择其善者而从之，其不善者而改之。"

释义：

孔子说："在与人交往中，一定能获得教诲：发现自己的优点，加以发扬；发现自己的缺点，加以改正。"

解意：

"温故"是师，"三人行"也是师。道德唯有在与人相处之时方能体现，必在事情之中，才能磨炼。三人同行，必有事焉，这时，"我"才真正成为道德主体。因此，与人同行，才能反观己身，感而遂通，知行合一。

三人行中，习气外显，仁心发动，觉察己之善与不善，然后从己之善，匡己之不善。所以，师者，一方面本于内在仁心，人人皆有，无须外求，另一方面又有赖于外在契机，遇事，仁心才能察觉，才能发动。

二十二　子曰："天生德于予，桓魋其如予何？"

释义：

孔子说："上天将弘扬仁道的使命赋予了我，桓魋①能奈我何？"

解意：

孔子"五十而知天命"，所知的"天命"，并不是神秘的、有意志、有道德的天帝的命令，而是人生的终极使命——行仁道和弘仁道。人作为一种生命的存在，有其自身存在的价值与意义。这种价值与意义，当落实在自我的人生过程中时，则为人道。当作为人类整体的类存在时，其价值与意义由于关系到人与万物乃至天地的关系，故又称为天命。因此，孔子所谓的天命，实质上是对仁道作为人类本质与人生正道的内在体认与信念。

天道生生不息，仁道亦不会中途而废，人行仁道，正是以人道的方式参与到天道的运动之中。《易传》曰："是以立天之道曰阴与阳，立地之道曰柔与刚，立人之道曰仁与义。"仁义是人道的特点，人通过践行仁义之道，与天地相参。所以，仁道的践行，正是顺应天道，能顺应天道，虽遇困厄，又何忧何惧？

---

①　桓魋：宋国司马。孔子过宋，桓魋恶孔子之德，欲杀孔子。

二十三　子曰："二三子以我为隐乎？ 吾无隐乎尔。 吾无行而不与二三子者，是丘也。"

释义：

孔子说："诸弟子以为我隐瞒了什么，而没有尽数传授吗？我没有什么可隐瞒的啊。我的所有行为都在你们面前，这就是我孔丘。"

解意：

大道玄远精微，深隐难测，无相无名，实非言象而能诠。弟子不识，以为夫子在言语之中有所隐瞒。夫子循循善诱，实无隐乎尔。

孔子教育学生，虽然主张立言以明道，不似老子"行不言之教"，但是孔子也在谨慎地运用语言。子曰："中人以上，可以语上也；中人以下，不可以语上也。"即使对于中等以上的学生，也要"不愤不启，不悱不发"。在言传之外，孔子更重视身教，因为仁道正是通过生命的行为来推动和实现的，大道的领悟，不仅需要在知识上下功夫，更加要身体力行，实现知识的内在转化而有所自得。正如王夫之所说："行而后知有道，道犹路也。得而后见有德，德犹得也。"①夫子与弟子们朝夕相处，言动之际，无非圣教，洒扫之间，无非至道，弟子如能从切近之处体会，必能有所上达。

二十四　子以四教：文，行，忠，信。

释义：

孔子用四样东西教育弟子：学问，践行，尽心，恒常。

解意：

孔子教育弟子，知与行要合一，内与外要如一。孔子重行，行，即道德践履，但是儒家之行不是盲行，不依本然情感而行，知而后能行，借助于文章典籍，在后天学问的指导下，知善恶之所在，然后在行中迁善改过。

言、行尚属外在，外在的言、行要以内在的忠、信为根基。刘宝楠说："中以尽心曰忠，恒有诸己为信。人必忠信，而后可致知力行。"②忠是不离仁心，信是恒有仁心，不离仁心、恒有仁心，知才能内化为德，发自于德的行才是德行。

---

① 《思问录·内篇》。
② 刘宝楠：《论语正义》，高流水点校，中华书局 2012 年版，第 274 页。

子不语怪、力、乱、神,独以文、行、忠、信教人,尽显人文关怀、入世之道。

二十五

子曰:"圣人,吾不得而见之矣,得见君子者,斯可矣。"

子曰:"善人,吾不得而见之矣,得见有恒者,斯可矣。亡而为有,虚而为盈,约而为泰,难乎有恒矣。"

释义:

孔子说:"圣人,我已经见不到了,如果能得见君子,就不错了。"

孔子还说:"善人,我已经见不到了,如果能得见有恒心求善的人,就不错了。如果本来没有仁德,装成有仁德,本来内心空虚,装作充实,本来粗陋,装成精深,这样就很难有恒心了。"

解意:

圣人、君子、善人和有恒者,四者比较,孔子更重视有恒者,因为有恒者是实现前三者的基础,且人人皆能做到。圣人,不仅仁德具备,而且拥有社会权力,能兼济天下。春秋时期,有位者无德,有德者无位,故圣人已不能得见。君子者,学以成德,素位而行,尽自身的力量,践行仁道。君子虽少见,但尚可见到,孔子就是这样的人。善人是能保持天真善性的人,但是身处乱世,大多数人皆近墨则黑,不能抵御侵扰、坚守仁心,缺少了坚定的意志,岂能出淤泥而不染?所以,善人已不能得见。

恒,是一种持之以恒的力量,如果失去了恒心,不仅仁德得不到巩固,就连先天的仁心也会丢失,所以恒心是独善其身,乃至兼善天下的基础。恒者,生生不已,自强不息,逐渐地由亡到有、由虚至盈、由约而泰。正如《大学》曰:"苟日新,日日新,又日新。"所以,有恒者只有首先自知其"亡""虚"与"约",才能谦虚谨慎、学而不厌,进而为"有""盈"与"泰";反之,如果骄矜浮夸、自以为是,甚至还自欺欺人,又怎么能进步呢?

二十六   子钓而不纲,弋不射宿。

释义:

孔子反对横断水流、大网捕鱼,反对射杀归巢的鸟。

解意:

归巢之鸟,哺育后代,归心似箭,人们又怎么能忍得下心来射杀?此种情景,人类常常经历,故而最易启发人们的仁爱之心。然而,归巢之鸟,不忍射杀,离巢之鸟,又怎能忍下心来？孔子教人，能近取譬，层层推扩，直逼良知。"钓而不纲"，也是如此，从不忍心赶尽杀绝出发，到不忍心残害一物，仁心正在此过程中得到培养。因此，"钓而不纲""弋不射宿"，是培养仁心的开始，放之广大，则能博爱众生。对于今人来说，钓鱼与射鸟，已非人类生存之需，常是游艺。子曰："志于道，据于德，依于仁，游于艺。"君子游艺，要以仁德为前提。

二十七　　子曰："盖有不知而作之者，我无是也。 多闻，择其善者而从之，多见而识之，知之次也。"

释义：

孔子说："大概世上有一些没有真才实学和切身体会，只凭空创作的人吧，我不是这样的。我一定多方听闻，选择善言而听从，多方见识，选择善行而实践，然后才有自己的知识。"

解意：

孔子述而不作，没有绝对地反对创作。其实孔子也是有创作的。孔子反对的是脱离"述"的创作，是为了创作而创作。学者首先要致力于"述"，学习历史中的知识，实践圣贤的德行，博学笃志，默识于心，转识成智，然而才可以结合当下时代的特征与需要，切问近思，有所创作，推动学问的更替。反之，如果无"述"而"作"，则是凭空妄作，或者无实在的根基，昙花一现，没有实际的价值，或者一味地迎合当下的需求，投机取巧，游戏学问。

二十八　　互乡难与言。 童子见，门人惑。 子曰："与其进也，不与其退也，唯何甚？ 人洁己以进，与其洁也，不保其往也。"

释义：

互乡这里的人粗野无礼。一个来自互乡的童子受到孔子的接见，孔子的弟子很疑惑。孔子说："我们要成全别人的进步，而不赞同别人退步，你们为何如此嫌弃他呢？有人愿意放下过去的习气，洁身自好，以求进步，我们应鼓励他现在的做法，而不应追究他的过去。"

解意：

互乡童子之所以受到孔子的赏识，就在于一个"进"字。此"进"字，既是知识和道德的进步，更是生命前行不已的运动。在前行的生命运动面前，人人平等。《易传》曰："天行健，君子以自强不息。"《大学》云："日日新，又日新。"儒家的品质以及仁德的精神就体现在不断的进取之中,在仁道的路上革新自我,在历史的进程中,延续自我、实现自我。

因此,儒家思想永远地深入当代、处在当代,但是任何一个当代又必然会被更新的"当代"所取代。当代不是一个静止的概念,而是永恒地处在运动的当下之中。这就决定了儒家的思想观念不能停留于某一个历史时代之中,必须随着历史的前进而前进,推陈出新,与时俱进。

二十九 子曰:"仁远乎哉? 我欲仁,斯仁至矣。"

释义:

孔子说:"仁道很遥远吗? 只要我想行仁道,我就已经走在了仁道之上。"

解意:

仁道是一个永远向着未来展开的过程,任重而道远,永不停歇。孔子学而不厌,诲人不倦,不知老之将至,正是仁道之远的体现。然而,仁道既是玄远的,又是切近的。一方面,仁道虽远,行之则近,仁道的展开虽然如逝者一般,不舍昼夜,但最终又要落实在当下的生活之中,"己欲立而立人,己欲达而达人。能近取譬,可谓仁之方也矣"。因此,仁道是具体而生动的,离了当下的践行,便没有仁道。正如黄式三所说:"说仁玄妙,只是立地成佛。"①另一方面,仁道又是先天仁心的发动,仁道本源于仁心,仁心人人本有,与己不二,"德不孤,必有邻",因此,仁道人人可行,关键就看自己愿不愿意率其仁心一门心思地走下去,"不违如愚"了。

三十 陈司败问:"昭公知礼乎?"孔子曰:"知礼。"

孔子退,揖巫马期而进之,曰:"吾闻君子不党,君子亦党乎? 君取于吴为同姓,谓之吴孟子。君而知礼,孰不知礼?"

巫马期以告。 子曰:"丘也幸,苟有过,人必知之。"

释义:

陈司败②问孔子:"鲁昭公知礼吗?"孔子说:"知礼。"

---

① 黄式三:《论语后案》,张涅、韩岚点校,凤凰出版社 2008 年版,第 191 页。

② 陈司败:陈国的司寇。司败,即司寇,官职名。

孔子说完离开,陈司败向巫马期①作揖行礼,请入房间,对巫马期说:"我听说君子从不偏袒谁,难道君子也有所偏袒吗?昭公从吴国娶了位同姓的夫人,称她为吴孟子②。如果连昭公都知礼,谁还不知礼啊?"

巫马期将陈司败的话告诉了孔子。孔子说:"我很幸运,我犯的过错,人们一定会说出来。"

解意:

人非圣贤,孰能无过?过而能改,善莫大焉。孔子于仁德,孜孜以求,于仁道,行之不已。在求仁与行仁的路上,仁者要放下固执、偏见、自满与自骄,随时反躬自省,德性才能与日俱增,自知者自明。

孔子有过,被人指责,非但不愠,反而甚感幸运,这正是仁者行健不已、自强不息的体现。老子说:"有之以为利,无之以为用。"③其中的"无",就是保持心地的谦虚,以此来为生命的进展留足空间。正是因为孔子虚怀若谷,所以有过之时,才有人愿意主动前去纠正,而夫子也乐于接受批评。

三十一 子与人歌而善,必使反之,而后和之。

释义:

孔子与人一起歌唱,当仁心感动时,一定请歌者再反复演唱,然后再与他合唱。

解意:

音乐发之于口,听之于耳,动之于心,所以古人极为重视音乐对心灵调节和塑造的作用。

儒家将礼与乐结合起来,称为"礼乐","礼"是指行为规范,"乐"指音乐、愉悦。礼中有乐,乐中有礼。礼按照一定的道德原则对人的行为加以节制,又需要借助音乐的形式,化外在的强制为内在的意愿,来达到使人内心愉悦的目的,所以礼之中既蕴含着如音乐般的节律和规则,也需要音乐加以烘托,通过音乐,感动人心,进而规范行为,如在婚礼、葬礼等仪式中都有相配的音乐。另一方面,乐中也有礼,儒家主张音乐的节律应该舒缓、平和,通过雅乐与和乐,来调节人们的情绪,以此来培养中和之德。正如《乐记》曰:"先王之制礼乐也,非以极口腹耳目之欲也,将以教民平好

---

① 巫马期:孔子的学生,姓巫马,名施,字子期。

② 吴孟子:鲁、吴两国的王室同姓姬,依照周礼,同姓不婚。昭公从吴国娶来夫人,本应叫吴姬,昭公为了掩盖事实,便改称其为吴孟子,孟子是她的字。

③ 《道德经》。

恶,而反人道之正也。"①因此,礼与乐,于仁道之中,相辅相成,人生路上,既不能失其规范,又要以愉悦为目标。

三十二　　子曰:"文,莫吾犹人也。躬行君子,则吾未之有得。"

释义:

孔子说:"文章学问,一定有胜过我的人。仁道践履,我仍然行在路上,没有完成。"

解意:

文章学问,为外在之得,可以相互比较。学海无涯,无所止境,天外有天,人外有人,故"莫吾犹人也"。躬行君子,为内在之得,只能自家体会,仁道伴随着生命的始终,永远处在"未之有得"的状态。

三十三　　子曰:"若圣与仁,则吾岂敢?抑为之不厌,诲人不倦,则可谓云尔已矣。"公西华曰:"正唯弟子不能学也。"

释义:

孔子说:"圣人与仁人,我哪里敢当?只是不厌地践行仁道,不倦地弘扬仁道,如此而已。"公西华说:"这正是弟子需要学习的地方。"

解意:

圣,是德行与权位的结合,借助政治的力量,实现天下归仁,以孔子当时的处境,圣王确实无法达到。仁道有所不同,"我欲仁,斯仁至矣",就仁心来说,人人皆有行仁的禀赋与能力。然而,仁道也是非常远大的。就个体生命来说,仁道贯穿于生命的始终,当毕生行之;就人类整体来说,天下归仁,方是仁道全然实现之时,每一位仁人都不可苟且、放松,任重而道远。所以,仁、圣之道谁能穷尽?只是为之不厌、诲人不倦而已,不过,能做到这些,也已经有了充分的生命自觉,生命不已,行仁不已。由此可见,孔子不是先知,不是神仙,在他的身上,不带有任何宗教性的神秘光环,他只是一个平凡的人,但其平凡中又透着不平凡的精神,是所有中国人的榜样和楷模。

孔子的入世精神,奠定了中国文化非宗教性的基调,受到孔子及所代表的儒家的影响。大多数中国人不具有宗教式的信仰,更加认同现世的努力与关怀,在家庭

① 《礼记·乐记》。

和社会中无私奉献,以此来践行和实现人生的使命与价值。

三十四
> 子疾病,子路请祷。 子曰:"有诸?"
> 子路对曰:"有之。 诔曰:'祷尔于上下神祇。'"
> 子曰:"丘之祷久矣。"

释义:

孔子病了,子路想代夫子祈祷。孔子说:"这样做有根据吗?"

子路回答道:"有的,祈祷文中说:'为你向天地神灵祈祷。'"

孔子说:"我一直在祈祷。"

解意:

通过向天地神灵祈祷来祈福禳灾,是流行于当时的鬼神文化的主要表现,而孔子"敬鬼神而远之",希望将当时社会的鬼神文化逐渐引导到人文文化中来。孔子得了疾病,说已经祈祷好久了,孔子所祈祷的显然不是《诔》中所说的天地神灵,一句"有诸?"已经表明了孔子的怀疑态度。孔子认为,生命的主宰不应是外在的鬼神,而应是内在的仁心。"未知生,焉知死?""未知人,焉知鬼?"因此,与其关注身后之事,不如理解活着的意义;与其了解鬼神的作用,不如重视人为的力量;与其将生命的权力交给鬼神,不如自己来做主,让仁心来发挥生命的主宰。

在中国传统思想中,天与人之间的关系最为根本,虽然中国哲人大多主张天人合一,但是对于天、人之间如何合一的问题又存在着不同见解。以孔子为代表的儒家认为,天是无为的、被动的,而人是有为的、能动的,天人相合,首先就需要人主动地去与天相合,而不是被动地接受天的安排和支配。正如孔子所说:"人能弘道,非道弘人。"所以,孔子的天人合一,既要效法天道生生不已的品格,自强不息,更要充分发挥人自身的积极性和主动性,以自己的方式参与到宇宙天地的运动之中,奠定人作为"三才"之一的地位,保持人的独特尊严。正如刘勰所说:"惟人参之,性灵所钟,是谓三才。"①人与天相参而合一,人心自然合于道心,孔子修养人心,暗合天心。正如《易传》曰:"夫'大人'者,与天地合其德,与日月合其明,与四时合其序,与鬼神合其吉凶。先天而天弗违,后天而奉天时。天且弗违,而况于人乎? 况于鬼神乎?"因此,孔子虽未祈祷鬼神,却祷之久矣。

---

① 《文心雕龙·原道》。

三十五　子曰："奢则不孙，俭则固。 与其不孙也，宁固。"

释义：

孔子说："奢华容易使人不谦逊，盛气凌人；节俭容易让人思想保守，目光短浅。但是如果两者非得取其一的话，宁可保守，也不能凌人。"

解意：

奢华与节俭，是物质财富的表现，儒家充分肯定了物质财富在社会发展中的积极作用。这是因为：儒家倡导礼乐教化，礼乐的实现需要有物质的支持与衬托；儒家还重视社会的整体进步，也离不开社会经济的发展与人民财富的增长。孟子认为，广大的人民群众都是"有恒产者有恒心，无恒产者无恒心"，所以要求统治者能够"制民之产，必使仰足以事父母，俯足以畜妻子，乐岁终身饱，凶年免于死亡"①，即发展物质生产，以保障人民的物质生活。荀子也认为："人之情，食欲有刍豢，衣欲有文绣，行欲有舆马，又欲夫余财蓄积之富也。然而穷年累世不知不足，是人之情也。"②所以，荀子主张"制天命而用之"，开发自然，创造财富。

儒家既重视物质财富的社会作用，也主张勤俭节约。不过，儒家的节俭思想与墨家和道家的尚俭思想仍然有根本的不同。道家尚俭，侧重于个体生命的修养，局限于自我，而不能放达于天下百姓，故有所"固"。墨家尚俭，期望以节俭来积累财富，而没有看到财富在使用和流通的过程中，不仅有助于精神文明的建设，而且还能够带来更多的财富，所以目光短浅，亦有所"固"。儒家既不反对节俭，也不崇尚节俭，既不崇尚奢华，也不反对奢华。这是因为，奢华与节俭不仅各有各的作用，而且对于个人来说，财富的多寡，毕竟与外在境遇有关，奢与俭，只是外在条件，重要的是内心状态。如果仁心不当家，仁德不坚定，没有仁道的指引，便会导致"奢则不逊，俭则固"的后果；反之，君子仁心坚固，既可以处奢华之中，也可以处节俭之中，皆不损其心，不改其道。

不过，奢华与节俭相比，奢华所可能导致的危害更大。这是因为奢华的生活比较容易利欲熏心，玩物丧志，不利于仁德的培养；而且，奢华还往往是将自己的享乐建立在他人的困苦之上，对于仁民、爱物之仁道的实现也是不利的。

---

① 《孟子·梁惠王》。
② 荀况：《荀子校释》，王天海校释，上海古籍出版社2005年版，第150页。

三十六　　子曰："君子坦荡荡，小人长戚戚。"

释义：

孔子说："君子的心地平坦宽广，小人的心地急促忧惧。"

解意：

君子居仁心、修仁德、行仁道，从内在心地到外在言行，对得起自己，也能对得起他人，无愧于心，至于是否能够得到他人的理解以及社会中的财富与地位，则尽人事，听天命，不管是占有还是不占有、接受还是被拒绝，都能不违仁心、不悖仁德。朱熹说："圣贤千言万语只要人不失其本心。"① 君子求仁而得仁，内心具足，不向外求，自然不怨天、不尤人，始终保持心地坦荡。

与君子不同，小人重利轻义，只关心自己和自己小群体的利益，以功名利禄为人生的目标，所以常常受到外物与他人的牵累与制约，拿得起，放不下，失之则忧，得之怕失之，则亦忧，不能自做主宰，身不由己，故急促忧惧。正如张栻所说："正己而不求诸人，故坦荡荡。徇欲而不自反，故长戚戚。"②

由此可见，君子与小人，不仅表现在外在言行的不同，更有心地的真实感受以及由此而达到的人生境界的差距。

三十七　　子温而厉，威而不猛，恭而安。

释义：

孔子温和而不失威严，威严而不刚烈，恭敬而不拘谨。

解意：

相由心生，夫子心地坦荡，故而有中和之貌。正如钱穆所说："孔子修中和之德，即在气貌之间，而可以窥其心地修养之所至。"③ 中和者，不偏不倚，阴阳相契，刚柔相济。

孔子平易近人，但是不会过分地和顺与迁就而放弃原则，所以温和之中有不可侵犯的威严。夫子为人师表、公正不阿，故有内在的威严与外在的威仪，但是威严之中又蕴含着温暖的仁爱之心，所以虽有威严而不凌人。孔子待人，既发自于真诚的内心，不矫揉造作，又能做到有礼有节、不卑不亢，所以虽恭敬有礼，又自然舒泰。

① 黄士毅：《朱子语类汇校》，徐时仪、杨艳汇校，上海古籍出版社 2014 年版，第 164 页。

② 张栻：《张栻集》，邓洪波校点，岳麓书社 2010 年版，第 61 页。

③ 钱穆：《论语新解》，生活·读书·新知三联书店 2012 年版，第 180 页。

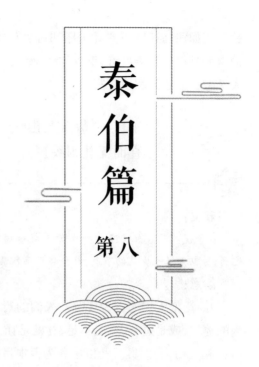

泰伯篇
第八

一　　子曰："泰伯，其可谓至德也已矣！三以天下让，民无得而称焉。"

释义：

孔子说："吴泰伯①，可以称得上是至德了！三次让天下权位，蔽隐不著，去其名声，人民无德以称。"

解意：

泰伯是周朝祖先古公的长子。古公有三个儿子，分别是太伯、仲雍和季历，季历就是姬昌的父亲，姬昌也就是后来的周文王。古公钟爱姬昌，认为："我世当有兴者，其在昌乎！"②太伯与仲雍知古公之志，于是借生病外出采药为由，出走到了吴越，此一让；后来古公驾崩，忍痛不去奔丧，让季历主持丧礼，此二让；泰伯入吴越之俗，断发文身，与民并耕，以表不再返回的决心，此三让。泰伯三让天下，以至于人民不了解他的德行，无有称赞。

不过，历史总是公正的，泰伯虽然蔽隐不著，去其名声，但孔子为其立言，以言显

————————

①　泰伯：亦作太伯，吴国开国君王。

②　《史记·周本纪》。

德。正如司马迁所说:"孔子序列古之仁圣贤人,如吴太伯、伯夷之伦详矣。"①泰伯、伯夷皆是得仁且避世者,世少称焉,得孔子而名益彰。夫子虽于当世不被理解,但后人又怎么会舍弃和遗忘呢?

二

子曰:"恭而无礼则劳,慎而无礼则葸,勇而无礼则乱,直而无礼则绞。"

释义:

孔子说:"恭敬如果缺少礼的节制,就会烦琐而劳累;谨慎如果缺少礼的节制,就会畏惧而懦弱;勇敢如果缺少礼的节制,就会鲁莽而作乱;直率如果缺少礼的节制,就会尖刻而伤人。"

解意:

礼,泛指人们的行为规范。人们的行为之所以需要规范,是因为行为常常有不当的地方,或是过分,或是不足,礼就是让人们的行为达到中和的准则和尺度。有子曰:"礼之用,和为贵。"礼以中和为根本目标,中和即是中庸,不偏不倚,恰到好处。

以中和为标准,要求对过分的事情有所节制。比如:对他人恭敬过了头,就会被繁文缛节所累;谨慎守礼如果过了头,就会畏首畏尾、不敢变革;见义勇为,虽然是美德,但若暴虎冯河、鲁莽冲动,非但不能帮助别人,反而还可能带来更大的灾祸;说话直截了当,不知婉转修饰,言语就会尖刻伤人。恭有时不必恭,跟亲人和老朋友如果过于恭敬客套,反而会疏远感情;慎有时不必慎,"再,斯可矣";勇有时不必勇,迂回也是前进的一种方式;直有时不必直,含蓄地表达往往更是仁爱的体现。因此,所有美德的运用都应以和谐为目标,做到灵活多变、恰到好处。

三

子曰:"君子笃于亲,则民兴于仁;故旧不遗,则民不偷。"

释义:

孔子说:"君子如果能珍爱亲情,人民的爱心就会被激发;君子如果不遗弃故友,人民的感情就不会淡薄。"

解意:

孔子用风与草来比喻君子与人民之间的关系,君子像风,人民像草,风过草偃,

---

① 《史记·伯夷叔齐列传》。

所以,君子可以通过言传身教来影响人民,逐步实现天下归仁的理想。

孔子曾经将社会的理想寄托于统治者,希望统治者自上而下地推行仁政,但是现实的政治状况使孔子屡遭失败,所以孔子最终放弃了这一路向。孔子也没有将希望寄托在普通人民群众的身上,在孔子以及儒家思想看来,人民是被动的、盲目的。正如董仲舒所说:"民之号,取之瞑也……今万民之性,有其质而未能觉,譬如瞑者待觉,教之然后善。"①所以,质朴的人民是不能直接从事国家管理的。

在孔子看来,社会中最有担当和希望的是君子。首先,君子的养成,不待外求,只要自己愿意,并付出努力,必能成就。所以,君子虽然是社会中的精英,但又不是高不可攀,君子来自于人民,不带有任何的神圣性。其次,君子以道为自己的人生目标,以德为自己的修身之本。君子与政治地位、阶级属性无关,如冉雍;与经济地位、物质财富无关,如颜回。所以,君子是独立的、超越的,可以引领社会与人民朝着理想的目标前进。再次,君子的人格是自由的,作用是普遍的,向下可以对百姓施以礼乐教化,向上能够通过"学而优则仕,仕而优则学"来改进政治,所以君子是社会的中流砥柱。

四 曾子有疾,召门弟子曰:"启予足! 启予手! 诗云:'战战兢兢,如临深渊,如履薄冰。'而今而后,吾知免夫! 小子!"

释义:

曾子得了重病,召集来弟子说:"看看我的脚吧! 看看我的手吧!《诗》中说:'小心谨慎啊,好像站立在深水潭边一样,好像行走在薄薄的冰面上一样。'从今之后,我的仁道终于完成了! 弟子们!"

解意:

"路漫漫,其修远兮",仁道哪里才是一个尽头呢? 只是穷其一生而已,直到生命终结,方是个体生命的仁道中止之时。

仁道既在远方,又在脚下,玄远而切近。曾子是最知仁之方的人,"吾日三省吾身","忠恕而已矣"。当曾子回顾自己的一生时,一言一行,一举一动,处处来之不易,如临深渊,如履薄冰,正是仁者修行仁德、践行仁道的真切体会。不仅曾子如此,颜回"三月不违仁",三月之中,哪一日不是如此呢?

虽然曾子的人生回顾略显凝重,不过,面对生命的终结,曾子无愧于心,坦荡自

---

① 《春秋繁露·深察名号》。

在,一个"免"字,尽显曾参的生命自足与自信。

> 五　曾子有疾,孟敬子问之。 曾子言曰:"鸟之将死,其鸣也哀;人之将死,其言也善。 君子所贵乎道者三:动容貌,斯远暴慢矣;正颜色,斯近信矣;出辞气,斯远鄙倍矣。 笾豆之事,则有司存。"

释义:

曾子得了重病,孟敬子①前去问候。曾子说:"鸟在临死时,叫声悲哀;人在临死时,言语良善。君子行仁道,要重视三点细节:容貌端正,行为举止才能远离粗暴放肆;表情庄重,为人才能诚信不欺;语气平和,言谈表达才能不粗野反动。至于祭祀的礼仪形式,就交给司仪吧。"

解意:

仁道的目标虽然遥远,但是人生的修行又是那么的具体而生动。《中庸》曰:"喜怒哀乐之未发谓之中,发而皆中节之谓和。"容貌、颜色和辞气,皆是内心的发动,内心感动于外,所以有容貌、颜色和辞气。行为举止远离粗暴放肆,方有端正的容貌;为人诚信不欺,方有庄重的表情;言谈表达不粗野反动,方有平和的语气。仁德的培养不就是在日常的容貌、颜色和辞气上用功夫吗?

真正的儒者,一定是表里如一、言行一致的人,既有具体的下手之处,不空谈道德境界,又内在超越,不拘泥于外在礼仪。因此,君子的追求不是仅仅用"盛容饰,繁登降之礼,趋详之节"②能概括得了的。

> 六　曾子曰:"以能问于不能,以多问于寡,有若无,实若虚,犯而不校。 昔者吾友尝从事于斯矣。"

释义:

曾子说:"自己有才能,向看似不如自己的人请教。自己知识多,向看似知识比自己少的人请教。有才能,不以自己的才能为多。有知识,不以自己的知识为真。自己被冒犯了,不去计较。过去我的朋友就是这样来修养自己的。"

解意:

仁是和谐,君子"和而不同",在差异中实现和谐。所以,和谐不是以此易彼,而

---

① 孟敬子:鲁国大夫,仲孙氏,名捷,孟武伯之子。
② 《史记·孔子世家》。

是放下彼此的对待,实现彼此的交融与共生。

仁是包容,包容的前提是无我。所谓无我,并不是真正的没有自我,而是去除各种从自我出发所产生的妄想与妄为,不自以为是。自以为是,就是以己为是、以人为非,以己为能、以人为不能,以己为多、以人为寡,以己为有、以人为无,而未能认识到在无涯的知识和广袤的宇宙中,人与人之间,乃至人与万物之间皆是沧海一粟,以及在求知与求仁的道路中,人们永远地处在未知与未仁的状态之中。有谁真正得了仁? 又有谁真正得了道?

七 曾子曰:"可以托六尺之孤,可以寄百里之命,临大节而不可夺也,君子人与? 君子人也。"

释义:

曾子说:"可以将幼小的孤儿托付给他,可以将国家的安危与人民的性命寄托给他,遇到生死关头,决不能动摇他,这是君子的为人吗? 这就是君子的为人。"

解意:

仁者乐山,君子的德行操守与仁道志向如山一般的坚固,不可动摇。君子之为君子,唯仁而已!"君子去仁,恶乎成名?"因此,君子不是非得做出惊天动地的事业来,也不一定非要得到当世的理解与赞誉,而只是一门心思地向着仁道前行,刚毅不屈,永不背弃! 君子的责任感内化于心,处处皆不违仁,不管是将一个婴儿托付给他,还是将整个国家的安危与人民的性命寄托给他,君子必将鞠躬尽瘁、死而后已。

八 曾子曰:"士不可以不弘毅,任重而道远。 仁以为己任,不亦重乎? 死而后已,不亦远乎?"

释义:

曾子说:"士君子既要有远大的志向,又要有坚韧的毅力,因为任务艰巨,道路遥远。士以仁道作为自己的使命,不是很艰巨吗? 生命终结之时才能停止前进,不是很遥远吗?"

解意:

士是读书人,是古代的知识阶层,君子是具有道德节操、以仁道为目标的人,两者不同。孔子认为,士不一定会成为君子,因为读书人并不会都以追求仁道为目标,但是君子一定是士,因为不读书学习,就不能知礼明德,并进而走上仁道。

曾子认为,士读书学习,应以仁道为己任,以天下归仁为理想,所以要有弘与毅的两大品格。士君子志向广大,以配仁道目标之遥远,坚毅不屈,以配仁道任务之艰巨。只有志向广大,士君子才能放下眼前的功利,肩负弘道的重任;只有决心坚定,才能一心循仁道而行,前进不已,一息尚存,此志不懈。

九　　子曰:"兴于诗,立于礼,成于乐。"

释义:

孔子说:"诗歌让人情感振奋,礼节使人行为规范,两者最终在音乐中得到融合。"

解意:

生命在于活力,诗歌激发人的情感,使生命感动,并为之振奋。但是情感的振奋如果不加引导,则会流于放任与荒淫,因而又需要礼的规范。礼重在节制,将后天之"文"对生命之"质"加以约束,使之条理化、规则化。然而,礼如果走向了绝对化,又会以"文"害"质",将人束缚在繁文缛节之中,不仅阻碍社会的革新与创造,还会使人变得虚伪,丧失生命的鲜活性和本真性。诗与礼各有偏颇,在乐中得到融合,其乐融融。儒家对音乐有所取舍,反对靡靡之音,主张中和之乐。靡靡之音过于哀怨或高亢,虽能激发情感,却使心迷乱发狂。中和之乐得礼的引导,以平和的节奏契合生命本有的节律,发情止义,让生命在潜移默化之中受到熏陶,复本还原。

所以,孔子的教育是真、善、美的统一。诗侧重于真,在诗中激发人的真性情;礼侧重于善,在礼中调节性情,合乎规范;乐侧重于美,在乐中融合真、善两者,让人生在仁道中且行且歌。正如康有为所说:"一切科学皆为专门,惟诗、礼、乐为普通之学,无人不习。"[①]反观今天的教育,往往偏执一端,难以成就人格的健全。

十　　子曰:"民可使由之,不可使知之。"

释义:

孔子说:"要告诉人民正道之所在,而不可使人民心机诈伪。"

解意:

从这句话的字面意思来看,孔子好像有愚民的思想倾向,似乎只能告诉人民该这样走,却不能让人民知道为什么要这样走。其实,愚民之"愚"有两层意思,一层意

---

① 康有为:《论语注》,中华书局 1984 年版,第 113 页。

思是愚弄、欺骗,另一层意思是笃实、忠厚。孔子所说的"愚"是第二个层面的意思,如老子所谓的"大智若愚",也如颜回的"不违如愚"。所以,"愚"并不一定是贬义词,"愚"常常与精明、狡诈相对,"愚"有利于仁德的培养与仁道的践行。

为什么只能让人民"由之",而不可使"知之"呢? 这是因为,大多数人有心于物,不能无心于物,注重事情的结果,而不关注结果形成的原因与过程。当知道仁德所可能带来的现实利益时,往往就会以仁德为工具,利用仁德来求得一己之功利。如此一来,仁德便堕落为仁术,非但不能最终得到功利,反而会有害于仁德的推行。孟子说的"生于其心,害于其政;发于其政,害于其事"①,正是由此而发。仁德的培养与仁道的践行,既不离初心,又不染机心,"毋意,毋必,毋固,毋我",抛弃一切功利性的期望,"应无所住,而生其心"②,不违如愚,求仁而无所怨恨。所以,君子虽然有心、有知,但能虚其心、藏其知,由有心归于无心。

"不可使知之",非但不是愚民,反而是开启民智,是"明明德"。这是因为,诈伪的心机、自私的功利念头,正是智慧的最大障碍,只有除去机心,才能拨云见日,让仁心发挥作用,也才能见到世界与自我的实相。正如孔子说:"知之为知之,不知为不知,是知矣。"有所知,有所不知,智慧之光才能开启。另一方面,智慧并不是被动地告知就可以得到的,智慧的基础是"行"而不是"知",在"行"中体会智、得到智。正如颜元所说:"'民可使由之,不可使知之',是孔子明言千圣百王持世成法,守之则易简而有功,失之徒繁难而寡效。"③因此,人民只有在心无旁骛地践行仁道的过程中,才能真正得到仁德的力量,领悟仁道的意义。

十一 子曰:"好勇疾贫,乱也;人而不仁,疾之已甚,乱也。"

释义:

孔子说:"一个人如果崇尚勇力而厌恶贫困,就会生乱;如果过分厌恶不仁的人,也会生乱。"

解意:

孔子说:"富与贵,是人之所欲也,不以其道,得之不处也。贫与贱,是人之所恶也,不以其道,得之不去也。"每个人都喜爱富贵、厌恶贫困,但是如果只能通过不正

① 《孟子·公孙丑上》。
② 《金刚经》。
③ 颜元:《颜元集》,王星贤、张芥尘、郭征点校,中华书局 1987 年版,第 39 页。

当的方式来摆脱贫困,君子便接受贫困,安贫乐道;反之,如果一个人过分地厌恶贫困,往往就会不择手段、不由其道,加之勇力的作用,则必会生乱。

仁德是孔子追求的崇高境界,虽然人人都可以求得仁德,求仁而得仁,但是,对于现实中的大多数人来说,仁德是难以企及的。诚然,仁,意味着善与崇高,但是,不仁未必意味着恶与卑劣,在善与恶、仁与不仁之间,尚且存在着一个非善非恶、非仁非不仁的合理区域,虽自私自利,却不损人利己,此等境界,无可厚非,也无须过分地责难。如果完全否定了这个中间的区域,不是至善,就是邪恶,不是天理,就是人欲,那么,崇高的道德就有可能会成为压抑甚至残害人性的工具。所以,孔子教育弟子,要内忠外恕、严于律己、宽以待人,只有这样,才能在人生的道路上不怨天尤人。

十二　　子曰:"如有周公之才之美,使骄且吝,其余不足观也已。"

释义:

　孔子说:"拥有像周公一样的才华,却恃才凌人,不能服务于人,那么这些才能就没有用处了。"

解意:

　德与才,犹如仁与智,仁德是才智之体,才智是仁德之用,如果缺失仁德的根本,而徒有才能技艺,不但不能乐于助人,而且还会恃才凌人,这样的话,要这些才能与技艺又有什么用呢? 有还不如没有的好。正如《左传》曰:"怙其隽才,而不以茂德,兹益罪也。"[①]因此,宁可无才而有德,也不能有才而无德。

　以骄泰或是吝啬对待自己的才能,都是将自我立于生命的中心,但是仁者无我,仁者在奉献自我中成就自我,"己欲立而立人,己欲达而达人",在无我的境界之中,才能只是实现仁道的手段与工具。孔子始终告诫人们,不可遗忘那形上的德性与理想。

十三　　子曰:"三年学,不至于谷,不易得也。"

释义:

　孔子说:"读书学习三年,不以俸禄为目标,很难得。"

解意：

通过学习，培养德性，掌握知识技能，谋取一定的职位，通过自己的劳动而得到俸禄，这是学子的一般出路，正所谓"书中自有颜如玉，书中自有黄金屋"。然而，学习除了有谋生之用外，还有更高的价值。君子学习，不以俸禄为最终目的，以仁德为更高层次的追求。

诸葛亮说："非学无以广才，非志无以成学。"[①]读书人首先要树立志向，如果志于利禄，甚或温饱，则心胸难以广大，学问难以坚实，成就也注定有限。

十四

子曰："笃信好学，守死善道。 危邦不入，乱邦不居。 天下有道则见，无道则隐。 邦有道，贫且贱焉，耻也。 邦无道，富且贵焉，耻也。"

释义：

孔子说："仁者要坚信为仁由己，并为之而勤奋学习，笃行仁道，誓死不渝。如果仁德还不够稳固，仁道还不够坚定，不要轻易涉足昏暗的政治，不要轻易进入混乱的国家。当政治清明时，尽力施展自己的才华；当社会黑暗时，独善其身，保存理想。国家太平时的贫贱，是一种耻辱；国家昏暗时的富贵，也是一种耻辱。"

解意：

仁者的一生，以自我仁德为根基，以天下归仁为理想，坚固之、笃行之。仁德侧重于修心，仁道侧重于践行，虽然仁德的培养需要在社会生活中砥砺磨炼，但是，如果修心功夫不到，仁心便极易动摇，仁德便不能坚固，这样的话，非但仁道不能践行，仁德也会毁于一旦。所以，孔子常常警示弟子，不要轻易涉足昏暗的政治，不要轻易进入混乱的国家，待仁心足够广大，仁德足够坚固，能够做到"富贵不能淫，贫贱不能移，威武不能屈"之时，才能游刃有余、进退自如。

仁道的使命无时无刻不在鞭策着仁人志士，积极进取，是仁者的全部生命。所以，当政治清明的时候，仁者会竭尽所能地施展自己的才华，推动仁道的进程；当社会黑暗的时候，自身的力量无法对抗和改变现实，仁者要独善其身，保存并传承仁道的理想，这同样也是在践行仁道。

---

① 诸葛亮：《诸葛亮集》，段熙仲、闻旭初编校，中华书局 1960 年版，第 28 页。

十五　　子曰："不在其位，不谋其政。"

释义：

孔子说："如果没有职位，就不参与政事。"

解意：

修仁德、行仁道，不依赖于职位，与在位或不在位不存在必然的关系。有职位时，在职位上行仁道，没有职位时，在他位上也一样行仁道，因此，有职位还是无职位，对于仁者来说，无所损益。《中庸》曰："君子素其位而行，不愿乎其外。"君子在其位时，不必刻意放弃职位，尽人事，谋其政，在职位上修仁、行仁；不在其位时，也不去刻意追求职位，在自己的位置上修仁、行仁。

因此，君子的本质是"仁"，而非"位"。认清本质，君子才能有身份的自觉，才能知命，也才能找准自己的人生定位。

十六　　子曰："师挚之始，关雎之乱，洋洋乎盈耳哉！"

释义：

孔子说："乐章以鲁太师挚演奏开始，到合奏《关雎》结束，欣赏这样的音乐，让全身都充满了和美。"

解意：

孔子重视乐教，尤其是古代中和之乐的教育作用。音乐听之于耳，动之以情，情动，则生命为之振奋，生命振奋，必由内而外有所生发与作为，在言行中表现为善恶。《中庸》说："喜怒哀乐之未发，谓之中；发而皆中节，谓之和。中也者，天下之大本也；和也者，天下之达道也。"所以，音乐对德性的培养与德行的引导具有重大的意义。孔子"自卫反鲁，然后乐正"，正是要通过对古代音乐节律的修正，来实现音乐陶冶情性、内中外和的教化作用。

在人生的道路上，人应该积极有为，创造人生的价值，活出生命的精彩。音乐激发了人的情感，给予了生命的活力，对仁道的践行具有积极的作用。但是，情感无论是过分伸张或是消沉，活力无论是过度兴奋或是衰退，都会使人气不和、心不平，以至于产生出不和谐的言行。所以情感与活力又需要保持在适度的范围之内，而中和之乐正是要通过适中的节律来调节人的情性，使之归于中正，再以中正的情性来达到言行的和谐。

十七　　子曰："狂而不直，侗而不愿，悾悾而不信，吾不知之矣。"

释义：

孔子说："狂妄而不率直，无知而不忠厚，无能而无信用，这样的人，我真不知还有什么优点。"

解意：

狂妄、无知、无能，相对于中庸之德来说，皆有所偏执，顾此失彼。但是，三者皆人性的真诚表露，虽有不足，亦有可取之处。狂妄的人通常率真爽直，无知的人往往谦卑忠厚，无能的人常常诚信无欺。这些鲜明的个性，虽然在个体生命中未能达到中庸之道，却是万物的本有常态，只要各行其道，自然能实现全社会的不同而和。然而，如果诈伪巧智生于其间，自作聪明，藏匿己非，非但偏执不能得到适当的调整，本有的优势也会丧失，这样的话，就真的一无是处、无从教化了。

十八　　子曰："学如不及，犹恐失之。"

释义：

孔子说："学习，好像总是追赶不上，追赶上了又唯恐丢失。"

解意：

学重在自得，不能自得，犹如借他人之物，毕竟要还。朱熹说："世俗之学所以与圣贤不同者亦不难见。圣贤直是真个去做，说正心直要心正，说诚意直要意诚，修身齐家皆非空言。今之学者说正心，但将正心吟咏一饷；说诚意，又将诚意吟咏一饷；说修身，又将圣贤许多说修身处讽诵而已。或掇拾言语，缀缉时文。如此为学，却于自家身上有何交涉？"[1]因此，学习不仅要靠感官去接收、靠思维去理解，还需要将学到的知识内化为德性、落实为德行，只有这样，知识才能由他人之物转化成为我之物，智慧才能得到增长。

---

[1]　黄士毅：《朱子语类汇校》，徐时仪、杨艳汇校，上海古籍出版社2014年版，第151页。

十九　　子曰："巍巍乎！舜禹之有天下也，而不与焉。"

释义：

孔子说："舜禹真是伟大啊！拥有天下，但不贪恋权势。"

解意：

天下，天下人之天下，乃至天下万物之天下。天下孰能一人独有？孰能人类专有？欲独有或专有，只是个人或人类的一相情愿、主观妄想。唯有放下自我，专为天下，才能当天下之位。正如老子曰："吾所以有大患者，为吾有身。及吾无身，吾有何患？故贵以身为天下者，则可寄天下，爱以身为天下者，乃可以托于天下。"①唯有德者，才"可以托六尺之孤，可以寄百里之命"，而拥有天下权位。

孔子说："不患无位，患所以立。"②政治不在于位，在于德，无德，虽暂得天下之位，也终会失去天下。荀子说："国，小具也，可以小人有也，可以小道得也，可以小力持也；天下者，大具也，不可以小人有也，不可以小道得也，不可以小力持也。国者，小人可以有之，然而未必不亡也；天下者，至大也，非圣人莫之能有也。"③位，以权势而言，是"小具"；天下，以民心而言，是"大具"。得权势，未必能得民心，不得民心，终不有天下。舜、禹修仁德、行仁道，得天下之"大具"，忘其富贵尊荣，不贪恋国家之"小具"，故能不私有天下，不私有天下，故能得天下。

二十　　子曰："大哉！尧之为君也。巍巍乎！唯天为大，唯尧则之。荡荡乎！民无能名焉。巍巍乎！其有成功也。焕乎！其有文章！"

释义：

孔子说："天道，伟大啊！尧帝效法天道，其德广大！以至于人民不识德名，不能称道。他缔造了灿烂的文明，彰显了人道的伟大，功绩巨大啊！"

解意：

孔子罕言天道，多谈人事，将人生的依靠与目标由天道转移至人性中来。不过，孔子的思想也并未完全脱离天道，而是从天道中体悟到人道的价值与意义，凸显了

---

① 《道德经》。
② 《论语·里仁》。
③ 《荀子·正论》。

人道的尊严与地位,此谓"极高明而道中庸"。《易传》曰:"立天之道曰阴与阳,立地之道曰柔与刚,立人之道曰仁与义。"老子也说:"故道大,天大,地大,人亦大,域中有四大,而人居其一焉。"①天道,微妙广运,一视同仁,玄远无迹,此谓"玄德";唯有人,可以通过礼乐、法度与文章,显露天道,彰明天道,并主动地维护天道、践行天道,此谓"明德"。天道无迹,人道有心,天因人而得到弘扬,人有心而可以与天地相参。

二十一　舜有臣五人而天下治。　武王曰:"予有乱臣十人。"
孔子曰:"才难,不其然乎?　唐虞之际,于斯为盛,有妇人焉,九人而已。　三分天下有其二,以服事殷,周之德,其可谓至德也已矣。"

释义:

舜帝任用五位贤臣,天下得到了治理。周武王说:"我有贤臣十人。"

孔子说:"人才难得,不是吗?尧、舜之后,周朝算是人才辈出了,加上一位妇人,共有十位贤臣。那时,周国虽然已经得到天下的三分之二,但仍然顺从商朝,周朝之德,可称为至德了。"

解意:

治世、乱世,皆有德才兼备之人,只不过在治世中,人才得以重用,在乱世中,佞臣当道,人才受到压制。同样,对于贤人来说,"天下有道则见,无道则隐"。所以,治世与良臣、乱世与佞臣,犹如风从虎、云从龙,同声相应,同气相求,又怎么能说治世方有良臣、而乱世无良臣呢?其实,人才从未离开,只是难得而已。唯有德之人,才能得到仁人相辅,正如王充所说:"无道之君莫能用贤。"又说:"有贤明之君,故有贞良之臣。"②周代至德,故有十位治臣,商末失德,虽有人才,不用,故而难见。

二十二　子曰:"禹,吾无间然矣。　菲饮食而致孝乎鬼神,恶衣服而致美乎黻冕,卑宫室而尽力乎沟洫。　禹,吾无间然矣。"

释义:

孔子说:"对于禹,我无可非议。他自己饮食俭朴,但给祖先与神灵的祭品很丰盛;他自己穿着粗糙,但祭服很华美;他自己的居所简陋,却不惜成本地为人民修缮田间水利。对于禹,我

---

① 《道德经》。
② 《论衡·书虚》。

无可非议。"

解意：

帝禹有天下之位，但不私有天下，不以天下之尊荣来满足一己之私欲，"菲饮食""恶衣服""卑宫室"，可谓无我，因为无我，所以能持有天下。

"我"为私，天下为公，唯仁者能去彼取此、大公无私。禹将生命奉献给道德教化，故"致孝乎鬼神"；专心于文明传承，故"致美乎黻冕"；致力于百姓生计，故"尽力乎沟洫"。禹既有仁德，又处帝位，两者结合，谓之圣人。与圣人相比，仁人不必处权位之上，"能近取譬"，在身边的事情上践行仁德。圣人与仁人，于仁德而言，实无大小。

子罕篇

第九

一　　子罕言利，与命，与仁。

释义：

孔子很少谈论功利，但常说知命、求仁。

解意：

子曰："富而可求也，虽执鞭之士，吾亦为之。"可见，孔子赞同获得利益。然而，利是义的自然且无心的结果，行义，是应当之事，义不容辞，由义能否获利，则顺其自然，安于命运。反之，如果多言利，"喻于利"，人就容易求利而害义。所以，孔子很少从功利的方面去谈事情的意义，而多谈做事情所应当遵循的正义原则。

命既有偶然之命，也有应然之命。偶然之命是命运，如寿夭、贫富、贵贱等，这些命运更多地与一个人所处的社会环境、出身背景等有关，是人无法选择的，也往往是一己之力无法支配和左右的，所以孔子很少谈论偶然之命。应然之命是人之为人所应当履行的职责与使命，孔子认为，人的终极使命是仁道，是人在德性的培养与德行的践行过程中所领悟到的人生价值与生命意义。对于偶然之命与应然之命，孔子认为，君子守应然之命，尽人事于仁德的培养与仁道的践行，至于最终的结果，则不以功利之心求之，听天由命而已。所以，孔子践行使命，安于命运。

仁是孔子思想的核心,虽然孔子很少用仁来赞许别人与自己,但是对于每一个人来说,仁又是须臾不可离的,人道的本质就是仁道。孔子循循善诱,让人们反躬自省,体认仁心,发现自身的道德本源,然后在礼的要求下,通过日用常行的熏习,巩固仁心,培养仁德,最后将整个人生过程安住在仁道的践行之上,不违、不厌、不倦。

利、命与仁,三者之间又存在着密切的关系。利益可得,亦可不得,关键要看是否"以其道",因此,孔子罕言利,是不谈偶然的命运,而专言应然的使命。人道的使命即是行仁,求仁而得仁,不愿乎外,因而,求仁,必去功利之心。

二　达巷党人曰:"大哉孔子! 博学而无所成名。"

子闻之,谓门弟子曰:"吾何执? 执御乎? 执射乎? 吾执御矣。"

释义:

达巷里,住着孔子的一位知己。他说:"孔子很伟大! 学问渊博,找不到一项成名之技。"

孔子听闻后,对学生们说:"我以什么技艺成名呢? 是驾马呢,还是射箭呢? 我还是驾马擅长一些。"

解意:

孔子虽然博学,却无所专长,实在无从称赞,故而无名。然而,无所专长,为何又要称其为"大"呢? 大者,道也;小者,器也。君子以仁道为理想,故而不器;视技能为行仁的工具,而非目的,所以纳器入道,以道御器。

孔子博学,必求其"一","一"者,仁道也,包罗万象,融会贯通。孔子虽无所执而通于"一",但是,此境界的达成又是由下学而至上达,由有所执而入乎无所执,由有境而入乎无境。"无"虽超越了"有",但又内含着"有",在无所执中蕴含一切有所执。

知孔子者,达巷党人也。

三　子曰:"麻冕,礼也,今也纯,俭,吾从众。 拜下,礼也,今拜乎上,泰也。 虽违众,吾从下。"

释义:

孔子说:"戴麻布做的礼帽,这是古礼,但由于手工繁复,今天改用黑丝制的礼帽,这样做有利于节俭,所以我赞同大家的做法,改变古礼。上朝时,臣子先在堂下稽首,升堂后再稽首,这是古礼,今天的臣子不拜于堂下,只在堂上稽首,这样做,助长了臣子的傲慢,虽然违背大家的意愿,但我仍然坚持古礼。"

解意:

"礼之用,和为贵",孔子重礼,并不是固守礼的外在形式,而是重视礼所象征的内在义理,通过礼仪,来实现社会和谐的目标。在和谐这一总目标的指导之下,具体的礼仪要随着社会的变迁改变其形态,要根据当下时代的需求不断损益,与时俱进。在孔子所处的时代,人们重奢轻俭,倡导节俭的生活方式就成为礼的目标,所以,当人们主张以黑丝取代麻布来制作礼帽的时候,孔子表示赞同,因为这虽然违背了古礼的外在形式,但切中了礼的内在义理,有助于培养节俭的风尚。当时社会普遍存在着君不君、臣不臣的乱象,君王昏庸,臣子骄泰,所以,当人们主张取消堂下稽首的时候,孔子表示反对,因为这会进一步助长臣子的傲慢,加推政治秩序的混乱,有违于礼的内涵与义理。

由此可见,孔子并不是一个保守复古的人,他所追求的不是礼的外在形式,而是礼所要达到的和谐目标,他所赞同的不是某一个时代,而是时代变迁中人性的进步。礼的变与不变,体现了儒家礼制的经与权、体与用的辩证关系。

四 子绝四:毋意,毋必,毋固,毋我。

释义:

孔子杜绝四种弊病:不自以为是地主观想象,不执着预期的目标,没有固定的行为方式,超越自我这个中心。

解意:

对"意""必""固""我"四者的自觉与超越,正是自证仁心、培养仁德和成就仁道的过程。

毋意,不是去除意识与观念,以至于虚静,而是尽可能地超越以自我为出发点的意识,不做主观判断。孔子说:"不患人之不己知,患不知人也。"只有超越自我意识的狭隘,才能知人。荀子也说:"知之在人者,谓之知;知有所合,谓之智。"[1]只有在反省中认识到自己的缺点与不足,并在与人交往中了解他人的想法,才能得出真实的意识。

毋必,是指心中不要执着预期的目标。人的意识具有目的性,每个人的心中都有许多预期的目标,但是人生的终极目标在哪里呢?在仁者看来,仁道的目标并没

---

① 《荀子·正名》。

有一个终点，而是落实在人生的每一个阶段与当下，人生随时随处都可以修养仁德、践行仁道，所以，如果执着于一些具体的目标，就会将仁道功利化，并最终偏离仁道，背弃仁道的理想。

毋固，是指在践行仁道的过程中，不固守、不拘泥于某种行为方式，灵活应变，选择最适宜的方式、方法去达到目标。正如孔子说："君子之于天下也，无适也，无莫也，义之与比。"毋固，体现了孔子仁、智统一的思想。仁道的推行，只有不拘一格、与时俱进，才能不落入有为法的弊端。

孔子之所以提出"毋意""毋必""毋固"，是因为有一个绝对的主体"我"在。由于"我"的局限与狭隘，在以"我"观之的时候，便不问是非曲直，妄生其"意"；囿于自我的功利境界，看不到人生的历程与广阔，妄生其"必"；偏执于"小我"的世界，不知"道"通为一、多元变通，妄生其"固"。所以，三者归结为一点，就是要做到"毋我"。毋我，就是放下自我，将自我融入他人乃至万物之中，实现物我一体的仁者境界。一个人如果从自我出发，不仅在认识领域不能达到世界之"真"，而且在实践领域不能达到道德与政治之"善"。因此，只有超越自我，才能成就大我，只有去除我执，"意""必""固"的弊病才能克服，仁道才能畅通。

五　子畏于匡。 曰："文王既没，文不在兹乎？ 天之将丧斯文也，后死者不得与于斯文也；天之未丧斯文也，匡人其如予何？"

释义：

孔子被围困于匡地，说："周文王去世之后，中华文明难道没有传承至我们这吗？天命如果将消灭中华文明，我们就不会传承这些文明了；天命如果不会消灭中华文明，我们就是秉承天命的人，匡人又拿我们怎么样呢？"

解意：

孔子率其弟子路过匡地，被匡人误认为是暴徒阳虎，故围而困之。夫子虽畏，而无所惧，内心充满信念。其信念，并非来自于人事，而是来自于天命。

天有生生之大德，"天行健"，然后才有"君子自强不息"。如果没有天道，何来的人德？天道玄远，又体现在人间的文明中，文也者，述其道而传焉，故天道不息，文明不灭。孔子"五十而知天命"，自觉肩负起弘扬天道、传承文明的伟大使命，这个使命，来源于天人一体的生命体认，己在即文在，文没则己没。在弘道的路上，道亦加被其身，主体在其中获得巨大的精神力量和思想信念，并由此而领悟到生命的价值与意义。

　　中华文明之所以传承不息,正是因为历代无数的志士仁人勇敢地担当起传承文明的使命,责无旁贷,舍我其谁,因而当仁不让,无须谦逊。孔子的这一无畏精神,亦深深感染着后人,后代学人也当以弘道为人生的最高使命,义无反顾,无怨无悔。

六
太宰问于子贡曰:"夫子圣者与? 何其多能也!"
子贡曰:"固天纵之将圣,又多能也。"
子闻之,曰:"太宰知我乎? 吾少也贱,故多能鄙事。君子多乎哉? 不多也。"

释义:

太宰问子贡:"孔子是怎样成为圣人的? 为何这么多才多艺!"

子贡回答道:"是上天让孔子成为圣人的,上天还让孔子多才多艺。"

孔子听闻后,说:"太宰了解我吗? 我从小贫贱,所以学习了一些谋生技能。君子一定要多才多艺吗? 不必是啊。"

解意:

　　太宰此问与达巷党人存有天壤之别,达巷党人是孔子的知音,太宰则不知孔子。孔子很少谈及圣人,而多言君子,因为圣人德、位统一,而君子单以德言,人人皆可成君子,并非人人能成圣人。君子可以多能,多能无害为君子,但是君子之为君子,不是因为多能,而是存仁、行仁,并能以仁来统御其能。子曰:"君子去仁,恶乎成名?"因此,多能与否,皆无损益于君子。

　　子贡希望维护和抬高孔子的声誉,却神化了孔子,又误解了孔子。孔子并非生而知之,而是学而知之,世人如果错误地认为夫子是生而知之,还会有谁用心于学习呢? 如果世人错误地认为多才多艺才是圣人、君子,则会"玩物丧志",不知下学而上达,由文章而入乎道了。由此可见,子贡此时尚且处在"器"的层面,未能入道。

七　　牢曰:"子云:'吾不试,故艺。'"

释义:

琴牢①说:"老师曾说:'因为我不被重用,所以学了许多才艺。'"

———————————

①　琴牢:孔子的弟子,姓琴,名牢,字子开。

解意：

士君子位于庶民与大夫之间，进，可出仕为官，服务一方百姓，退，可教化民众，移民易俗，因而君子可仕可不仕。不过，君子不管是出仕为官，还是教化民众，都必须以学为基础，夫子学而不厌。"十室之邑，必有忠信如丘者焉，不如丘之好学也。"因此，不学，无以为君子。学习，既可"下学而上达"，觉悟生命的真谛，又可"学而优则仕"，通过为官来践行仁道，亦可似"古之学者为己"，提升自己的人生修养。

八　　子曰："吾有知乎哉？无知也。有鄙夫问于我，空空如也，我叩其两端而竭焉。"

释义：

孔子说："我有先见之明吗？其实没有。假如有农夫问我，农夫谦虚诚恳，我便从他所疑问题的两端处叩问他的内心，让他自己发现真知。"

解意：

孔子无多能，却能以仁德来驾驭技能；孔子无多知，能以仁德来驾驭知识。因此，君子不必多能、多知。君子虽然需要具备一定的才能和知识，但是更加需要用仁德来规范和驾驭才能和知识。

孔子称自己"无知"。无知与有知相对，有知者，有方也，无知者，无方也。有方，则有私意；有了私意，就会有分别见解，非此即彼，自以为是。无方，则无私意；无私意，则圆融无碍，行于中道。正如皇侃曰："知谓有私意于其间之知也。圣人体道为度，无有用意之知。"[1]荀子主张"虚一而静"也是这个意思。荀子说："何以知道？曰：心。心何以知？曰：虚一而静。心未尝不臧也，然而有所谓虚；心未尝不满也，然而有所谓一；心未尝不动也，然而有所谓静。"[2]"虚一而静"正是达到孔子所谓"无知"的重要方法。因此，无知并非真的一无所知，也不是孔子的自谦之词，而是无先入之见，心灵坦荡而澄明，无适无莫，以义为比。

夫子心灵澄明，虽有知而无知，由无知而见真知。鄙夫求教于孔子，亦"空空如也"。《吕氏春秋》曰："空空乎其不为巧故也。"[3]可见，为学也同样需要谦虚诚恳的态度，不固执己见，不自以为是。凡物皆有两端，天人、人我、道器、有无、阴阳、上下、远近、高卑、终始、本末等，两端各有不足，亦有可取之处，鄙夫内心"空空"，故不执于

---

① 刘宝楠：《论语正义》，高流水点校，中华书局2012年版，第333页。
② 《荀子·解蔽》。
③ 《吕氏春秋·下贤》。

一端,两端不相遗,故能各取其宜而为中道。孔子循循善诱,犹如苏格拉底的精神助产术,助产而非生产,孔子之教化,不愤不启,不悱不发,无非是让人开启自己的智慧而已。孔子又哪里能给别人智慧呢? 故而孔子无知也。

九　　　子曰:"凤鸟不至, 河不出图, 吾已矣夫!"

释义:

孔子说:"在我的有生之年,恐怕是看不到凤凰飞来、龙马负图而出了。"

解意:

传说,天下太平时,凤凰就会出现,龙马就会从黄河中负图而出,凤至图出,乃治世之征。孔子以毕生精力拯救乱世、弘扬仁道,虽然收效甚微,未能力挽狂澜,却警醒了世人,犹如木铎,为黑暗中的中国指明了光明的前途。孔子通过教授弟子传播思想,将仁道传递了下去,为后来中国社会的发展保留了重要的思想资源。

孔子之小"我",已经融入人类整体运动的大"我"之中。孔子此生虽然未能见到天下归仁的太平之世,但是仁道的理想因孔子而得到延续,并在后来一代一代的仁人志士那里得以继承。孔子的生命不也活在我们的当下吗?

十　　　子见齐衰者、冕衣裳者与瞽者, 见之, 虽少必作, 过之, 必趋。

释义:

孔子遇见穿丧服和礼服的人,以及盲人,即使是少年,一定会庄重起来,经过他们的时候,脚步会加快。

解意:

夫子仁心发动,率真坦荡,见齐衰者,自有恻隐之心,见冕衣裳者,有恭敬之心,见瞽者,心有不忍,现仁爱之心。此心的发动,毫不矫揉造作,毫无外在目的,一句"虽少",足见孔子真情实意、一视同仁。

仁者,人也,仁道,源于人的同情之心。立心仁厚,遇事而仁心所动,此正是仁德培养处。

十一

颜渊喟然叹曰:"仰之弥高,钻之弥坚,瞻之在前,忽焉在后。夫子循循然善诱人,博我以文,约我以礼,欲罢不能。能竭吾才,如有所立卓尔,虽欲从之,末由也已。"

释义:

颜回感叹道:"道啊! 越是仰望,越觉得高远,越是钻研,越觉得深奥,看见在前,又觉得在后,让人琢磨不定。不过,老师善于教育我们,循序渐进、层层深入,给予我广博的学问,又引导我将学问凝练、落实于德性与德行之中,让我在求仁行道的路上一刻也不愿停下来。我竭尽全力,好像已经得道,但一放手去行,又觉得手足无措、应接不暇。"

解意:

道之为物,惟恍惟惚,无形无象,不可穷尽。颜回有幸得到孔子的教导,通情达理,修身养性,在"学而时习之"的过程中,力愈深,心愈悦,生命觉悟至此,犹如迷途之子归家,欲罢不能。

求道之路,无有尽头,就是孔子,也只是穷其一生,上下求索而已,更何况年轻的颜回呢? 颜回着力于"一","如有所立卓尔",可见,大本确立,已见仁道本体。孔子说:"回也,其心三月不违仁,其余则日月至焉而已矣。"可惜的是,颜回早夭,未能经过日积月累的磨砺与修习,没有达到出入自如的境界。生命觉悟,"极高明而道中庸",由俗归真,又由真返俗,真俗之间圆融不二。然而,颜回得"一"而遗乎"多",着力于"内"而遗乎"外",故而"愿无伐善,无施劳",未达到夫子"从心所欲不逾矩"的自由之境。

颜回得道了吗? 其实未得,因为实际无道可得,离了丰富的人生过程,哪来仁道? 颜回未得道吗? 其实已得,颜回下学而上达,已经自觉地行在仁道之上。

十二

子疾病,子路使门人为臣。病间,曰:"久矣哉,由之行诈也! 无臣而为有臣。吾谁欺? 欺天乎? 且予与其死于臣之手也,无宁死于二三子之手乎! 且予纵不得大葬,予死于道路乎?"

释义:

孔子病危,子路让同学们充当孔子的家臣,来为孔子准备后事。在生病期间,孔子说:"我已经没有职位很久了,子路你怎么还在自欺欺人呢! 你要我欺骗谁呢? 欺骗天吗? 而且,我更愿意作为一名老师,在学生的陪伴下死去,而不是以臣子的身份死去。即使我不能得到大夫的隆重葬礼,难道你们会把我丢弃在路边吗?"

解意：

大夫之丧，由家臣治其礼。孔子曾任鲁国司寇，为大夫，但是，此时的孔子早已去鲁而无位，按照古礼规定，"礼不下庶人"，所以孔子病危，实无礼可循、无丧可治。

子路从内心里敬重孔子，所以欲行诈，按照大夫之礼为孔子办丧。子路用心，固然可以理解，但是，君子重礼，并不看重外在的礼仪形式，而是礼的本体，即内在的真诚情感。子曰："礼，与其奢也，宁俭；丧，与其易也，宁戚。"况且，弟子们视夫子为自己的父亲，"三年无改于父之道，可谓孝矣"。如若弟子们从内心里悼念孔子，继承孔子的志向，接续孔子未完成的使命，才是真正的敬重孔子、孝敬老师，这些远胜于外在形式，更何况还是以无为有、自欺欺人的形式呢！

孔子逝世后，学生为夫子行三年之丧，中国始有门弟子丧其师之礼。

十三　子贡曰："有美玉于斯，韫椟而藏诸？求善贾而沽诸？"子曰："沽之哉！沽之哉！我待贾者也。"

释义：

子贡说："我有一块美玉，是把它放在匣子里收藏起来呢，还是找个懂价的商人卖掉呢？"孔子说："卖掉吧！卖掉吧！我也一直在等待识货的商人呢。"

解意：

藏诸？求诸？此两端，孔子皆不为。隐藏才智，不用于世，是道家隐士之所为，孔子不赞同；兜售才智，以求名利，是小人俗儒之所为，孔子更不赞同。

孔子不"藏"，不"求"，而是"待"。此"待"，有两层意义：其一，"待"是厚积薄发、不急功近利的意思，"夫子之求之也，其诸异乎人之求之与"，以德性的培养和才学的积累为前提，"不患无位，患所以立"，有德才，然后求其位。其二，"待"是等待清平之世的到来，然后再全力发用，即孔子所谓"天下有道则见，无道则隐"的意思。所以，孔子不藏，欲有用于世，又恶不由其道，故不求仕也。孔子不求，是仁德的体现，不藏，是仁道的要求。孔子不将不迎，直道而行。

十四　子欲居九夷。或曰："陋，如之何？"子曰："君子居之，何陋之有？"

释义：

孔子有去东边落后地区居住的想法。有人说："那里很简陋，怎么能居住呢？"孔子说："有君子在那里居住,怎么会简陋呢?"

解意:

贫富、奢陋、贵贱,对一个人,乃至一个国家来说,皆是外在的修饰,如果缺失了德性与德行,这些修饰都会丧失意义。刘禹锡《陋室铭》说:"山不在高,有仙则名。水不在深,有龙则灵。斯是陋室,惟吾德馨。"君子之德,譬如北辰,以德化民,移风易俗。因此,君子居之,何陋之有?

居仁德、行仁道的君子,对于一个民族与国家来说,是最珍贵的至宝。野蛮之地经过君子的教化,会进化为文明,而中国如果不尊重君子、不追求德性,则会退化为野蛮。子曰:"性相近也,习相远也。"人性与历史从来都不是一成不变的。

十五　　　子曰:"吾自卫反鲁,然后乐正,雅颂各得其所。"

释义:

孔子说:"我从卫国返回鲁国,然后古乐的声律得到了修正,《诗经》中的《雅》与《颂》辞章也各归其位。"

解意:

孔子从卫国返回鲁国,不再依靠政治手段来推行仁道,转而通过文献的整理与诠释,垂教后世,将仁道的理想传承下去。孔子"述而不作",着力于"六经",《诗》与《乐》便是其中的两部。诗与乐,本于性情,性情如果不加协调,则流于淫佚。孔子修正《诗》《乐》,将《诗》之辞章与《乐》之声律归于中正,乐而不淫,哀而不伤,使人听之,志意得广,心气平和,仁心于其中得以熏陶与升华。正如《淮南子》曰:"先王之制法也,因民之所欲而为之节文者也。因其好色而制婚姻之礼,故男女有别;因其好音而正雅、颂之声,故风不流。"观之今日,乐教已然失传,《雅》《颂》也鲜有人问津,道德教化因此失其活泼与愉悦。

十六　　　子曰:"出则事公卿,入则事父兄,丧事不敢不勉,不为酒困,何有于我哉?"

释义:

孔子说:"出门服务于社会,在家安顿好家庭,遇到亲友的丧事,尽力帮助,性情不被酒乱,在做这些事情中,真实的我不就呈现出来了吗?"

解意：

人时常会找寻真实的"我"的存在。什么才是真实的"我"？真实的"我"体现在哪里呢？通过自我欲望的满足，追求自我的感受，来体验自我的存在，这个自我是真实的"我"吗？

真实的"我"的存在，要以无我为前提，无我是放下自我、奉献自我、不以自我为中心的意思。孔子出门服务于社会，回家安顿好家庭，遇到亲友的丧事尽力帮助，这些都是无我的体现。正是在无我中，一个人的人生价值才能实现，也才能体悟人生的意义。康有为说："天既生人，则有人之任，不可逃；我受天之命而为人，则当尽人之道，不可弃。若欲逃弃人道之外，别求高妙清净，是即有我之至，其违天愈甚，去道愈远。"①所以，孔子所谓的无我，并非真的丧失自我，也不是道家所追求的那种寂寞恬淡、清静无为的境界，而是在无我中践行仁道，完成人道。

无我是真实的"我"得以呈现的前提，只有放下自我，真实的"我"才能呈现。但是，自我与真实的"我"又是同一个"我"，只是因为以自我为中心，过于自我，遮蔽了生命的真实道路与意义，才需要通过无我来展现真实的"我"。无我与真实的"我"互为前提，只有认清真实的"我"，自我才能真正放下。性情不被酒乱，正是要自做主宰，保持真实的"我"的存在。

酒本身无善无恶，但是饮酒过度，一个人就会丧失理性，被情欲左右，由此而偏离真实的"我"，所以，饮酒与道德修养又存在密切的关系。佛教将不饮酒列为"五戒"之一，并且是唯一的遮戒。遮，即遮蔽正道的意思，因为饮酒之后，可能乱性而做出一系列邪恶的事情。儒家虽然没有像佛教那样绝对地禁止饮酒，但也认为酒是大乱丧德的重要原因。周朝曾颁布禁酒令，如《尚书·酒诰》中说："我民用大乱丧德，亦罔非酒惟行；越小大邦用丧，亦罔非酒惟辜。"意思是：人民犯上作乱，德性丧失，正是酗酒造成的；大大小小的诸侯国的灭亡也是因为饮酒过度，而自食其果。

中国有着悠久深厚的酒文化。孔子认为，酒量人人各异，以"不为酒困"为原则。合理的饮酒不仅能抒发人的合理情感、回归人的自然本性，其中还蕴含着许多礼仪规范。正如诸葛亮说道："夫酒之设，合礼致情，适体归性，礼终而退，此和之至也。"②因此，合理饮酒，对仁德的培养和仁道的践行也具有积极的作用。

① 康有为：《论语注》，中华书局 1984 年版，第 135 页。
② 诸葛亮：《诸葛亮集》，段熙仲、闻旭初编校，中华书局 1960 年版，第 28 页。

十七　　子在川上，曰："逝者如斯夫！ 不舍昼夜。"

释义：

孔子站在大河沿岸，感慨道："生命如同河水一般，日夜不停地向前奔流。"

解意：

逝者，为一切流逝之物，如滔滔江水，日夜不停地向前奔流，汇入大海的家园。生命如斯，只是在不舍昼夜地流逝着，故而学而不已、自强不息。

逝者是谁？是谁在推动着逝者不停地向前运动？孟子曰："源泉混混，不舍昼夜，盈科而后进，放乎四海。有本者如是，是之取尔。"[1]真正的逝者一定是"有本者"。"本者"，就是生命的本体，是德性，据于德性的生命运动便是仁道，行于仁道的人，就是真正的逝者，否则，必定"中道而废"。

从生物学的意义上讲，生命皆经历着由生向死的运动，但是从道德精神与人生境界上来讲，并不是所有的生命运动都是向前的、不止的，也不是所有的生命运动都会归入生命的大家园。只有将个体生命与人类整体的命运结合起来，将"小我"的运动融入"大我"的历史进程之中，人生才能获得不竭的动力与价值的源泉，并在此过程中实现生命的永恒。

在无常的人生面前，孔子所感受到的不是焦虑、孤独或是恐惧，而是信心和希望，是人生的紧迫感和仁道的使命感。面对死亡，孔子没有消解生活的意义，没有否定人生的价值，而是赋予当下的永恒性。个体的生命是有限的、短暂的，人生的希望不在来世，就在当下，只有在每一个当下之中无私地奉献自我，才能创造人生的价值，并在价值的历史流传中完成生命的永恒。这就是仁者的信仰。

十八　　子曰："吾未见好德如好色者也。"

释义：

孔子说："今天我已经见不到像喜爱美色一样去追求德性的人了。"

解意：

好色即是爱美，爱美之心，人皆有之，仁德亦是与生俱来。孟子说："恻隐之心，

---

① 《孟子·离娄下》。

人皆有之;羞恶之心,人皆有之;恭敬之心,人皆有之;是非之心,人皆有之。"①人的先天既有情性,又有德性,但是人们常常只识情性,而遗落德性,只求食色之性,而不存仁德之性。

好色侧重于对外在美的追求,而好德则是对内在美的热爱,两者皆是人性的本然,不可非此即彼、互相对立。如以好色否定好德,人性就会流于荒淫,道德丧失;而如果以好德否定好色,人性转而会被道德束缚,正常的生理与情感的需求就会遭到压抑,激情与创造力也会受到打压。因此,好色与好德只有相互配合,并得到合理实现,才能促进人性乃至社会的进步。好德如好色,好德才能自在无束,并长久无衰;好色如好德,好色方能得到德性的引导,而有礼有节。

十九 子曰:"譬如为山,未成一篑,止,吾止也。 譬如平地,虽覆一篑,进,吾往也。"

释义:

孔子说:"仁德的培养与仁道的践行,就好像堆山一样,还差一筐土就能成山了,停止了,是由于我才停止的。又好像目前还是平地,虽然才刚刚倒下一筐土,但是进步了,是由于我才进步的。"

解意:

曾子曰:"士不可以不弘毅。"弘者,志向远大;毅者,毅力坚韧。以仁道为方向,故而远大,以仁心为源泉,故有不竭的动力。然而,如果缺少坚韧的毅力,终究也是半途而废、一事无成。

仁道是人生的方向,存在于未来;仁心是先天的本源,存在于过去。如果从仁心的本源出发,最终到达仁道的目标,则必须坚持不懈、日积月累。因此,道德的培养,乃至生命的觉悟,最终的力量都在自己身上,非得自认主体不可。

二十 子曰:"语之而不惰者,其回也与!"

释义:

孔子说:"听到我的教诲而前行不止的,就是颜回!"

---

① 《孟子·告子上》。

解意：

仁者的根本精神在于进取，为学日益，为德日进，为道日新，最大限度地燃烧个体生命的能量，以此来推动整个社会的进步，并在此过程中，实现人生的价值。夫子语之，颜回行之，其不惰可见；夫子不语，颜回自行之，其不惰不可见。颜回仁心发动，在仁道的路上，勇猛前行，始终不惰。

二十一　子谓颜渊，曰："惜乎！吾见其进也，未见其止也。"

释义：

孔子评价颜回，说："颜回早死，真让人痛惜啊！我只看到他的前进，从未见到他止步。"

解意：

《易传》曰："天行健，君子以自强不息。"天道运动，生生不已，如大江之水，逝者不息。"天命之谓性"，人生之道，前进不止，正与天相合。因而，仁道既是天道，亦是人道，既是天道不可违抗的规律，又是主体努力奋斗的过程，此谓"顺乎天而应乎人"。

仁道无有止境，但是生命有限。颜回三月不违仁，日进无疆，大本已立，其余则日月至焉而已矣，只可惜英年早逝，未能成就至上仁境，传道失人。

二十二　子曰："苗而不秀者有矣夫！秀而不实者有矣夫！"

释义：

孔子说："一颗好的种子，未必能开出美丽的花朵来！能开出美丽的花朵，未必能结出丰硕的果实来！"

解意：

善的种子人人皆有。儒家认为，人人皆有仁心，故皆可成尧舜；佛家说，人人皆有佛性，故皆可成佛。人人可成尧舜，人人可成佛道，皆是从种子上来说。然而，种子虽善，如果不能加以精心的照料与养护，不能坚持和精进，仍然开不出美丽的花朵来，即使开了花朵，也无法结出果实来。所以，未能开花与结果，不能责怪种子不善，只有真正开花结果了，方知种子不恶。孟子曰："尽其心者，知其性也；知其性，则知其天矣。"①邵雍也说:"所以谓之理者,穷之而后可知也。所以谓之性者,尽之而后可知也。所以谓之命者,至之而后可知也。"②只有穷尽精力,方知智慧在我;只有扩充仁心,方知人性是善;只有践履人道,才能领悟天命的存在。

由种子到花朵,由花朵到果实,其间的距离不正是生命的修行过程吗?不正是要依赖主体的不竭努力吗?正如《颜氏家训》所说:"学者犹种树也,春玩其华,秋登其实。讲论文章,春华也。修身利行,秋实也。"③康有为也说:"故学者如牛毛,成者如麟角,圣人之所以激励后生至矣。"④所以,不管是知识的学习,或是德性的培养,还是生命的觉悟,根本的动因都是自身的努力。

二十三　子曰:"后生可畏,焉知来者之不如今也? 四十、五十而无闻焉,斯亦不足畏也已。"

释义:

孔子说:"不可小看了青年人,怎么知道他们不会后来居上呢? 但是如果到了四十、五十岁时,还是默默无闻,就不足以让我敬畏了。"

解意:

人之初,幼苗皆无不善,由苗而秀,由秀而实,来日方长,前途不可限量。因此,青年人不可妄自菲薄,应勇往直前、后来居上。正如荀子曰:"学不可以已。青,取之于蓝而青于蓝;冰,水为之而寒于水。"⑤然而,仁心如果不知照料,自己如果不够努力,则每况愈下,至四十、五十,人生过半,仍然毫无建树、默默无闻,则苗而不秀、秀而不实,不足以让人敬畏。因此,青年人应时时警醒自己,岁不我与,时不我待,切不可浪费了大好年华。

孔子晚年,专心于修书、育人,将仁道的希望寄托于后生,激励之、警示之。我辈亦当勇担重任,当仁不让,履行这个时代赋予的职责。前辈看晚辈,晚辈亦在比照前辈。后生可畏,缘在可能。前辈可畏,缘在已然。前辈所取得的高度与成就,更是后辈学习的榜样。

---

① 《孟子·尽心上》。
② 邵雍:《邵雍集》,郭彧整理,中华书局 2010 年版,第 49 页。
③ 《颜氏家训·勉学》。
④ 康有为:《论语注》,中华书局 1984 年版,第 138 页。
⑤ 《荀子·劝学》。

二十四
子曰："法语之言，能无从乎？ 改之为贵。 巽与之言，能无说乎？ 绎之为贵。 说而不绎，从而不改，吾末如之何也已矣。"

释义：

孔子说："用正义的话告诫自己，能不遵从吗？能以此为参照，改掉自己的过错才可以啊。委婉的劝导，听了能不让人高兴吗？能分析出话中的道理才可以啊。如果听到委婉的劝导，只盲目高兴，而不分析微言大义，听到正义的告诫，只表面认可，实际不改，我就不知道他该怎么办了。"

解意：

人喜欢听顺耳的话，顺耳的话婉转顺从，如巽言；人不喜欢听逆耳的话，逆耳的话直截了当，如法言。听受法言，人无不敬惮认同，但如果知而不行，无异于不知，所以，当听到正确但逆耳的话的时候，不仅要在口头上顺从，更要落实在行动中，匡正自己。巽言，让人听得高兴，但往往止于耳，不能入于心，所以，当听到他人婉转劝导的时候，应依于内在的是非之心，而不能受喜怒情绪的左右。一方面不要盲目高兴，要分析其中的微言大义，听出言外之意、弦外之音；另一方面也要自我反省，他人不肯直言相告，与自我不能接受批评的态度有关。

孔子"六十而耳顺"，正是以一颗不骄、不躁、不矜、不伐的心来对待逆耳与顺耳，听到逆耳的话，不觉得有所逆，听到顺耳的话，不觉得有所顺，不逆不顺，故能听之于耳，动之于心，见之于行，明辨是非，反躬内省。

二十五　子曰："三军可夺帅也，匹夫不可夺志也。"

释义：

孔子说："三军虽众，其帅可夺；匹夫立志，人不可夺。"

解意：

帅是三军之魂，失其帅，三军则群龙无首，但是，如果施于强大的外力，帅将终究可夺。志是人之魂，失其志，则人如行尸走肉，没有志气和方向。志立于内，如果志向符合正道，且信心坚定，那么，任何强大的外力也是不能撼动的。志向是生命的灵魂，坚定志向，遇贫与富、贵与贱，或是顺与逆，人生的志向皆不会发生改变。人无其志，则会随波逐流，失去主宰，无有定向。王阳明说："志不立，天下无可成之事，虽百工技艺,未有不本于志者。"①康有为也说:"立志,为学者第一事,志不立,则天下无可为者。"②由此可见,为学首先要立志。

孔子的人格理想是君子,君子并非生来就是,它与先天的智愚、贫富、贵贱无关,君子皆是从匹夫中来。匹夫有志,则成君子。如果匹夫皆有仁道之志向,勇担仁德之责任,则"天下归仁"的理想定能实现。正如顾炎武所说:"保天下者,匹夫之贱与有责焉耳矣。"③所以,匹夫是君子的源泉,是民主的主体,是天下兴亡的根本。

二十六 子曰:"衣敝缊袍,与衣狐貉者立,而不耻者,其由也与!'不忮不求,何用不臧?'"
子路终身诵之。 子曰:"是道也,何足以臧?"

释义:

孔子说:"穿着破旧的棉袄,和穿狐裘的人站在一起,不觉得惭愧,子路做得很好!《诗》云:'不嫉妒,不贪求,无论如何,不都是很好吗?'"

子路听到孔子的赞扬,沾沾自喜,常诵此诗。孔子说:"你还在仁道的路上,止步于此,怎么能更好呢?"

解意:

士志于道,不耻恶衣恶食,此是君子之志的体现。子路树立求仁之志,故不在财富上与人攀比,不嫉妒,不贪求。然而,求仁之路永不停息,没有开端,也没有尽头,如天地的运动,生生不息,此谓仁道。在仁道的路上,永远没有得道的人,也没有真正得仁的人,只是无限地求仁、行仁,故而何足以臧?

二十七 子曰:"岁寒,然后知松柏之后凋也。"

释义:

孔子说:"寒冬之时,当其他树木都凋零了,才知道松柏依然挺拔。"

解意:

子曰:"天下有道则见,无道则隐。"但身处无道之世,夫子何时有隐?岁寒,尤喻

---

① 王阳明:《王阳明全集》,吴光等编校,上海古籍出版社 2014 年版,第 1073 页。
② 康有为:《论语注》,中华书局 1984 年版,第 139 页。
③ 《日知录·正始》。

春秋乱世,道家隐士避世以自保,士君子则积极进取,救民倒悬。因此,士君子立志行道,必须超越功利与名誉,不求时世的理解和认同,问心无愧而已;必须有如松柏一般坚韧不拔的品质,做好舍生取义、杀身成仁的准备。岁寒之时,方显儒家真精神! 唯在危难困顿之时,方见仁德修养之高下;唯在当今之世,方知诚信仁厚之珍贵。

历史虽有既定的运动轨道,超越当下的历史时势、摆脱当下的恩怨是非,固然可获得个体生命的清静无为,得超脱自在,然而,历史的每一次前进,不正是通过有志之士的奋斗,甚至是牺牲来推动的吗? 如果人人皆避世自保,历史由谁来创造? 人民又由谁来拯救? 扬雄曰:"天不人不因,人不天不成。"①仁者的进取正是历史前行的内在动力,离了仁者,实无人类的历史,更谈不上天人相参的一体境界,无儒家之有为,便无道家之无为。

二十八　子曰:"知者不惑,仁者不忧,勇者不惧。"

释义:

孔子说:"智者从不困惑,仁者从不忧愁,勇者从不畏惧。"

解意:

在人生的路上,常常会有许多困惑,根本的困惑是人生道路的选择,"我"该何去何从? 人生道路得以确立,一个人才能明白在有限的生命中,该知道些什么,该做些什么,这便是人生的智慧。得到了智慧,人生便不会有根本的困惑。所以,孔子"三十而立",确立了人生的方向,之后才会有"四十而不惑"。

人生道路不能确立,内心就会缺乏信念,内心空虚,言行就不知所措,分不清追求什么和放下什么,这样,就不免患得患失、忧愁不已。孔子"五十而知天命",正是内在信念的充满,将求仁、行仁作为自己的人生使命。仁者自修其内,不愿乎外,一切皆反求诸己,乐天知命,坚行仁道,故而能超越当下的利益得失,不怨天尤人,"贫而乐,富而好礼",无所忧愁。

智与仁的达成,又离不开勇的作用。正如朱熹所说:"学者立志,须教勇猛,自当有进。"②而且,真正的勇,本身就是智与仁的体现,勇正是一种不被利欲诱惑、对正义选择与坚守的毅力。孔子说:"见义不为,无勇也。"扬雄也说:"勇于义而果于德,不以贫富、贵贱、死生动其心,于勇也,其庶乎!"③可见,真正的勇者一定是仁、智双全的

---

① 《法言·重黎》。

② 黄士毅:《朱子语类汇校》,徐时仪、杨艳汇校,上海古籍出版社 2014 年版,第 151 页。

③ 《法言·渊骞》。

人。智、仁、勇，三达德，具于仁者一身。

二十九　子曰："可与共学，未可与适道；可与适道，未可与立；可与立，未可与权。"

释义：

孔子说："有人可以与他共同学习，但未必能一同追求仁道；有人可与他一同追求仁道，但未必都能坚守仁道；有人可与他一同坚守仁道，但未必都能权衡变通。"

解意：

学习，或可谋食，或可志道，或成小人儒，或成君子儒，故"可与共学，未可与适道"。追求仁道，未必都能守仁如山而不动摇，故"可与适道，未可与立"。笃信好学，守死善道，当行仁遇阻，却暴虎冯河，而不能迂回进道，存仁俟时，故"可与立，未可与权"。正如戴震所道："同一所学之事，试问何为而学，其志有去道甚远者矣，求禄利声名者是也，故'未可与适道'。道责于身，不使差谬，而观其守道能不见夺者寡矣，故'未可与立'。虽守道卓然，知常而不知变，由精义未深，所以增益其心知之明，使之全乎圣智者未之尽也，故曰'未可与权'。"[1]由共学，到适道，到可与立，到可与权，这四者，层层递进，人生遇一志同道合之人何其难也。

士君子以天下归仁为最高理想，因此，为学首要立志于道。求道，不仅要心向往之，更要能超越名利的诱惑，入世而不沉沦于世，遇富贵、贫贱、威武而不屈服，具有如松柏一般坚韧的品格，是谓之"立"。有所立者，内心坚定，但由内而外，又需要权变用中的智慧。

权，是善道的实践智慧。孟子曰："权，然后知轻重。"[2]所以，道必须通过权变来践行，"知者利仁"。然而，权不违道，"用理得其正为权"[3]，只有能深究于道的仁者，才能行权。因此，孔子可以进则进，可以退则退，可以通过入仕做官来行道，也可以退隐政治、著书讲学来行道，一切因时而异，无有拘束。

---

① 戴震：《戴震集》，上海古籍出版社 2009 年版，第 322 页。
② 《孟子·梁惠王上》。
③ 辜鸿铭：《辜鸿铭讲〈论语〉》，天津社会科学出版社 2014 年版，第 156 页。

三十

"唐棣之华，偏其反而。岂不尔思？室是远而。"子曰："未之思也。夫何远之有？"

释义：

孔子引用逸诗："唐棣的花啊，摇动飘荡，不知所由，亦不知所归，难道你真的不思念出生之地吗？只是因为离开那儿太远的缘故。"孔子评价说："觉得太远，只是不思念罢了。如果思念，哪里会远呢？"

解意：

子曰："诗三百，一言以蔽之，曰'思无邪'。"孔子删《诗》，有所取舍。这首诗歌由于过分强调了外在距离的决定性，忽视了道德的主体性作用，所以孔子加以批评并删去。正如张栻所说："夫子谓道非远人，特未之思耳，以诗语之未安也，故删而不取。"①孔子所删之诗，称为逸诗，偏邪不正，不利于德性的培养。孔子引用逸诗，旨在说明在人生的道路上，不要忘记初心，要牢记源头。

在社会道德生活中，仁心、德性是源头；在家庭生活中，先祖、父母是源头；在文化教养中，传统和老师是源头。只有永远不忘初心和源头，人生的修养与社会的发展才能获得不竭的动力，才能按部就班地前行，不离正道。子曰："仁远乎哉？我欲仁，斯仁至矣。"孟子曰："思之则得，不思则不得。"②虽然生命的道路随着时空的延展，可能会离心源之处愈行愈远，但是，只要有所想念，主动地坚守与追求，一切时空的距离都能打破，因为初心与源头一直深藏在我们的心底，从未远去。

---

① 张栻：《张栻集》，邓洪波校点，岳麓书社 2010 年版，第 78 页。
② 《孟子·告子上》。

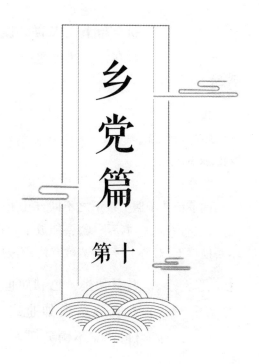

乡党篇
第十

一

孔子于乡党，恂恂如也，似不能言者。其在宗庙朝廷，便便言，唯谨尔。

释义：

孔子在家乡，谦卑辞让，好像不能说话一样。在宗庙朝廷上，大胆辩论是非，但又谨慎恭敬。

解意：

家乡以齿尊，孔子回到家乡，遇到兄长，自然要谦卑恭顺，虽然有渊博的学识、高贵的爵位和众多的弟子，但从不显露。回到家乡，孔子就是一位乡人，与他人无异。朝廷以爵尊，孔子对上级应有所尊敬，然而，孔子为官从政，非为爵位与俸禄，而是将其作为践行仁道的方便，虽然谨慎恭敬，却不阿谀奉承，从道不从君，大胆地辩论是非，见义勇为。

人生在世，每个人都承担着不同的社会角色，肩负着不同的社会责任。孔子回到家乡，就是乡人，在家乡，自然要守孝悌；上了朝廷，就是官员，作为官员，自然要建言献策。所以，不管是在家乡，还是在朝廷上，只是安其本分，尽其所职而已，这便是人生之道。

二

朝，与下大夫言，侃侃如也。 与上大夫言，訚訚如也。
君在，踧踖如也，与与如也。

释义：

孔子在朝廷上，与下大夫说话，和气欢乐，与上大夫说话，恭敬中正。君王在的时候，心怀敬畏，仪态庄严。

解意：

此节记孔子遇上接下之不同。孔子不卑不亢，素位而行。人们在工作岗位，有上级，也有下属。对待下属，要能放下自己的架子，和气待人，平易近人，愉快交谈，不骄横慢下；对待上级，要恭敬有礼，不去谄媚讨好而失去人格的尊严与正义的底线。

三

君召使摈，色勃如也，足躩如也。 揖所与立，左右手，
衣前后，襜如也。 趋进，翼如也。 宾退，必复命，
曰："宾不顾矣。"

释义：

孔子受国君之命迎接外宾，表情庄重，脚步敏捷。见到宾客时，左右作揖，忙碌不停，连衣裳都跟着前后俯仰，虽忙而不乱，衣裳整洁如初。迎接客人时，从容大方。送别客人时，直至客人不回头了，再回去复命。

解意：

君子有德，德行如水，随方就圆，随缘自在。迎宾时，孔子既非大夫，亦非老师，只是一个迎宾的人。站在迎宾的位置上，就按照迎宾的要求去做好迎宾的工作，放下自我，入乎无我之境，这正是德性的体现。所以，生活之中，事事用心，时时处处便都是修行。孔子迎宾，直到客人不再回头，再去复命，足见礼仪不只是外在表现，更是内在用心。

四

入公门，鞠躬如也，如不容。 立不中门，行不履阈。 过
位，色勃如也，足躩如也，其言似不足者。 摄齐升堂，
鞠躬如也，屏气似不息者。 出，降一等，逞颜色，怡怡
如也。 没阶，趋进，翼如也。 复其位，踧踖如也。

释义：

孔子进入宫廷，毕恭毕敬，好像无容身之地。不站立在大门的中间，不踏门槛。经过群臣

的行列，表情庄重，步履加快，说话简略，好像底气不足。登堂朝见国君，提起衣摆上台阶，心庄气肃。朝见完毕，下台阶时，表情逐渐放松、和悦。走完台阶后，快步回到自己的位置上去，仍然保持恭敬之心。

解意：

此节记孔子上朝和下朝时的礼仪举止。孔子在朝，内有恭敬之心，肃恭于礼法，敬畏于秩序，故而不以己而骄横，不以人而谄媚。内有敬意，外有敬容，一言一行，一举一动，处处皆是修养的体现。德性的修养要由外入乎内，德行的实践是由内显乎外，内外一致，故德性不得不固，言行不得不慎。孔子言行，既不刻意做作，也非强制而行，而是德性圆满，从心所欲不逾矩。后学或偏重外在礼仪，内无德性发动，亦步亦趋，东施效颦，或偏重内在德性，而轻视外在礼仪，狂荡不羁，皆失孔门教义。

五 执圭，鞠躬如也，如不胜。 上如揖，下如授，勃如战色，足蹜蹜如有循。 享礼，有容色。 私觌，愉愉如也。

释义：

孔子奉命出使他国，恭敬地拿着君王授予的圭，好像拿不动一样。举起来时像是给人作揖，拿下去时像是授予物品，表情战战兢兢，走路步伐密小。在举行相互赠送礼物的仪式时，孔子和气满容。政事完毕之后，孔子与朋友私下相见，轻松愉悦。

解意：

此节记孔子出使他国时的礼仪与情态。圭是君王的信物、国家的代表，孔子执圭如有不胜，非不堪重量，而是如漆雕开"吾斯之未能信"那样，敬畏政事，不敢懈怠。执圭、享礼，是国家政事，私觌，是个人友情，孔子先公后私。在这两种场合中，孔子的心情与仪态迥然有别，可以看出孔子无我的境界以及率真的性情。

孔子说："有德者必有言。"德行所见，虽无专行言教，却行中有言，同样是在教化。

六 君子不以绀緅饰，红紫不以为亵服。 当暑，袗絺绤，必表而出之。 缁衣，羔裘；素衣，麑裘；黄衣，狐裘。 亵裘长，短右袂。 必有寝衣，长一身有半。 狐貉之厚以居。 去丧，无所不佩。 非帷裳，必杀之。 羔裘玄冠不以吊。 吉月，必朝服而朝。

释义：

君子不用黑色来为衣服镶边，不用红色和紫色来做居家便服。夏天在家里穿布单衣，出门一定要再穿上外套。冬天在家穿黑羊皮衣，出门时外面搭配黑色罩衣；穿白色鹿皮衣，外面搭配白色罩衣；穿黄色狐皮衣，外面搭配黄色罩衣。冬天的居家便服可以长一些，右边的袖子可以卷起变短一些。睡觉时，一定要盖上被子，长度是身长的一倍半。制衣剩下的狐貉皮可以用来做坐垫。不在居丧期间，衣服上可以装饰玉佩。如果不是礼服，要裁去多余的布。吊丧时不穿黑羊皮衣，不戴玄色冠。每月初一，一定要穿上朝服上朝。

解意：

此节记孔子的日常穿着。穿着打扮，可以看出一个人的修养。张栻说："一衣服之间，莫不有义存焉，岂苟云乎哉？"[1]所以，处处都是礼节，都是修养的体现，正如黑色是礼服的色调，所以不能用于普通衣服的镶边。居家生活要素朴，红、紫是君王使用的贵重色彩，所以便服不用红色和紫色。在家以舒适为主，可穿单衣，但是出门穿着不能过于随便，要加上外套。穿外套时，色彩搭配要统一协调、得体大方，不穿奇装异服。冬天的居家便服可以长一些，这是为了保暖；右边的袖子可以卷起来，比左边的短一些，这是为了方便做家务。睡觉时，身体上要有所遮盖，被子的长度以身长的一倍半为适宜，这样既不会因为暴露而失礼，又可预防风寒。制衣剩下的狐貉皮要有效利用、避免浪费，可以用来做坐垫。参加丧礼时，不能佩带饰品。礼服为了表现庄严、隆重，所以用料很多，比较宽大，而一般的衣服要节约用料，不可铺张浪费。古人吊丧要穿白色的衣服，今人受西方文化影响，丧礼穿黑色，古今不同。穿着装饰，是文明礼仪的体现。礼仪装饰，非为享乐和奢华，而是一种社会秩序的象征；同时，礼仪还应顺应人情的需要，符合生活习惯，促进经济效能。所以，礼仪规范是一个不断与时俱进的系统，当今社会以平等、自由、民主、法治等为礼义，仪礼表现又当有所不同。

七　齐，必有明衣，布。齐必变食，居必迁坐。

释义：

斋戒时，一定要沐浴，再换上洁净的衬衣。斋戒期间，要与平时的饮食不同，搬出平日居住的寝室。

解意：

斋戒之时，明衣、变食、迁居，布衣、素食、陋室，皆为素朴。素朴即本真，返璞归

---

① 张栻：《张栻集》，邓洪波校点，岳麓书社 2010 年版，第 81 页。

真,则明心养德。斋戒,重在培养内在真诚和敬畏的心,所以要沐浴更衣,保持身体的洁净,不饮酒,不食荤,夫妻分居,保持心灵的清净。只有身体洁净了,心灵也清净了,真诚和敬畏的心才能得到培养,也才能由内而外地表现出来。

八 食不厌精,脍不厌细。 食饐而餲,鱼馁而肉败,不食。色恶,不食。 臭恶,不食。 失饪,不食。 不时,不食。割不正,不食。 不得其酱,不食。 肉虽多,不使胜食气。 唯酒无量,不及乱。 沽酒市脯不食。 不撤姜食,不多食。

释义:

粮食不嫌不够精,鱼、肉不嫌不够细。不吃变质的粮食和腐败的鱼肉。不吃变色和变味的食物。不吃没有烧熟或烧焦的食物。不在吃饭的时候不吃。祭肉切割得不合礼法不吃。荤腥没有相配的酱醋也不吃。提供的肉食虽多,但吃的量不能超过粮食。酒虽然不限量,但要以不醉乱为度。不去街市上买酒、肉来吃。姜食多少足用,但也不宜多吃。

解意:

君子求道不谋食,饭疏食饮水,乐在其中,故而“食不厌精,脍不厌细”。孔子饮食中正,不苟且行食,洁身自好,以此来培育德性,因此有诸多不食者:粮食变质不食,鱼肉腐烂不食,食物变色变味不食,未熟的食物不食,烧焦的食物不食,不在吃饭的时候不食,祭肉切割得不合礼法不食,食荤腥时没有相配的酱醋不食。这些饮食习惯与要求也是符合当今养生之道的。

饮食是人的生存必需,应符合生理的健康法则,而生理的健康法则与德性的内在要求往往又是一致的。所以孔子对待食肉饮酒,既不禁欲,也不贪求,肉虽多,仍以五谷充饥为主,酒不限量,却不可因酒而乱性,有酒肉,便食肉饮酒,无酒肉,便不食肉饮酒,故不“沽酒市脯”。从中可以看出,德性的培养是符合自然、顺乎本性的。

九 祭于公,不宿肉。 祭肉不出三日,出三日,不食之矣。

释义:

国家祭祀分发的祭肉,不能留到第二天。家祭的祭肉不能超过第三天,超过第三天就会变质而不能食用。

解意：

对待国家祭祀,孔子心怀敬重,所得的祭肉,也会谨慎对待,不敢懈怠,所以当日就分食掉,不会等到第二天。家祭中的祭肉虽然可以暂缓,但是如果超过三日,就会变质而不能食用,这样既是对祖先的不尊敬,也是一种浪费。

十　　食不语，寝不言。

释义：

吃饭的时候,不大声喧哗,睡觉的时候,不讨论问题。

解意：

吃饭时,心中只有吃饭,安心吃饭,才是真吃饭;睡觉时,心中只有睡觉,安心睡觉,才是真睡觉。吃饭和睡觉的时候,能做到心无旁骛,其实不易,吃饭,睡觉,不也是在修行吗？

十一　　虽疏食、菜羹、瓜，祭，必齐如也。

释义：

在食用粗饭、菜汤和瓜果之前,一定要祭拜,肃敬如同祭祀。

解意：

儒家仁德有三个层次:其一为亲亲之仁,此为仁之基础;其二为他人之仁,关爱同类;第三为天地之仁,超越种族的界限,博爱万物。孔子在食用粗饭、菜汤和瓜果之前,既要祭拜最先食用他们的人,还要感恩为这些食物付出辛勤劳动的人,同时,在天地之仁的关照之下,一切生命的供养与物质的索取都来自于天地,有所取者,非极口腹之欲,养体而已,体得其养,能不祭乎？

十二　　席不正，不坐。

释义：

席位放置得不端正,不坐。

解意：

孔子坐座位之前,先要端正席位和坐垫。席位都要求得如此端正,其他方面就更不用说了。德性培养,一丝不苟。

十三　　乡人饮酒，杖者出，斯出矣。

释义：

和家乡人在一起饮酒，老者离席了，自己便跟着离席。

解意：

尊老爱幼，是中华传统美德。与家乡人在一起，以齿为尊，所以老者在，少者陪同，老者出，少者不敢后。美德，不能只停留在口头上，要发之于心，见之于行，即便饮酒，也不乱性非礼。现代人如能处处做到尊老爱幼，社会将太平和谐很多。

十四　　乡人傩，朝服而立于阼阶。

释义：

家乡举行沿道驱鬼仪式，当行进队伍经过孔子家门时，孔子便穿上祭服，站在门口的东面台阶上。

解意：

对待鬼神，孔子向来的态度是敬而远之。一方面远离神道、亲近人道，不议鬼怪神灵之有无，只谈伦理、政治之善恶，教化民众，移风易俗；另一方面又尊敬鬼神，之所以要尊敬鬼神，是因为人民相信、依赖鬼神，孔子敬鬼神，便是敬民意。所以，孔子遇家乡人举行傩礼驱鬼这样的仪式，穿上祭服，站在门口，庄重严谨，这是对人民的尊敬。孔子只立于台阶上，并不参与其中，这是远鬼神的态度。

十五　　问人于他邦，再拜而送之。

释义：

孔子托人向他邦友人问好，在送别的时候，孔子会深深鞠躬两次。

解意：

拜托，一拜托付之人，二拜他邦友人，所以，再拜方可托付。孔子向他人问候，不搞形式上的客套，一定是发自于内心的诚。就好像"祭神如祭在"一样，朋友虽在他邦，即在眼前，心思所至，何远之有？所以，即使是让人代替问候，也犹如亲见老友。

十六　康子馈药，拜而受之，曰："丘未达，不敢尝。"

释义：

季康子派人赠药给孔子，孔子有礼貌地接受了，然后说："我不了解这个药性，所以不便品尝。"

解意：

他人赠送食物，如果可以品尝，就应该先品尝，以示郑重其事。但是对于药品，如果不了解药性，则不品尝，直言相告，亦不失郑重。拜而受之，是崇礼；未达而不尝，是重生。礼仪因人生而有，为人生服务，所以两者相比，生命重于礼仪，不以礼而害生。

十七　厩焚。子退朝，曰："伤人乎？"不问马。

释义：

孔子家的马厩着火被烧了。孔子退朝回家，问："有人受伤吗？"没有问马。

解意：

儒家倡导仁爱，由亲亲而仁民，由仁民而爱物，最终达到博爱的境界。但是仁爱并不是抽象的、空洞的，而是基于人的真情实感，对亲人的感情一定会重于对他人的感情，对人类的感情也会重于对其他物种的感情，此乃人之常情。所以，仁爱不违背人之常情，是人的正常感情的延伸与升华。

孔子问人而不问马，并非贱畜而重人，不是将人与物对立起来，更加不是置马的生命于不顾，认为其不足恤而不问，而是因为爱有差等、事有缓急。正如朱熹所说："非不爱马，然恐伤人之意多，故未暇问。"①此正体现了儒家人本主义的精神。

十八　君赐食，必正席先尝之。君赐腥，必熟而荐之。君赐生，必畜之。侍食于君，君祭，先饭。

释义：

国君赏赐食物，一定端正好位置，先品尝一下。国君赏赐生肉，一定待煮熟后先供奉先祖。国君赏赐活的牲畜，要畜养起来。陪同国君吃饭，国君在饭前祭拜祷告，自己先吃饭。

---

① 朱熹:《四书章句集注》，中华书局 1983 年版，第 121 页。

解意：

仁者行入世之道，体现于忠君、敬祖、贵生和诚己之中。"君赐食，必正席先尝之"，是忠君；"君赐腥，必熟而荐之"，是敬祖；"君赐生，必畜之"，是贵生；"君祭，先饭"，非其鬼而不祭，是诚己。

十九 疾，君视之，东首，加朝服，拖绅。君命召，不俟驾行矣。

释义：

孔子得了疾病，国君前来问候，孔子卧在床上，面朝东面，将朝服盖在身上，朝服上拖着大带。国君召见孔子，孔子不等待马车准备好，先自行前往。

解意：

孔子重病时，卧床不起，不忘礼节；孔子康健时，国君召见，急忙前往，亦是恭敬的体现。孔子正心诚意，礼仪于外，心意于内，由内而外，变化无端，故而礼仪可小可大、可松可紧、可缓可急，只是直抒胸臆，素位而行。

二十 朋友死，无所归，曰："于我殡。"朋友之馈，虽车马，非祭肉，不拜。

释义：

朋友死了，没有人收埋发丧，孔子说："我来为他办丧事吧。"朋友馈赠物品，如果不是祭肉，即使是贵重的车马，孔子在接受时，也是不拜的。

解意：

真正的友情是自始至终的，如同对待父母一样，"事死如事生"，方是朋友有信。君子之间以正义相交，既志同道合、情感深厚，又超越利益、淡然如水。朋友的先祖，我应敬之，故拜祭肉；朋友之间，义在其中，故不拜物。

二十一 寝不尸，居不容。

释义：

孔子睡觉时，不四仰八叉地躺着，闲居时，仪容不荡。

解意：

就个体道德修养来说，道德自由是最高的境界。道德自由，就是道德的履行能够超越外在规定的约束，一任本心，又无所违背，即孔子"从心所欲不逾矩"之境。只有达到了道德自由，道德主体性才能真正实现。道德自由的培育，不是单方面地让自己的言行符合或者迁就外在的道德规范，也不是强制性地用道德规范来克制自己的言行、压抑自己的冲动，而是深刻检视内心，时刻觉照仁心，让自己的内心与社会的道德正义相亲近、相契合，做到内外一致、身心协调。这便是儒家在个体心性修养中所一直倡导的"慎独"。正如《大学》云："此谓诚于中，形于外，故君子必慎其独也。"

孔子仁心发动，处处皆礼，不紧张，不局促，不做作，无压力，既不拘谨，也不惰慢，和悦舒展，仪容中和。由此可见，孔子仁德内化，自做主宰，已达道德自由之境。

二十二　见齐衰者，虽狎，必变。　见冕者与瞽者，虽亵，必以貌。凶服者，式之。　式负版者。　有盛馔，必变色而作。　迅雷风烈，必变。

释义：

孔子看见穿丧服的人，即使是亲近的人，也一定会改变容色。见到穿礼服的人和盲人，虽然相熟，也一定会格外有礼貌。坐车时，路遇拿着寿衣的人和背着国家图籍文件的人，一定手扶横木，俯身致意。宴会上有盛筵，一定改变神色，站立起来。遇到疾雷和大风，孔子的神情也会改变。

解意：

孔子待人接物，皆源自于仁心。看见穿着丧服和拿着寿衣的人，内心就会哀伤，所以表情沉重。看到穿着正式礼服的人，内心充满敬意，所以相待以礼。遇到盲人，同情怜悯，所以表情忧伤。碰到背负国家图籍和文件的人，对国家的忠诚和热爱之心就会油然而生，所以要俯身致意。有人招待筵席，如果格外丰盛，神情也会有所变化，以表谢意。遇到疾雷和大风，孔子担心人民安危，内心不安，因而待之以畏。

仁者，爱人。真正的爱，不是从自己的立场和利益出发去爱别人，不是指手画脚、妄念妄行，而是能放下自我，换位思考，将自我与他人融为生命的共同体，与人同心，视人如己，平等而无分别。因而仁者本无悲、悦，因人而有悲，因人而有悦，人悲，己亦悲，人悦，己亦悦。

二十三　升车，必正立，执绥。　车中，不内顾，不疾言，不亲指。

释义：

孔子上车时，身体正立，拉着登车索，稳步上车。到了车中，不左顾右盼，不高声喧哗，不指指点点。

解意：

此节记孔子升车之容。礼仪的制定既源于人情，也是现实生活的需要，登车时要注意安全，安全就要遵循礼节，非礼、轻浮的言行往往损人害己。一人出行，即进入社会生活，存在人我关系，自己的一言一行都会对他人产生影响，社会也依据对他人影响的善恶来评判素养的高低。所以，人们到了公共场合，不要高声喧哗，不要指指点点，这些礼仪在当今社会生活中，仍可沿用。

二十四 色斯举矣，翔而后集。曰："山梁雌雉，时哉！时哉！"子路共之，三嗅而作。

释义：

孔子与子路在野外行走，孔子脸色一变，野鸟受惊高飞，然后落下停在一处。孔子说："山林中的野鸟，应时而动啊！应时而动啊！"子路听闻后，向野鸟三拱手，野鸟又三起三落。

解意：

此节是整篇内容的总结，是点睛之处、纲领所在。本篇描绘了孔子为官、生活的生动细节，虽多有琐碎之处，但是细细体察，又可以在孔子的心之已发中发现其未发之心。心之未发，犹如山梁雌雉，集而未翔；心之已发，犹如色举而后翔。色举，就是由未发而至已发的时机，未发之心应时而发、遇事而动，故能感而遂通、动静一如。正如《易传》曰："无思也，无为也，寂然不动，感而遂通天下之故。"

儒家道德根植于仁心、德性，但是道德的落脚点不在心性，而是现实的德行。由内在的德性达至现实的德行，就需要具备丰富而活泼的实践智慧。实践智慧是仁德在当下现实中的具体运用，义理无定，所以要因时而异。孔子应时而动，动静急缓，处处合宜，行住坐卧，皆不违道，正是对时机的当下把握，是实践智慧的生动运用。正如孟子曰："可以仕则仕，可以止则止，可以久则久，可以速则速，圣之时者也。"[①]"时"的本意是时机、契机，在儒家思想中，"时"是指不动的仁心根据当下的情况而相应地做出适宜的德行的实践智慧。所以，"时"展现了仁心所潜藏的运动性和变通性，虽如如不动，又应变无穷，虽理想坚定，又随缘而至。

以"时"来回味此篇，道在其中，处处妙不可言。

---

① 《孟子·万章下》。

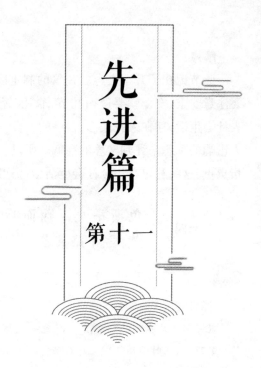

先进篇
第十一

一

子曰："先进于礼乐，野人也；后进于礼乐，君子也。如用之，则吾从先进。"

释义：

孔子说："通过主动地学习礼乐，来成就自己德行的人，世俗称之为野人；凭借家族背景和世袭爵禄来取得名誉，而不主动地接受礼乐教化的人，世俗称之为君子。两者相比，那些所谓的野人可比这些君子有用多了。"

解意：

君子一词在春秋时期用法很多，许多权贵之人，多称君子，或是大人，这些人出身高贵，靠家族背景，世袭爵禄。但是，地位高、有权势的人，道德修养未必很好，对社会、人民也未必有积极的作用。所以，这些世俗所谓的君子，在孔子的眼中，未必是君子。孔子心目中的君子，与政治权势、经济实力、家族背景、社会地位没有关系，只要他愿意主动地学习礼乐、修养道德，心怀天下，并为之不懈努力，虽然世俗称之为小人，却是真正的君子。

因此，成为一名真君子，还是真野人，完全由自己决定，而非命定。它存在于当下，并逐步向着未来展现。

二　　子曰："从我于陈、蔡者，皆不及门也。德行：颜渊，闵子骞，冉伯牛，仲弓。言语：宰我，子贡。政事：冉有，季路。文学：子游，子夏。"

释义：

孔子说："在陈国和蔡国的时候，弟子们尚未达到中庸之道，其中侧重于德行的有颜回、闵子骞、冉伯牛和仲弓，侧重于言语的有宰我和子贡，侧重于政事的有冉有、季路，侧重于文学的有子游和子夏。"

解意：

在个人修养上，孔子以中庸为至德。中庸就是不二中道、不落两边的意思。落于两边，就会非此即彼，执一而有所偏废，故不能成就德性之全。

当时，颜回、闵子骞、冉伯牛和仲弓德性稳固，尚且不能灵活地运用于外，事功不足，未达中庸；宰我和子贡，擅长游说论辩，却好高骛远、言行不一，未达中庸；冉有和子路，有出众的行政与军事才能，但是两人的德性修养仍然不足，未达中庸；子游和子夏精通礼乐诗文，重视人文修养，但又往往不能兼顾质朴与本真，未能文质彬彬，因此也没有达到中庸的理想。

孔子弟子受业身通，各有所长，但是夫子常常"攻乎异端"，使其自我反省、自我完善。

三　　子曰："回也非助我者也，于吾言无所不说。"

释义：

孔子说："颜回没有想助长、发挥我的思想，而是言下即悟、心地喜悦。"

解意：

孟子曰："心勿忘，勿助长也。"①勿忘，才能克己复礼；勿助，故自然而然。德性正是在绵绵若存之中得以培养，此乃养气、知性之要诀。颜回偏重德性，听夫子之言，言下即悟，无所不悦，犹如释迦拈花，迦叶微笑，以心印心。不过，颜回着重于内在德性的体认与德行的培养，既不同于子夏在文章上印证和升华孔子的思想，也不同于子贡对孔子思想地位的维护与弘扬，所以在事功方面存有遗憾。

---

① 《孟子·公孙丑上》。

四　　子曰："孝哉闵子骞！人不间于其父母昆弟之言。"

释义：

孔子说："孝啊！闵子骞，父母兄弟对他的称赞，别人毫无异议。"

解意：

《艺文类聚》曰："闵子骞兄弟二人，母死，其父更娶，复有二子。子骞为其父御车，失辔，父持其手，衣甚单。父则归呼其后母儿，持其手，衣甚厚温，即谓其妇曰：'吾所以娶汝，乃为吾子，今汝欺我，去无留。'子骞前曰：'母在一子单，母去四子寒。'其父默然。故曰：'孝哉闵子骞！'一言其母还，再言三子温。"①从闵子骞的故事中可以看出，闵子骞虽然没有听从父亲的命令，却以无我的境界成就了大我，实现了全家的和谐，真正诠释了孝的真义。孝，不仅是外在的孝礼，也不仅指内在的孝心，还应以家庭道德生活的和谐为归旨。

君子行德，非为要誉于人，尽其道，则同于人心，故能无间。

五　　南容三复白圭，孔子以其兄之子妻之。

释义：

南容在一天中多次诵读《诗经》中关于白圭的诗句，孔子后来将自己兄弟的女儿嫁给了他。

解意：

《诗经》曰："白圭之玷，尚可磨也；斯言之玷，不可为也。"②白圭指用白玉制成的礼器。这首诗的意思是，如果白圭沾染了污尘，尚可拭去，如果言语有所不当，便难以收回了。南容一日之中，反复诵读，表明他为人处世，谨小慎微，所以能做到"邦有道，不废；邦无道，免于刑戮"。

南容言行谨慎小心，虽然缺乏仁道路上的勇为精神，但能做到"不使不仁者加乎其身"，有所不为，不违仁德。况且，谨言慎行，为入道之基，因而受到孔子的赏识。

---

① 欧阳询:《宋本艺文类聚》,上海古籍出版社 2013 年版,第 571 页。
② 《诗经·大雅·抑》。

六　季康子问：“弟子孰为好学？”
　　孔子对日：“有颜回者好学，不幸短命死矣，今也则亡。”

释义：

季康子问孔子：“你的弟子中，谁最好学？”

孔子回答说：“颜回最好学，不幸短命而死，现在已经没有像他这般好学的人了。”

解意：

儒家最为重学，不管是人格养成，还是知性求道，都要以学习为入手之处，下学而上达。

颜回勤学而理明，但短命而死，孔子惜之。孔子所惜，并非颜回之死，儒家不追求长生久视，承认人皆有一死，孔子亦有“朝闻道，夕死可矣”之叹。孔子真正惋惜的是，颜回大本已立，却“中道而废”，因为时日不足，未能达到内外贯通、游刃有余的圆满境界。

七　颜渊死，颜路请子之车以为之椁。
　　子日：“才不才，亦各言其子也。鲤也死，有棺而无椁。
　　吾不徒行以为之椁。以吾从大夫之后，不可徒行也。”

释义：

颜回死了，颜回的父亲颜路请求孔子卖掉自己的车来给颜回买个椁。

孔子说：“虽然人有才能高下的区别，但是对待子女的感情都是一样的。孔鲤①死的时候，只有棺，没有椁，我也不能单单为了颜回而卖掉车子啊。而且，我曾为大夫，出行是不允许步行的。”

解意：

“一箪食，一瓢饮，在陋巷，人不堪其忧，回也不改其乐”，颜回生前如此境界，死后又怎么在乎丧礼的物质层次呢？虽然丧礼需要借助于一定的物质条件来表现，但是礼的内容在于表达心意，“丧，与其易也，宁戚”，所以，外在的物质条件可多可寡，量力而行。颜路家穷，有棺可用，不必逾其财力，再向孔子借椁。孔子为大夫之列，亦不会卖掉大夫所用马车，而为颜回买椁，况且孔鲤死时，也只是有棺无椁。

对待颜路的请求，孔子不赞同，相信颜回也不会赞同。颜回视孔子为父，孔子亦

---

①　孔鲤：孔子的儿子，字伯鱼。

视颜回为子。康有为说："孔颜所以相得者,在神明不在体魄。"①颜路的确不如孔子更理解颜回的境界。

八　　颜渊死。子曰:"噫! 天丧予! 天丧予!"

释义:

颜回死了。孔子痛哭道:"哎呀! 天命不在了吗! 仁道不传了吗!"

解意:

儒家认为,天道与人道相互参合:一方面,人道推动着天道,天道的运动正是通过人道的作为才充分地表现出来;另一方面,人道的有为只有顺应天道的要求,才能拥有天道赋予的合理性,并成为推动天道运动的积极力量。每一位真正的儒者,都以知天命、尽天责为自己的终极担当。天命的根据在仁心,顺乎仁心,则有德行,德行广大,于是普施教化,天下归仁,止于至善,此谓儒者天责。

天命正是仁者的使命,仁道的弘扬亦是天理所在,天人合一。张栻说:"谓天之丧己,以颜回之死而卜天意,惧斯道之不传也。"②因此,颜回死,既是人道的损失,亦是天道的损失。

九　　颜渊死,子哭之恸。 从者曰:"子恸矣!"曰:"有恸乎? 非夫人之为恸而谁为?"

释义:

颜回死了,孔子哭得极其悲伤。跟随的人说:"夫子过哀了!"孔子说:"我有过哀吗? 对于颜回的离去,我哭得还不够啊!"

解意:

丧礼,依于人的真情实感,情感因人、因时、因地而不同,大小无定。面对颜回的死,孔子悲痛不已,别人认为过哀,孔子却还嫌哀伤不够。

仁者无忧,唯其不得仁而忧;夫子不恸,为颜回闻道而不达道而恸。孔子曰:"朝闻道,夕死可矣。"夫子不因颜回早夭而伤心,因为人生旅程终有结束的时候,然而,颜回大本已立,"其余则日月至焉而已矣",可惜日月未至,颜回已然逝去,惜哉!

① 康有为:《论语注》,中华书局 1984 年版,第 162 页。
② 张栻:《张栻集》,邓洪波校点,岳麓书社 2010 年版,第 90 页。

颜回是孔门后起之秀,肩负着传承儒家文明、弘扬仁道的历史重任,正当孔子渐渐老去之时,颜回宛然离世,所以,孔子哭颜回,亦在哭仁道。

十　颜渊死,门人欲厚葬之。 子曰:"不可。"
门人厚葬之。 子曰:"回也,视予犹父也,予不得视犹子也。 非我也,夫二三子也。"

释义:

颜回死了,师兄弟们准备厚葬他。孔子说:"不可以。"

师兄弟们还是厚葬了颜回。孔子说:"颜回把我当作他的父亲,而我未能像对待自己儿子一样对待他。厚葬不是我的主张,是你同窗们的心意。"

解意:

颜回视孔子为父亲,孔子亦视颜回为儿子,两人仁心双照,心领神会,礼薄而情深。颜回乃求道之人,早死,众人虽然有惜,但颜回定然无憾。颜回超越物质的享乐,一心求道,其死,又岂能违道而葬之、祭之? 颜路及同窗欲厚葬之,实则薄之,是以俗观之、以俗葬之,而未以道观之、以道葬之,故而不得颜回之心,亦不得道心。从中也可以看出,孔门上乘对待礼仪的态度,是重情义,而轻形式,处其实,不居其华,得鱼而忘筌。

十一　季路问事鬼神。 子曰:"未能事人,焉能事鬼?"
曰:"敢问死。"曰:"未知生,焉知死?"

释义:

子路请教孔子侍奉鬼神的方法。孔子说:"不能服务好人,怎么能侍奉好鬼呢?"

子路又弱弱地问孔子:"人死之后还有什么呢?"孔子说:"不知道生的事,怎么能知道死的事呢?"

解意:

鬼神是否存在,灵魂是否不死,这些虽然不是世间的问题,但是一直困扰着世间的人们。这些问题的提出与回答与现世的生活息息相关。在中国的主流文化中,不管是入世的儒家,还是出世的道家和佛教,都是直指当下的现实人生,认为所有出世间的问题终究要通过世间来解答。佛说:"若知过去因,现在受者是;若知未来因,现在作者是。"道家亦有"我命由我不由天"之说。不过,道家与佛教往往以出世法则来指导现实人生,以世间为手段,以出世为归宿。而儒家主张以现世人生的积极有为来展现生命的价值,通过个体生命的奉献与牺牲来实现整体生命的永恒与发展。所以,在鬼神与人事、来世与现世的问题上,孔子做出明确的划界:"知之为知之,不知为不知","子不语:怪,力,乱,神""务民之义,敬鬼神而远之,可谓知矣",因此不学天道,不言鬼神之事,只学人道,只做人间事务。

到了战国末期,儒家思想家荀子提出"明于天人之分"的命题,进一步明确和巩固了孔子的这一思想。正如荀子说:"故明于天人之分,则可谓至人矣。不为而成,不求而得,夫是之谓天职。如是者虽深,其人不加虑焉;虽大,不加能焉;虽精,不加察焉。夫是之谓不与天争职。天有其时,地有其财,人有其治,夫是之谓能参。舍其所以参而愿其所参,则惑矣!"①所以,事人,便是事鬼;知生,方可知死。

不过,孔子关注现实的人生,并不意味着缺少超越性的理想与终极的生命关怀。孔子"五十而知天命","朝闻道,夕死可矣",以及"不知命,无以为君子"等,都表明其思想是包含天道的,境界是通达天道的。只不过,孔子对天命、大道的领会,是通过对家庭与社会责任的担当和履行以及人生的无私奉献来实现的。孔子所领会的天命与大道并非来世的幸福与个体生命的永恒,而是现世人生的价值与意义,并通过天命与大道来坚定人生的信念,确认人生的定位。

十二 闵子侍侧,訚訚如也。 子路,行行如也。 冉有、子贡,侃侃如也。 子乐。"若由也,不得其死然。"

释义:

弟子们陪伴在孔子身边,闵子骞中正庄严,子路刚硬不屈,冉有和子贡随和通达。孔子看着他们很高兴,但又说:"子路啊,你这样恐怕会不保天年。"

解意:

闵子骞中正,子路刚硬,冉有、子贡和悦,孔子见其弟子虽然未达中庸之道,却都顺着自己的本性,达之于善,直道而行,各得其性,因此很满意,也很快乐。

能顺着自己本性发展,并达之于善的,都是践行天命的人。然而,顺乎本性、践行天命,未必能长保寿命。在春秋乱世,子路刚正不阿、勇猛侠义、疾恶如仇,不知适时退守,最终战死于卫国。临死前,他的头盔在战斗中被击落。子路平静地拾起头盔,端正地戴在头上,说道:"君子就是死,也要衣冠整齐。"子路虽不得寿终,却得性、

① 《荀子·天论》。

命之正,死得其所,此正是子路之性与命啊!身在乱世,如果畏首畏尾、苟且偷安、明哲保身,得以寿终,则非子路。

孔子知命。知其不得其死,仍然勇往直前,此正是仁者精神。

十三 鲁人为长府。闵子骞曰:"仍旧贯,如之何?何必改作?"子曰:"夫人不言,言必有中。"

释义:

鲁国当权者要修建一座新的国库,以取代长府。闵子骞说:"保持原貌,不也可以吗?重新修建,真的有用吗?"孔子说:"闵子骞轻易不说话,一说话就切中要害。"

解意:

鲁国季氏当权,鲁君虽有君名,实无君权。鲁昭公曾以长府为据点,攻击季氏,最终失败,昭公被季氏放逐,客死他乡。所以,长府在鲁人的心目中,是难以解开的结,意味深长。但是问题的实质并不是长府,难道改造长府,就能解决当时君不君、臣不臣的社会问题吗?企图改造长府,来平息萧墙之乱,只是自欺欺人罢了,不如从根本之处入手,推行仁政,才能根本改变人心与社会的混乱。闵子骞执本以论末,故言必有中。

十四 子曰:"由之瑟,奚为于丘之门?"门人不敬子路。
子曰:"由也升堂矣,未入于室也。"

释义:

孔子说:"子路弹琴,声音为何总能传到我的门前呢?"弟子们听到孔子的话,于是不尊敬子路。

孔子又说:"子路已经找到了门路,只是还未进入。"

解意:

子路弹琴,进取不退,直显刚勇性情,却不能应时行道,尚未达到进退自如的中庸之道,虽然升堂,而未入室。然而,同门见子路道不纯熟,非但不能见其不善,退而自省,反而自矜,与人不敬,故而既未入室,也未升堂。与子路相比,颜回愿无伐善、无施劳,只可惜英年早逝,未见好学者也。

十五　子贡问:"师与商也孰贤?"子曰:"师也过,商也不及。"曰:"然则师愈与?"子曰:"过犹不及。"

释义:

子贡问老师:"子张与子夏哪个更贤能?"孔子说:"子张过头了,子夏赶不上。"

子贡又问:"那么是子张更贤能了?"孔子回答道:"过头了如同赶不上。"

解意:

子张才高意广,但好高骛远;子夏笃信谨守,但格局未广。两人虽然素位得性,但皆未能通于内外、人我、天人之间,故不达于中庸之道。子贡更似子张,故以己观之,更加赞同子张,亦是未及中道。

在仁道的路上,开拓与收敛应相得益彰、应时而动,既不能执于"过",也不能执于"不及",该"过"时"过",该"不及"时"不及",便是中道。因此,中道,实无中道,执着于中道,亦非中道。

十六　季氏富于周公,而求也为之聚敛而附益之。 子曰:"非吾徒也! 小子鸣鼓而攻之可也。"

释义:

季氏比周公还要富裕,然而冉求作为季氏家臣,还在为之聚敛财富。孔子说:"我不认冉求为我的学生。弟子们应该郑重地批评与反省。"

解意:

何谓孔门之徒? 以仁为己任,修养仁德,践行仁道,在修身的基础上,齐家、治国、平天下。因此,孔门以德为根本,在德的统摄之下,物质财富、名誉地位、技术工具,才能够合理地运用,并发挥积极、正面的价值。

季氏身为诸侯之卿,却攘夺其君,刻剥其民,财富超过君王,富可敌国。冉求擅长理财之术,为季氏家臣,即使不能阻止季氏的恶行,也应舍弃官职,独善其身。然而,冉求不论是非曲直,助纣为虐,帮助季氏聚敛财富,其术已经脱离德之驾驭,背离孔门根本。

子曰:"攻其恶,无攻人之恶。"冉求既非夫子之徒,攻之又何益? 攻之者,实非冉求,而是每个孔门之徒的内心。孔门非有门,儒士也非有名,以仁心为门,以德行为名。

十七 柴也愚，参也鲁，师也辟，由也喭。

释义：

子羔①愚直，曾参迟钝，子张好高，子路鲁莽。

解意：

子羔忠厚诚实，不知变通；曾参谨慎笃行，不够博大；子张志向远大，浮华不实；子路率直勇猛，不能退守。四人依其先天特质，虽然各有遗憾，但在孔子的教育之下，皆率性发展，自得其性。

个体人性本来就没有完美，顺着自己的个性，调之以后天修养，找到适合自己的人生之路，充分发挥自己的优势，便是中庸之道。所以，中庸作为至德，并非普遍性的规则，更加不是泯灭个性的桎梏，而是能基于个体之不同，达至整体之和谐，在差异中相互弥补，在合作中实现中和，此谓"和而不同"。

十八 子曰："回也其庶乎，屡空。赐不受命，而货殖焉，亿则屡中。"

释义：

孔子说："颜回接近仁道，但很贫穷。子贡不知命，财货增殖，预测物价总能算中。"

解意：

孔子言命，非贫富、贵贱、寿夭之命，而是人生终极的使命与责任，因此，知命者，修道、行道。颜回接近大道，将自己人生的全部精力投入在了仁德的修养上，无暇顾及其他事情，虽然得仁，但很贫穷。子贡未能在内心中体认仁道，却精通经商之道，拥有财富，并取之有道、用之有节、资助他人，亦在行道。

颜回与子贡虽有不同，但皆各得其性、自足圆满。颜回乐道，故能安贫；子贡术高，也在尽其所能。两人皆自适其适，无有遗憾。

十九 子张问善人之道。子曰："不践迹，亦不入于室。论笃是与，君子者乎？色庄者乎？"

---

① 子羔：姓高，名柴，字子羔，孔子的学生。

释义：

子张问老师如何才能成为一个善人。孔子回答道："不踏踏实实地践行古代圣贤的轨迹，就难以明理见道。如果只在口头上谈论笃实，那么他是一个真君子呢，还是一个只是外表庄重的伪君子呢？"

解意：

子张志向远大，却好高骛远、华而不实，所以孔子提醒子张，只有脚踏实地践行古代圣贤的行善轨迹，慎思笃行，才能循序渐进，逐步入道。

中国传统文化，不管是道德修养，还是方术技艺，抑或是生命觉悟，都要以践行为基础，要求知行合一，如果只会在口头上清谈道理、在书斋里做思辨功夫，不仅难以体证大道、融会贯通，而且还可能适得其反，失去率直真诚，变成表里不一的伪君子。

二十　子路问："闻斯行诸？"子曰："有父兄在，如之何其闻斯行之？"

冉有问："闻斯行诸？"子曰："闻斯行之。"

公西华曰："由也问'闻斯行诸'，子曰：'有父兄在。'求也问'闻斯行诸'，子曰：'闻斯行之。'赤也惑，敢问。"子曰："求也退，故进之；由也兼人，故退之。"

释义：

子路问老师："听到应当做的事，马上去做，可以吗？"孔子说："父兄还健在，怎么能听到就去做呢？"

冉求也问老师："听到应当做的事，马上去做，可以吗？"孔子说："听到就应该马上去做。"

公西华问老师："子路问听到应当做的事，是否应该马上去做，老师对他说：'父兄健在，所以不能听到就去做。'冉求也问同样的问题，老师却说：'听到就应该马上做。'我很困惑，敢问老师原因。"孔子说："冉求面对正义的事情，犹豫不决，畏缩不前，所以我鼓励他进取；子路面对正义，勇往直前，但又往往鲁莽冲动，所以我要他在行动之前多加思考。"

解意：

孔子的教育思想，实无定则，所用教法，皆是根据学人根器不同而定。正如康有为所说："教者如大医，务在因人相时，审病发药而已，若有一定之义，则为守单方之庸医，必致误杀人矣。论语万德并陈，义多相反，所谓道并行而不悖，权实并施，或有为言之。读者以此推之，以意逆志，得圣人之意志可也。"①孔子因材施教，虽有教法，亦无教法可言。

---

① 康有为：《论语注》，中华书局 1984 年版，第 169 页。

教育,既不能泯灭天性,用后天的标准强加塑造,也不能因循天性,而否定后天教育的意义。教育应该尊重人的自然本性,以及个体生命的独特性,并在此基础上加以引导,使其找到各自的社会位置与自己的人生之路,并以此践行仁道。子路勇猛,可以成为将军;冉求谨慎,适合从事管理。两人虽有不同,但都是社会之所需,无有不善。然而,天性亦需要加以引导,如果顺其发展,可能会导致过激而不合时宜。所以,孔子或推动使之前进,或约束使之退守,不违情性,亦合乎义理,情理合一。

二十一 　子畏于匡,颜渊后。 子曰:"吾以女为死矣。"曰:"子在,回何敢死?"

释义:

孔子与弟子周游列国,路过匡地,误遭暴民袭击,颜回失散。之后,孔子见到颜回,说:"我以为你死了。"颜回说:"夫子还活着,我怎敢先死?"

解意:

颜回与孔子同路求道,以心印心,虽"朝闻道,夕死可矣",但是行仁之路,任重道远,故而不敢轻生。仁者知命,能坦然面对死亡,但仁者死,也要竭尽仁力,死得其所。

二十二 　季子然问:"仲由、冉求可谓大臣与?"子曰:"吾以子为异之问,曾由与求之问! 所谓大臣者,以道事君,不可则止。 今由与求也,可谓具臣矣。"

日:"然则从之者与?"子曰:"弑父与君,亦不从也。"

释义:

季子然①问孔子:"子路和冉求可称得上是大臣吗?"孔子说:"我以为你问的大臣是谁呢,原来是子路和求!所谓大臣,以道义来事奉国君,如果道义行不通,便会离开。子路和冉求,只能称得上是担任具体职事的臣。"

季子然又问:"那么他们会服从上级吗?"孔子回答道:"如果让他们去干谋反害人的事,他们是不会顺从的。"

解意:

孔子说:"君子有三畏:畏天命,畏大人,畏圣人之言。""大人"之大,乃道义之大,

---

① 季子然:季氏子弟。

精神之大,境界之大。大人心怀天下,直道而行,具有精神的独立性和超越性,虽然从政为官,其目的止于行道,不从君之欲,故能"从道不从君",不可则止。正如荀子所说:"君有过谋过事,将危国家、殒社稷之惧也。大臣父兄有能进言于君,用则可,不用则去,谓之谏;有能进言于君,用则可,不用则死,谓之争;有能比知同力,率群臣百吏而相与强君挢君,君虽不安,不能不听,遂以解国之大患,除国之大害,成于尊君安国,谓之辅;有能抗君之命,窃君之重,反君之事,以安国之危,除君之辱,功伐足以成国之大利,谓之拂。故谏、争、辅、拂之人,社稷之臣也,国君之宝也,明君所尊厚也,而暗主惑君以为己贼也。……传曰:'从道不从君。'此之谓也。"①士君子拯救乱世,下可教化百姓,上可端正政治,其力量正源自于此。

与"大人""大臣"相比,子路和冉求只是能够胜任一定职事的臣子,尚不能主动地以道义来匡正上级,故为器,非道也。然而,二人虽不能以道事君,但也绝对不会违道而行事,虽不能好仁,但也能做到不使不仁者加乎其身。

二十三 子路使子羔为费宰。 子曰:"贼夫人之子。"子路曰:"有民人焉,有社稷焉,何必读书,然后为学?"子曰:"是故恶夫佞者。"

释义:

子路推荐子羔当费邑的长官。孔子说:"你这是在害人啊。"子路说:"那里有人民需要服务,有社稷需要管理,处处可学,何必非得读书才是学呢?"孔子说:"我最厌恶这种一知半解还强词夺理的人了。"

解意:

孔子曾说:"行有余力,则以学文。"子夏也说:"贤贤易色。事父母,能竭其力。事君,能致其身。与朋友交,言而有信。虽曰未学,吾必谓之学矣。"可见,人生时时处处皆有学问。如今,子路推荐子羔去管理费邑,治国理政,服务人民,何尝不是学习呢?子路之言看似有理,却以行事为由,否定读书,将知与行对立起来,违背儒门宗旨,因而受到孔子的批评。

孔子主张知行合一,两者不能偏废,重行轻知,犹如重知轻行,过犹不及。没有践行的功夫,不得真知;而没有知的指导,行为则会害己害人。子路重行轻知,于"道"一知半解,未能条贯,而且还执夫子方便施教之法为定则,为其强辩,是以为佞。

---

① 《荀子·臣道》。

为学之路,厚积薄发,不可另寻捷径,如有聪明之用,则不复敦厚笃行,以至于任意妄为。子曰:"民可使由之,不可使知之。"孔子深明"知"之祸害,见子路强词夺理、颠倒是非,故深责之。

子路、曾晳、冉有、公西华侍坐。

子曰:"以吾一日长乎尔,毋吾以也。 居则曰:'不吾知也。'如或知尔,则何以哉?"子路率尔而对曰:"千乘之国,摄乎大国之间,加之以师旅,因之以饥馑。 由也为之,比及三年,可使有勇,且知方也。"夫子哂之。

"求尔何如?"对曰:"方六七十,如五六十,求也为之,比及三年,可使足民。 如其礼乐,以俟君子。"

"赤尔何如?"对曰:"非曰能之,愿学焉。 宗庙之事,如会同,端章甫,愿为小相焉。"

"点尔何如?"鼓瑟希,铿尔,舍瑟而作,对曰:"异乎三子者之撰。"

二十四　子曰:"何伤乎! 亦各言其志也。"曰:"莫春者,春服既成,冠者五六人,童子六七人,浴乎沂,风乎舞雩,咏而归。"

夫子喟然叹曰:"吾与点也。"

三子者出,曾晳后。 曾晳曰:"夫三子者之言何如?"子曰:"亦各言其志也已矣。"

曰:"夫子何哂由也?"子曰:"为国以礼,其言不让,是故哂之。"

曰:"唯求则非邦也与?"子曰:"安见方六七十,如五六十,而非邦也者?"

曰:"唯赤则非邦也与?"子曰:"宗庙会同,非诸侯而何? 赤也为之小,孰能为之大?"

释义：

子路、曾点①、冉有和公西华陪伴在老师左右。

孔子说："平时你们常说得不到别人的理解和重用，如果有人理解并重用你们，你们能做什么呢？在这里，虽然我比你们要年长一些，但你们尽管畅所欲言，不要在意。"子路抢先回答道："如果有一个拥有一千辆兵车的中等国家，夹在各大国中间，外部有军事侵犯，国内又连年饥荒，让我去管理，不出三年，可使人民勇敢，知守礼节。"孔子听后，微微一笑。

孔子又问："冉求你呢？"冉求回答道："如果有一个方圆六七十或五六十里的小国让我去管理，三年可让人民丰衣足食，至于礼乐教化，那就得等君子来推行了。"

孔子又问："公西华你呢？"公西华回答道："我不敢说现在能做什么，我只想多学习些礼仪，将来能在宗庙祭祀和诸侯会盟的仪式上，戴着礼帽，穿着礼服，当一名小小的司仪。"

孔子又问："曾点你呢？"曾点正在弹琴，琴声舒缓悠远，听到孔子叫他，铿的一声推琴而起，回答道："我没有他们这么高的志向啊。"

孔子说："这有什么关系，只是说说各自的志向而已。"曾点说："我的志向是，在晚春和煦时节，穿着轻便的衣服，约上五六个成年人、六七个少年，在沂水河旁洒濯洁净，到舞雩台上吟风披凉，然后一路咏歌，尽兴而归。"

孔子感叹道："我与曾点一样。"

大家谈完志向，纷纷离开，曾点走在后面，问孔子："他们三人的志向，老师怎么看呢？"孔子说："人各有志啊。"

曾点问："那么老师听了子路的话，为何要微微一笑呢？"孔子说："子路的志向是治政安民，治国当用礼，而礼又需要谦让，刚才子路言语却不谦让，所以笑了他。"

曾点又问："冉求的志向不也是治国吗？"孔子答道："方圆六七十里，或是五六十里，与治理一个国家又有什么区别呢？既然是治理国家，怎么能缺少君子的礼乐教化呢？"

曾点又问："公西华的志向不也是治国吗？"孔子说："主持祭祀与外交礼仪，当然是国家事务，但是公西华的志向太小，如果学习礼乐，只是想当名司仪，那么大事又由谁来担当呢？"

解意：

"莫春者，春服既成，冠者五六人，童子六七人，浴乎沂，风乎舞雩，咏而归。"一幅生动祥和的田园画卷，令人向往。这样的理想如此的闲适安详，何其的美与大，又怎么能只停留在"志"的愿景之中呢？孔子听到曾点的志向，不免感叹！自己已经年迈，只能将这份理想寄托在年轻的弟子身上，希望弟子们能够勇挑重担、当仁不让，这便是孔子的理想。正如李零解释道：曾点与孔子的理想是"建筑在前三位的理想之上：和平是靠子路之志，富裕是靠冉有之志，文明是靠公西华之志"②。子路之志在强兵，冉有之志在富国，公西华之志在礼节，只有将三子之志结合起来，才能最终实

---

① 曾皙：名点，曾参的父亲，也是孔子的学生。

② 李零：《丧家狗：我读〈论语〉》，山西人民出版社 2007 年版，第 220—221 页。

现曾点心中的自由生活。所以,没有少者的努力,老者何以安之?

子路希望有大的作为,只有立宏大的志向,才有可能造就广大的局势,然而子路不知礼让,没有礼让,何以治国,更何况平天下呢?正如孔子说:"能以礼让为国,于从政乎何有?"与此相对,冉求与公西赤虽然有所谦让,却勇气不足、志向过小,怎能担当"天下归仁"的大任?因此,对于子路,孔子虽然存有批评之意,但在内心中还是非常感动的。子路是唯一一个能与夫子一同乘桴浮于海之人,子路之鲁莽,正是孔子广大胸怀的体现。

《中庸》曰:"致广大而尽精微,极高明而道中庸。"孔子乐天知命,又抱行道救世之志,忧民济世,体用不二,虽然向往曾点所描绘的美好生活,但不似曾点忘世自乐。

颜渊篇
第十二

一

颜渊问仁。 子曰:"克己复礼为仁。 一日克己复礼,天下归仁焉。 为仁由己,而由人乎哉?"

颜渊曰:"请问其目。"子曰:"非礼勿视,非礼勿听,非礼勿言,非礼勿动。"

颜渊曰:"回虽不敏,请事斯语矣。"

释义:

颜回请教老师什么是仁。孔子说:"超越自我与他人,乃至与万物的对立,复归于人类社会乃至天地宇宙的本有秩序,这就是仁。只有自己率先做到这一点,天下才有可能复归于仁道。所以,仁道的实现,只能靠自己的力量,怎么能指望他人呢?"

颜回闻道后,又问行道方法。孔子回答道:"礼是天地之间的和谐秩序,凡是不符合这个和谐秩序的,就不要去看、去听、去说、去做。"

颜回说:"我虽然不够聪慧,但会先照这样做下去。"

解意:

孔子因材施教,中人以上,可以言上。颜回悟性甚高,且德性深厚,虽然自认为

"不敏",但"自知者明",且颜回"请事斯语"。老子曰:"上士闻道,勤而行之。"①颜回在行中去验证所知,这正是其高明之处。所以在《论语》中,孔子与颜回的谈话尤为重要,更何况这次直问仁道。

仁从本体上来说,是天道的生生之德,如惠栋所说:"仁乃乾之初生之道。"②以天道言之,一切生命都是天的孕育,天地为万物之母,万物皆是天地的子女。所以,以天道观之,万物之间本来平等,并在分别和差异之中,自然形成和谐的秩序。从人道来说,仁者知天立命,故能仁民、爱物,民胞物与。人与人之间,与万物一样,自有分别,当这种分别符合适当的规则,人类社会便可以构成和谐的生态秩序,这便是礼。因此,仁者首先在于超越自我,只有超越人我、物我的对立,从"以我观之"上达至"以道观之",才能知天命,并主动地遵循和维系天道。然而,自我又是超越的力量源泉,所以为仁又需由己,"克己复礼",是自己主动自觉的行为,并不是用外在的规则来约束自己,来来回回,都是这个"己"。

为仁既要超越自己,又要能突出自己这个道德主体的地位,心无旁骛,关注自身的修养,不受乱世与他人的言行影响。如果人人都能如此,天下自然归仁。虽然个体的努力并不一定真能带动社会整体的进步,但是如果放弃了个体的努力,就更谈不上"天下归仁"理想的实现。这便是仁者的精神与信仰,亦是人道的终极使命。因此,仁者是入世与出世的统一,以"天下归仁"为目标,故要入世,"为仁由己",故要出世。

"仁"既要达之于"体",又要返之于"用",此谓体用不二的中庸之道。"用"即人们的日用常行,在日常的视、听、言、动上下功夫,恪守原则和规范,不为所欲为,如履薄冰,如临深渊,方可下学而上达,以礼成仁。

二

仲弓问仁。 子曰:"出门如见大宾, 使民如承大祭。 己所不欲, 勿施于人。 在邦无怨, 在家无怨。"

仲弓曰:"雍虽不敏, 请事斯语矣。"

释义:

仲弓问孔子什么是仁。孔子回答道:"出门时,你所见到的所有人都如同贵人,让百姓做事就好像参加重大祭典一样神圣。不从自我出发去理解他人,不将自己厌恶的东西强加给别人。工作时没有怨言,在家中也没有怨言。"

① 《道德经》。

② 刘宝楠:《论语正义》,高流水点校,中华书局 2012 年版,第 639 页。

仲弓说:"我虽然不够聪慧,一定会按照老师说的这样去做。"

解意:

此节仍然在讲克己复礼,不过,孔子对颜回与仲弓的回答又有所不同:对颜回,是从仁的本体上来讲;对仲弓,是就仁的发用上来说。仲弓"可使南面",有做官的本领,所以孔子在为官的方面来讲仁。仁心发动,无处不是仁的全体大用,无处不平等,无处不关爱,无处不敬畏。

孔子说:"求仁而得仁,又何怨?"不过,在未得仁时,求仁者常常有怨。这是因为,求仁者"非礼勿视,非礼勿听,非礼勿言,非礼勿动",在以高标准要求自己的同时,往往也会以高标准要求别人,这样就很容易为人严苛、疾恶如仇,导致他人有怨,自己也有怨。所以,孔子特别强调:"为仁由己,而由人乎哉?"为仁是自己的事情,不必要求和指望他人,也无须抱怨。

从仁体上来说,"克己"是无我,是仁的前提,"复礼"是保持和谐的秩序,是仁的保证,能"克己复礼",自然无怨。

> 三　　司马牛问仁。 子曰:"仁者,其言也讱。"
> 曰:"其言也讱,斯谓之仁已乎?"子曰:"为之难,言之得无讱乎?"

释义:

司马牛①问老师什么是仁。孔子回答道:"求仁的人,说话谨慎。"

司马牛又问:"说话谨慎,就是仁了吗?"孔子答道:"守仁、行仁都很难,说话能不谨慎吗?"

解意:

此节因司马牛而发。《史记·仲尼弟子列传》中说:"司马牛多言而躁。"故孔子以言语谨慎来促进他的修仁之路。

言语谨慎是仁的表现,而非实质。仁的实质在于心、行,心为德性,行为德行,德性的修养在于内在的"不违如愚",德行的践履难在"言之不逮",所以孔子主张,"仁之方"要从视、听、言、动做起,谨慎言语,勤敏行事。

行言一致,既是求仁的功夫,又是得仁的体现。正如张栻所说:"人之易其言者,以其未知用力也。用力愈深,则其言也愈不敢易矣,故仁者之言必讱,以其为之之难也。"②所以,孔子并非反对言语,"其言也讱",只是仁者的切身体会。

---

① 司马牛:宋国人,名耕,字子牛,孔子的弟子。

② 张栻:《张栻集》,邓洪波校点,岳麓书社 2010 年版,第 98 页。

四

　　司马牛问君子。　子曰："君子不忧不惧。"
　　曰："不忧不惧，斯谓之君子已乎？"子曰："内省不疚，夫何忧何惧？"

释义：

　　司马牛请教老师什么是君子。孔子答道："君子不忧愁，不畏惧。"

　　司马牛又问："能做到不忧愁和不畏惧就是君子了吗？"孔子说："君子反省自己，无所愧疚，心安理得，怎么会有忧愁和畏惧呢？"

解意：

　　忧愁什么，畏惧什么，是人生境界的体现。君子也有忧愁，子曰："德之不修，学之不讲，闻义不能徙，不善不能改，是吾忧也。"君子也有畏惧，子曰："必也临事而惧，好谋而成者也。"君子忧愁与畏惧的不是自己的处境，以及由此带来的个人利益的得失，而是自身的生命境界、人类的生存境遇，以及社会秩序的和谐。

　　忧与惧，是由心灵的不安定所带来的结果。心灵虽然可以在个体的心性修养中获得安顿，心安理得，问心无愧，但是孔子更加重视仁道在解决心灵忧惧中的根本作用。忧、惧虽然是一种内在的心理状态，但是心理乃至意识的问题，又是与他人和社会的现实密不可分，如果脱离了他人与社会这一更大的视域，转而专注于自身，则只能治标而忘本。所以，无忧无惧，既要安于仁心，不在自我欲求上患得患失，又要冲破个体生命的局限，积极入世，为社会道德风尚与典章制度的建构贡献自己的力量。

五

　　司马牛忧曰："人皆有兄弟，我独亡。"子夏曰："商闻之矣：死生有命，富贵在天。　君子敬而无失，与人恭而有礼。　四海之内，皆兄弟也。　君子何患乎无兄弟也？"

释义：

　　司马牛忧愁地说："人们都有兄弟，而我孤独一人。"子夏道："我听说过：生、死、富、贵，都不是自己能左右的，自己不能左右，又何必忧虑呢？君子待人诚敬而不放肆，谦恭而合乎礼节，将天下人都看作是自己的兄弟，君子何必忧愁没有兄弟呢？"

解意：

　　司马牛有兄弟四人，分别是巢、魋、子颀和子车，后来桓魋作乱，其他两个兄弟都参与了，唯独司马牛反对，并不认兄弟为兄弟了。后来司马牛也因此受到牵连，逃到鲁国，拜孔子为师，只身在外，举目无亲，内心深切地担心兄弟安危，故不免忧愁。

子夏曰:"四海之内,皆兄弟也。"类似于孔子"德不孤,必有邻",这是君子的胸怀,也是仁者的境界。从本体上来说,四海之内皆天地之子,天地万物皆兄弟,所以,识得仁体,又何患孤独? 正如康有为所说:"天下之人,本皆天生,同此天性,自同为兄弟也。此固子夏安慰司马牛之言,而实孔子乾父坤母,万物同体之义。"①从功夫上来说,能做到"敬而无失,与人恭而有礼",天下人才能成为兄弟;否则,滥杀生灵,乃至手足相残,连亲兄弟之间的感情也是不能长保的。

子夏既在安慰司马牛,望其宽心,又在引导司马牛大其心。大其心,就是突破个体的生、死、富、贵,将个人的生命放之于人类的整体幸福之中,只有止于仁德之至善、达于生命之本质、领会人生之意义,才能真正放下忧虑。

六 子张问明。 子曰:"浸润之谮, 肤受之诉, 不行焉, 可谓明也已矣。 浸润之谮, 肤受之诉, 不行焉, 可谓远也已矣。"

释义:

子张问老师怎么做才能心灵澄明。孔子答道:"无声无息的谮言,切肤之痛的诬告,在你那里都行不通,就是心灵澄明了。无声无息的谮言,切肤之痛的诬告,在你那里都行不通,就是修养得很好了。"

解意:

子曰:"性相近也,习相远也。"人性是人生的起点,由于后天的修养,才使生命愈行愈远。人虽然先天性善、仁心本有,但是人善良的本心往往被后天的不良习气所遮蔽,做出违背善良本愿的事情来。所以孔子很少谈论先天之性,而多言后天修养。

后天修养既要以仁德的培养为根基,又离不开智慧的开发。孟子曰:"是非之心,智之端也。"②又说:"是非之心,人皆有之。"③智慧虽然人心本有,人们据于先天良知,便可以分辨是非善恶,但是人心中本有的良知良能,又常常会受到自己知觉情绪与主观意识的影响,遭受蒙蔽,导致无明。况且,君子广行仁道,障碍重重,非志向坚定,且深通人情世理者,不能及之。所以,君子必须能够察事物未发之几,止事物已发之恶,具备仁智的统一,才能弘道远大。

---

① 康有为:《论语注》,中华书局 1984 年版,第 178 页。
② 《孟子·公孙丑上》。
③ 《孟子·告子上》。

七

子贡问政。 子曰:"足食，足兵，民信之矣。"

子贡曰:"必不得已而去，于斯三者何先?"曰:"去兵。"

子贡曰:"必不得已而去，于斯二者何先?"曰:"去食。自古皆有死，民无信不立。"

释义:

子贡请教老师什么东西对于政治来说最重要。孔子说:"国家粮食充足，军队齐备，人民对国家有信心。"

子贡问:"如果遇到不得已的情况，一定要在三者中去掉一项，应先去哪一项?"孔子答道:"去掉军队。"

子贡又问:"如果遇到不得已的情况，二者之中再去掉一个呢?"孔子答道:"去掉粮食。人生自古皆有死，人民丧失了信心，整个国家和民族都不复存在。"

解意:

孟子曰:"民为贵，社稷次之，君为轻。"①荀子也说:"君者，舟也；庶人者，水也。水则载舟，水则覆舟。"②政治重在人民，人民重在民心，使人民对国家充满信心。信心的确立虽然有待于充足的财货与安全的国防，两者可以增强人民对国家的信心，但是，两者又不足以使人民有信心。如果人民有信心，则财货必然充足、国防必然安全，因为财货的增加与军队的建设都要依靠人民的力量；反之，如果人民丧失信心，即使有充足的财货与安全的国防，也无法阻挡灭亡的命运。

孔子去兵不去食，重民本之谓；去食不去信，乃显民族大义。孔子主张"去兵""去食"，皆是在国家和民族遇到生死攸关的极端情况之下的极端做法，并不能由此认为孔子轻视军队建设与百姓性命。正如钱穆所说:"惟遇不得已，则教民轻食重信，一处常，一临变，读者须于此善体，不可徒认自古皆有死之单辞，遂谓为政者可以不顾民命，而高悬一目标以强民之必从。"③近代中国，列强入侵，中华民族到了最危难的时刻，正是依靠着无数仁人志士的英勇牺牲、舍生取义，依靠着广大人民对国家与民族的坚定信念，才最终实现了民族独立，乃至国家富强。文天祥说道:"人生自古谁无死，留取丹心照汗青。"泱泱中华，经久不衰，其内在的精神实质，正是孔子的爱民重生、杀身成仁的仁道精神!

① 《孟子·尽心下》。

② 《荀子·王制》。

③ 钱穆:《论语新解》，生活·读书·新知三联书店 2012 年版，第 281 页。

八

棘子成曰:"君子质而已矣,何以文为?"子贡曰:"惜乎! 夫子之说君子也,驷不及舌。 文犹质也,质犹文也。 虎豹之鞟犹犬羊之鞟。"

释义:

棘子成①说:"君子只要率真质朴就可以了,何必要这么多繁文缛节?"子贡说:"听到您这样说,真是遗憾啊! 一言既出,驷马难追。先天本性与后天文饰同样重要,如果没有后天文饰,只有先天本性,就好像虎豹之皮,去了花纹,与犬羊之皮便没什么两样。"

解意:

君子文质彬彬,岂能偏废? 从个体道德修养的角度来说,人生来具有善性,是"质",但是,善性的保持与发扬又需要后天的学习与践行,所以"质"不离"文"。从社会礼仪规范的角度来说,礼之本是人的真情实感,是"质",礼的制定要以"质"为基础,但是,人的情感的满足和表达又需要一定的形式,这就是"文"。所以,礼是"质"与"文"的统一,两者统一起来,才是情、理的交融,也才构成了人类文明的整体。

"质"与"文",两者不可偏废。有"文"而无"质",人性会变得虚伪,礼仪也会背离人性;如果有"质"而无"文",不仅人性之善不能得到巩固和扩展,而且礼仪以及一切人类文明也都不会得到创制。所以,重视"质"的作用,表现为对人的先天本性的尊重,以及文明的过度人为而导致的违背人性的反思和批评,如道家;重视"文"的作用,则体现了对后天修养的重视,以及对人道作为和人类文明建构的倡导,如儒家。

在道家看来,人类创制的一切文明皆不具有永恒的价值,它们随着历史的发展,生生死死,死死生生,所以,人生应该超然世外,本性也不应当受到人为创制的当下文明的束缚,只有保持着活泼的人性,人类才能不断地突破旧文明,创造新文明。正如老子所说:"孰能浊以静之徐清? 孰能安以动之徐生? 保此道者,不欲盈。夫唯不盈,故能蔽不新成。"②与道家不同,儒家虽然肯定了"质"的基础性地位,但更加重视"文"的现实作用。在儒家看来,如果人人都仅仅保持着先天的、质朴的、原始的本性,那么人与动物的区别又在哪里呢? 君子与小人的区别又在哪里呢? 人类的文明又由谁来缔造和传承呢? 况且,虽然每个时代的人们所创造的文化不可避免地具有历史的局限性,但是当下人们情感的满足与社会的安定又必须通过文化的方式得以保障和实现。所以,孔子既重视"质"的地位,将真诚、率直看作是重要的德性,又极

① 棘子成:卫国大夫。

② 《道德经》。

力发挥"文"的作用,在"文"的前提下,知识与道德的发明与运用才成为可能,人类社会的进步也才成为可能。

九

哀公问于有若曰:"年饥,用不足,如之何?"有若对曰:"盍彻乎?"

曰:"二,吾犹不足,如之何其彻也?"对曰:"百姓足,君孰与不足? 百姓不足,君孰与足?"

释义:

鲁哀公问有若:"如果遇到饥荒之年,国家食粮不足,该怎么办?"有若回答说:"何不只收十分之一的税呢?"

哀公说:"鲁国目前收取人民十分之二的税,我还嫌不足,怎么能收十分之一呢?"有若答道:"百姓充足了,国家还能不充足吗? 如果百姓不充足,国家又怎么能充足呢?"

解意:

中国古人重天、尊天,天的意蕴非常丰富,可以指至高的秩序与规律,也可以指人的道德本源与终极使命,还可以指人类整体的意志。当把天作为人类整体意志的时候,天又常常与民联系在一起,表达了中国古代的民本思想。如《尚书·泰誓》曰:"天视自我民视,天听自我民听。"天命即是民意,听天命就是遵民意。民本思想是儒家政治思想的根本。黄宗羲说:"天下之治乱,不在一姓之兴亡,而在万民之忧乐。"[1]人民是国家存在的基础,是政府职能的中心,国家要一切依靠人民,一切为了人民。统治者应执政为民,所以,当人民富有了,国家还能贫穷吗? 正如荀子所说:"下贫则上贫,下富则上富。"[2]在政治领域,儒家倡导仁政,正是为了落实民本的治国理念。

不过,在中国古代,民本思想常常停留于统治者的口号上和儒士的理想中,并未能真正践行。这是因为,民本的思想仅仅是一种理念,而不是制度。如果统治者不能接受儒家的君子道德,不能在实际的政治生活中践行仁政,民本的理想就不可能实现;如果统治者的言行不能得到有效的监督,不仅民生得不到实现,甚至还会出现欺压百姓、草菅人命的暴政。所以,民本的落实必须与道德的弘扬和制度的建构结合起来。

---

① 《明夷待访录·原臣》。
② 《荀子·富国》。

十

子张问崇德辨惑。 子曰:"主忠信,徙义,崇德也。 爱之欲其生,恶之欲其死。 既欲其生,又欲其死,是惑也。'诚不以富,亦祇以异。'"

释义:

子张请教老师如何提升仁德,辨识迷惑。孔子说:"忠于仁心,坚信仁道,见义勇为,就能提升仁德。喜欢一个人时,希望他生,厌恶一个人时,希望他死,既希望他生,又希望他死,这就是迷惑。《诗》说:'生死贫贱,虽有差异,但皆一视同仁。'"

解意:

崇德与辨惑,两者虽有不同,但又统一于仁,依仁而崇德,依仁而辨惑。崇德,体现于心、行之内外,其中"主忠信",是不离仁心、坚信仁道,"徙义",是见义勇为、践行仁道。在仁之心、行的功夫之下,仁德得以养成。

崇德侧重于仁德的培养,辨惑则是仁德的应用,只有崇德,才能辨惑。人的迷惑,大多是受到个人爱恶情绪和意见的左右,西方哲人高扬理性,摆脱感性的迷惑,由理性做主,而不由感性,则是辨惑。儒家依仁德来辨惑,仁人超越个人之爱恶,由亲亲而仁民,由仁民而爱物,层层推扩,放之于四海,故能平等博爱,由伦理而明智,无有迷惑。

十一

齐景公问政于孔子。 孔子对曰:"君君,臣臣,父父,子子。"

公曰:"善哉! 信如君不君,臣不臣,父不父,子不子,虽有粟,吾得而食诸?"

释义:

齐景公问孔子政治。孔子回答道:"君王要像个君王的样子,臣子要符合臣子的要求,父母要承担父母的责任,子女要履行子女的义务。"

齐景公说:"说得真好啊! 如果君王不像个君王的样子,臣子不符合臣子的要求,父母不承担父母的责任,子女不履行子女的义务,即使国家有食粮,我又怎么能吃到呢?"

解意:

在古代中国,政治制度的有序在于礼,礼的作用在于分别,在分别之中,不同的阶层与职业各得其所,则为义。正如荀子曰:"力不若牛,走不若马,而牛马为用,何也? 曰人能群,彼不能群也。人何以能群? 曰分。分何以能行? 曰义。故义以分则和。和则一,一则多力,多力则强,强则胜物。"①因此,君、臣、父、子有别,是谓礼;由君、臣、父、子所构建的社会秩序又同时保障了各方的权益,则为义。礼、义的制定与实施,又要以仁为基础和目标,所以,社会治理是仁、礼、义的一体。

儒家认为,不管是家、国、天下,还是君、臣、父、子,皆组成一政治共同体、命运共同体,各方应各司其职、各得其所、和谐共处。然而,齐景公欲用礼之分别,来满足自己的私欲,而不顾他人的权益,未从仁心出发来运用礼,偏用礼而失仁义,最终的结果必然是损人而不利己。

十二　子曰:"片言可以折狱者,其由也与?"子路无宿诺。
　　子曰:"听讼,吾犹人也,必也使无讼乎!"

释义:

孔子说:"只听取片面之词,就去断案,这不正是子路吗?"子路急于践言,不免鲁莽。

孔子说:"在听取他人诉讼时,我会放下自己的主观判断,走进他人之心,全面听取当事人双方的诉讼,无有保留和偏袒。"

解意:

仁者,爱之周遍,使万物各得其宜。仁爱如要周遍,就要放下己心,超越自我的偏见。偏听则暗,兼听则明,折狱之中,亦有仁道。

子路依于己心,偏听一方之言,听其言,而信其行,未能全面考察,就匆匆断案。孟子曰:"生于其心,害于其政;发于其政,害于其事。"②子路仁心未能周遍,从政便有危殆。正如康有为所说:"天下狱情至变伪,虽有圣者,不能不听两造之词,子路虽贤,无是理也。"③与子路不同,孔子断案首先放下自己的先入之见,走入他人,全面地听取双方之言,使其没有任何保留,然后再加以判断,这样才能做到大公无私、一视同仁。

十三　子张问政。 子曰:"居之无倦,行之以忠。"

释义:

子张请教从政之道。孔子说:"仁心所安处,在勤政为民;政事所行处,皆有仁心。"

---

①　《荀子·王制》。
②　《孟子·公孙丑上》。
③　康有为:《论语注》,中华书局 1984 年版,第 183 页。

解意：

仁者，居于仁心，行于仁道，一以贯之，亦体现于从政之道上。

仁有"体"有"用"。仁之"体"，是仁心，仁心是仁者为人处世的起点和基石，仁者居于仁；仁之"用"，是仁道，仁道是仁者依于仁心而展开的人生道路，仁者行于仁。仁之"体"与仁之"用"统一于仁者一身，故言行一致，心口如一。

仁者之"心""行"不可分离，相互贯通。清儒李安溪说："居之无倦，以事存心也；行之以忠，以心制事也。"①一方面，仁心居于内、忠于己，必须在现实生活之中加以贯彻与落实，如果仅仅停留于个体的心性境界之中，则非仁者；另一方面，仁道行之于外，勤勉不倦，但又要处处以内在的仁心为观照，以仁德为依据，如果见利忘义、背离本心，亦非仁者所为。所以，仁者知行合一。

十四　　　子曰："君子成人之美，不成人之恶。小人反是。"

释义：

孔子说："君子成就他人的善事，不成就他人的恶事。小人成就他人的恶事，难以成就他人的善事。"

解意：

助人为乐，是一种美德，不过，如何助人，以及助人什么，又需要补充说明。助人，如果越俎代庖、全权包揽，非但不能激发他人的为善之心、培养他人的行善能力，反而会损害其道德责任，助长懒惰。助人，如果成人之恶，不成人之美，那便是助纣为虐，非但不是美德，反而是罪恶了。

从善的大门进去，走出来的未必是善，之所以会如此，与助人、成人的道路和方法不无关系。子曰："君子喻于义，小人喻于利。"君子依于仁，行于义，超越自我的主观情感与利益得失，发心纯正，行事磊落，故能激发他人的仁心，进而成就他人的善事，即使成就不了，也不会带来恶的负面作用。小人以利益为追求的目的，抑或以利益为引导的手段，不管如何，都有可能导致恶的结果。这是因为，利益虽无善恶，但在导之以利的过程中，内心活动与行为方式往往就会充斥着个人的主观情感与欲求，并进而唯利是图、见利忘义，虽然得到利益、达到目的，也常常得不偿失。所以，善与恶的结果，与义、利的选择密不可分。

---

①　黄式三：《论语后案》，张涅、韩岚点校，凤凰出版社 2008 年版，第 347 页。

十五　　季康子问政于孔子。 孔子对曰："政者，正也。 子帅以正，孰敢不正？"

释义：

季康子问孔子为政之道。孔子回答道："政治，就是维护社会的正道。如果你能高举正义的大旗，谁还能不向着正道走呢？"

解意：

"政者，正也。"政治的根本目的，是实现和维护社会的正义之道。正义之道即是仁道。

士君子以仁道为目标和理想，为仁由己不由人，故能当仁不让；对于国家统治者和管理者来说，孔子希望他们能够"仕而优则学"，在拥有政治权力的同时，加强仁德的修养和仁道的理想；对于广大人民来说，人心先天就有是非、正邪的分别，正义之道，是人心所向。

此三者，是仁道推行的重要力量。统治者具有政治权力的优势，如果统治者能够充分认识到政治的本质，自觉地维护社会正道，以身作则，那么仁道的推行将更加迅捷。人民是仁道的主体，只有广大人民的道德修养提升了，"天下归仁"的理想才能真正实现。孔子认为，以上两者皆离不开士君子的作用，士君子向上可以提升统治者的道德修养，引导政治的善的走向，向下可以教化民众，激发德性，移风易俗，引领道德风尚，所以士君子是儒家推行仁政所依赖的根本力量。

十六　　季康子患盗，问于孔子。 孔子对曰："苟子之不欲，虽赏之不窃。"

释义：

季康子因为鲁国强盗太多而发愁，于是求问于孔子。孔子回答道："如果你自己不贪欲，即使奖励盗窃，人民也会知耻而不窃。"

解意：

不管是人治，还是法治，为政者因为领导力的作用，都会对人民和社会产生一定的影响，上梁不正，下梁就会邪曲。正如《左传》云："国家之败，由官邪起。"①《盐铁

---

① 《左传·桓公二年》。

论》曰："百姓不治,有司之罪也。"①季康子贵为卿大夫,欲求不止,聚敛财富,富可敌国,独揽大权,正是国家大盗。所以,鲁国多盗,责任在上而不在下。在上者贪欲,就很容易形成多欲的社会风气,贪欲不能满足,便有盗窃;反之,足衣食,去贪欲,并教之以礼义,则会形成知耻尚德的社会风尚。

十七

季康子问政于孔子曰:"如杀无道,以就有道,何如?"孔子对曰:"子为政,焉用杀? 子欲善而民善矣。 君子之德风,小人之德草。 草上之风,必偃。"

释义:

季康子求问孔子为政之道,说:"杀掉奸邪,扶持正义,怎么样?"

孔子回答道:"为政治邦,何必要用杀伐手段呢? 只要你愿意向善,人民自然会跟着你向善。君子的德性如风,小人的德性如草,风吹,草必动。"

解意:

人民本具德性,先天即有向善之心,但也有趋利避害之本性,于义、利之间,常常难以取舍,利大于义,仁心便有遮蔽,自不能见,故以先觉觉后觉,去除遮蔽,开启民智,良心呈现。钱穆说:"凡其人之品德可以感化人者必君子。其人之品德随人转移不能自立者必小人。"②所以,政治在于以君子之"正"来营造社会向善的风气,顺其向善的本心,唤醒人民的德性,犹如风吹草动,同类相感;反之,以杀伐之势威吓人民,则逆其本心,结果也往往适得其反,冤冤相报,无有穷期。

良好的社会风气,虽然单凭一己之力难以形成,却不能因此而自暴自弃、顺其发展,尤其对于社会的引路人、领导者来说,更加应该以身作则,以君子品格要求自身,凭借权势,实现大治。虽然君子不必依赖权位而弘其德,小人亦不必依赖德行而成其位,但是,只有将权位与德行结合起来,才能真正形成"德风"之势。

---

① 《盐铁论·政理篇》。

② 钱穆:《论语新解》,生活·读书·新知三联书店 2012 年版,第 289 页。

十八

子张问："士何如斯可谓之达矣？"

子曰："何哉，尔所谓达者？"

子张对曰："在邦必闻，在家必闻。"

子曰："是闻也，非达也。夫达也者，质直而好义，察言而观色，虑以下人。在邦必达，在家必达。夫闻也者，色取仁而行违，居之不疑。在邦必闻，在家必闻。"

释义：

子张请教老师："士君子怎么样才算得上是通达？"

孔子说："你所谓的通达，是什么意思？"

子张回答道："在朝廷上有名声，在家族中也有名声。"

孔子说："你讲的这些名声，只是外表的通达，而不是真正的通达。真正通达的人，内心正直，行事好义，能透过他人的言语和表情，区分真伪，领会真实，并能放下自我，谦让他人，这样的人，在朝廷上一定通达，在家族中也一定通达。只想着追求名声的人，往往表面上装成正人君子，背地里去做违反仁德的事情，而且还以仁者自居，不知悔悟，这就是你所说的在朝廷上有名声、在家族中有名声。"

解意：

子张务外，往往只求外表显达，逐其外而遗其内，所以孔子直呈"达"之本体。

"达"有"体"有"用"，"达"之"用"是达者表现于外的效果，在利而得利，在名而得名，是为显达。达者之所以能得利、得名，并非有心求利、求名，而是由"体"达"用"，在"体"上用力，无心于"用"。从"体"上来说，达者居于仁，行于义，心地坦荡，问心无愧。仁体发动，必有温、良、恭、俭、让的德行，达者以此得名、得利。正如王阳明所说："以此纯乎天理之心，发之事父便是孝，发之事君便是忠，发之交友治民便是信与仁。"[①]真正的达者，是能放下名利的人，只有放下了名利，才能不被利欲诱惑，"质直而好义"，才能头脑清醒，明辨是非，"察言而观色"，才能不以名、利取人，一视同仁，"虑于下人"。因此，"达"的根本在"体"而不在"用"。

真正的达者，充乎内而发乎外，言行一致，实至名归。而世人追求显达，重"显"而轻"达"，为得利而求利，为得名而求名，于是逐其"用"而遗其"体"，舍本求末，舍诚求伪。如此，求利者，必定急功近利、不择手段、胆大妄为、无法无天，求名者，则徒有其表、造作诈伪、欺世盗名，实与乡原无异。

---

① 王阳明：《王阳明全集》，吴光等编校，上海古籍出版社2014年版，第3页。

十九

樊迟从游于舞雩之下，曰："敢问崇德、修慝、辨惑。"
子曰："善哉问！ 先事后得，非崇德与？ 攻其恶，无攻
人之恶，非修慝与？ 一朝之忿，忘其身，以及其亲，非
惑与？"

释义：

樊迟与孔子在舞雩台下游玩，樊迟说："请教老师，如何才能提升仁德、驱散恶念、辨别
是非。"

孔子说："问得好啊！经过践行而后有所得，不就能提升仁德吗？时时自我反省，而不去指
责别人，不就能驱散恶念？因为一时气愤，忘记自己的生命安危，乃至忘了父母亲人，这不就
会带来迷惑吗？"

解意：

崇德就是提升仁德。"德者，得也，须是实到这里须得"①，德性内藏，不显于外，
所以，在事上磨炼，觉知仁心，巩固仁德，方可有得。

修慝就是驱散恶念。孟子曰："行有不得，反求诸己，其身正。"②恶念内隐于
心，故要时时自我反省，攻己之恶，止恶迁善；恶念又由物而感，故反求诸己，不攻
人之恶。

辨惑就是辨别是非。是非之心，虽然人皆有之，然而，心在情欲所蔽之下，迷失
本心，尤其于愤怒之中，忘乎所以，所言所行，常致悔咎。正如许衡所说："喜怒哀惧
爱恶欲，一有动于心，则气便不平。七者之中，惟怒为难治。又偏招患难，须于盛怒
时坚忍不动，俟心气平时审而应之，庶几无失。忿气剧，炎火焚，如徒自伤。触来勿
与竞，事过心清凉。"③所以，辨惑首先要去除私欲之蔽，一心做主。

---

① 程颢、程颐：《二程集》，中华书局 2004 年版，第 42 页。
② 《孟子·离娄上》。
③ 黄式三：《论语后案》，张涅、韩岚点校，凤凰出版社 2008 年版，第 353—354 页。

樊迟问仁。 子曰："爱人。"

问知。 子曰："知人。"

樊迟未达。 子曰："举直错诸枉，能使枉者直。"

二十　樊迟退，见子夏，曰："乡也，吾见于夫子而问知，子曰：'举直错诸枉，能使枉者直。'何谓也？"子夏曰："富哉言乎！ 舜有天下，选于众，举皋陶①，不仁者远矣。 汤有天下，选于众，举伊尹②，不仁者远矣。"

释义：

樊迟请教老师什么是仁。孔子说："仁者爱人。"

又问什么是智。孔子说："智者知人。"

樊迟没有完全领会，孔子又接着说道："将正直摆在错误的上面，就能使错误变得正直。"

樊迟离开老师，去见子夏，说："刚才我向老师请教智，老师说：'将正直摆在错误的上面，就能使错误变得正直。'什么意思啊？"子夏说："老师的话意味深长啊！当年舜管理天下，在众人之中，选出贤臣皋陶，并委以重任，于是不仁者受到感化而止恶迁善。汤管理天下，在众人之中，选出贤臣伊尹，并委以重任，于是不仁者受到感化而止恶迁善。"

解意：

仁者博爱，无所不爱；智者遍知，无所不知。仁者与智者，不遗一物，无所偏爱与偏知。仁与智的实现需要有具体的方法与次第。无所不爱的实现，要从爱有差等、亲近仁者开始；无所不知的达成，要知智愚之分，然后才能选贤任能，以先觉觉后觉，逐步达至天下皆仁。所以，仁者，由亲亲而仁民，由仁民而爱物，智者，亦要由知人而知物，由人道进入天道。

仁与智之间，仁为本，智为用，仁以明智，智以利仁。"选贤于众"，而后"举直错诸枉"，是谓用智；"不仁者远"，然后"能使枉者直"，是谓得仁。仁智二者，反相为用，相辅相成。

---

① 皋陶：姓偃，名繇，字庭坚，舜的臣，掌管刑法，公正无私。

② 伊尹：伊氏，名挚，商朝汤的辅相。

二十一　　子贡问友。子曰:"忠告而善道之,不可则止,毋自辱焉。"

释义:

子贡请教交友之道。孔子说:"给朋友忠告,并适时引导,朋友如果不听,就不再劝告,否则会自取其辱。"

解意:

子曰:"朋友数,斯疏矣。"朋友之间,适当的距离必不可少,所以,士君子既要亲亲而仁民,又要时时保持自身的独立性与超越性。良心自在,自觉醒悟,皆是自己的事,师友只是启发而已,切不可拔苗助长、越俎代庖。

二十二　　曾子曰:"君子以文会友,以友辅仁。"

释义:

曾子说:"君子以诗、书、礼、乐结交朋友,以朋友来辅助仁道的进步。"

解意:

此节言交友之道,一言交友的方式,一言交友的目的。"以文会友","文"是君子交友的方式;"以友辅仁","仁"是君子交友的目的。

文与质相对,文以载道,以文辅质,故君子以诗、书、礼、乐来结交朋友,方可寻到志同道合之人。正如康有为所说:"讲学以会友,则友多而皆出于正;取善以资仁,则德进而夹辅以长。……人情孤独则懒惰,易观摩则奋厉生。置诸众正友之中,则寡失德;置诸多闻人之中,则不寡陋。故辅仁之功,取友为大。但会之之始,勿以宴乐佚游进,则易得益友矣。"①"以文会友"是"文","以友辅仁"亦是"文",仁心悉备,但若无诗、书、礼、乐的学习,无师友的引导,亦难以广大。所以,交友非为功利,只为"习相远也",相互促进仁道的进步。仁道漫漫,对于广大学子而言,只有在师友的监督、引导和砥砺之下,才能坚守仁道,所以,君子"以友辅仁"。

不过,朋友与老师一样,只是辅助而已。"为仁由己,而由人乎哉?"

---

① 康有为:《论语注》,中华书局 1984 年版,第 188 页。

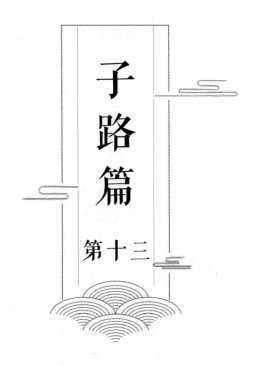

子路篇

第十三

一　　　子路问政。 子曰:"先之,劳之。"请益。 曰:"无倦。"

释义:

　　子路向老师请教如何行政。孔子说:"行政者先以身作则,然后再发动人民。"子路又问进一步该怎样。孔子说:"以身作则,要能持之以恒。"

解意:

　　《大学》云:"上老老而民兴孝,上长长而民兴弟,上恤孤而民不倍。"国家治理,行政者要做好榜样和表率,才能取得百姓的信任,政令只有管理者自己先做到、做好,才会容易推行,而不至于遭到百姓的反对和怨恨。子路有义有勇,能够做到以身作则,但是有勇者往往刚性有余、柔性不足,难以恒久,行政者身先士卒,不是走过场、造声势,而是实实在在地带好头,因此孔子以"无倦"加以补充。

二
仲弓为季氏宰，问政。子曰："先有司，赦小过，举贤才。"
曰："焉知贤才而举之？"子曰："举尔所知，尔所不知，人其舍诸？"

释义：

仲弓当了季氏家的大夫，向孔子请教如何行政。孔子说："先要选拔官员，选拔官员时，要着眼于大处，不拘小节，选拔德才兼备的人才。"

仲弓又问："人才怎么鉴别？"孔子回答道："先举荐你所了解的人才，真正的人才，即使你不了解，别人也不会舍弃。"

解意：

国家治理，行政管理者是关键。选拔国家的管理者，要特别慎重。孔子认为，国家管理者应内有仁德，外有才能，达到德行与才智的统一。但是凡人皆有缺点，选拔和任用人才，要从大处着眼，先德而后知，其余则不必过分追究。

选拔人才固然需要有严格的要求，而进行选拔人才的官员需要有更高的境界，官员只有放下自我的狭隘界限，依据所知，又超越所知，包容不知，有天下之胸怀，以天下为关怀，才能为国家和人民选拔出真正有用的人才。

三
子路曰："卫君待子而为政，子将奚先？"子曰："必也正名乎！"
子路曰："有是哉！子之迂也！奚其正？"子曰："野哉！由也。君子于其所不知，盖阙如也。名不正，则言不顺；言不顺，则事不成；事不成，则礼乐不兴；礼乐不兴，则刑罚不中；刑罚不中，则民无所措手足。故君子名之必可言也，言之必可行也。君子于其言，无所苟而已矣。"

释义：

子路问老师："如果卫国君王请老师来管理卫国，老师首先会做什么？"孔子回答道："一定要先确立名分。"

子路说："果真如此！老师太不切实际了！何必要正名啊？"孔子说道："子路啊！你太轻

视礼乐文教的作用了。君子对于自己不懂的事，要存疑，而不能轻易否定。名分不确立，政令就不能顺利下达；政令不能顺利下达，政事就得不到有效推行；政事得不到有效推行，礼乐文明就不能复兴；礼乐文明不能复兴，刑法惩治就会泛滥失当；刑法惩治泛滥失当，人民就将手足无措，无法可依。所以君子确立了名分，政令才能顺利下达，政令下达，政事才能得到落实。君子说话，可不能有一丝马虎啊。"

解意：

"名"与"实"相对，"实"是现实中的政治和道德状况，"名"是指概念、名称，是以某种原则为根据，对现实中的政治关系和伦理关系加以规定，并以此确立人在关系中的地位与分别。孔子认为，治理社会，匡正现实中的政治与道德状况，要从"正名"开始，即通过确立人在关系中的不同地位，规定人在关系中的职责，以观念的方式来纠正现实的混乱。

春秋时，"名""实"不符，君不君、臣不臣、父不父、子不子的情况普遍存在。面对混乱的现实，孔子认为，应该发挥思想文化的作用，通过政治与道德的力量加以批评与纠正，确立名分，明确各自的地位与职责，让现实中的君、臣、父、子知道何以为真正的君、臣、父、子，以此来规范事实，使人人各安其分、各守其职。

"名"作为一种概念性原则，既要来源于"实"，名实相符，又需落实于"实"，以名责实。所以，"名"具有"信"的内在要求，国家管理者要"敬事而信"、一言九鼎，国家政令要言之必行，不能朝令夕改，只有这样，国家才能取得人民的信任，政治主张才能得到有效的推行。正如孔子所说："君子名之必可言也，言之必可行也。君子于其言，无所苟而已矣。"在由"名"正"实"的过程中，"言"是关键，所以，名言不可虚妄、不可武断、不可专制，要通情达理、顺理成章，此谓"言顺"。

在"名""实"关系上，"实"是自然的、事实的、多变的，"名"是人为的、观念的、稳定的，所以，"名"要随着"实"的变化而与时偕行。任何当下的"实"又要借助于观念中的"名"加以规定，名定而实辨，离开了"名"，便没有伦理与政治，人类文明的作用也不复存在。正如魏晋思想家欧阳建所说："原其所以，本其所由，非物有自然之名，理有必定之称也。欲辨其实则殊其名，欲宣其志则立其称。名逐物而迁，言因理而变，此犹声发响应，形存影附，不得相与为二，苟其不二，则无不尽，吾故以为尽矣。"① 所以，"名"可以别同异、明是非，是伦理的要求、政治的准绳。

---

① 欧阳询：《宋本艺文类聚》，上海古籍出版社 2013 年版，第 541 页。

樊迟请学稼。 子曰:"吾不如老农。"请学为圃。 曰:"吾不如老圃。"

四

樊迟出。 子曰:"小人哉! 樊须也。 上好礼,则民莫敢不敬。 上好义,则民莫敢不服。 上好信,则民莫敢不用情。 夫如是,则四方之民襁负其子而至矣,焉用稼?"

释义:

樊迟向孔子请教种粮食。孔子说:"种粮食,我不如老农。"樊迟又向孔子请教种蔬菜。孔子说:"种蔬菜,我不如老菜农。"

樊迟离开了。孔子说:"樊迟的用心太小了!君子崇礼尊礼,人民就会相互尊敬;君子崇义行义,人民就会服从上级;君子重信尽信,人民就会情实相应。如果能做到这些,远方的人民就会携带子女来投奔,君子又何必亲自去学种庄稼呢?"

解意:

樊迟为孔门之徒,孔子以士君子为治理社会、改善人心的根本力量,士君子当致力于安邦定国、致君泽民。樊迟身为士,不学士之为士的学问,而改学农艺,故遭到孔子的批评。

社会是一个整体系统,在这一系统中,职业分工纷繁复杂。分工本身无大小贵贱的差别,不同的职业都是大系统中必要的组成部分,只要各安其分、各司其职,都能对系统整体的和谐做出应有的贡献。士君子着眼于社会整体秩序的和谐,这正是士君子的职分。正如荀子所说:"君子之所谓贤者,非能遍能人之所能之谓也;君子之所谓知者,非能遍知人之所知之谓也;君子之所谓辨者,非能遍辨人之所辨之谓也;君子之所谓察者,非能遍察人之所察之谓也:有所正矣。相高下,视硗肥,序五种,君子不如农人;通财货,相美恶,辨贵贱,君子不如贾人;设规矩,陈绳墨,便备用,君子不如工人;不恤是非、然不然之情,以相荐撙,以相耻作,君子不若惠施、邓析也。若夫谪德而定次,量能而授官,使贤不肖皆得其位,能不能皆得其官,万物得其宜,事变得其应,慎、墨不得进其谈,惠施、邓析不敢窜其察,言必当治,事必当务,是然后君子之所长也!"[①]所以,君子应发挥自身的特长,不必事事亲力亲为。

安邦济民,既需要各式各样具体的技艺,也离不开抽象的政治管理、道德教化与哲学沉思。士君子应当有志于"道",而不能仅限于"器","器"是具体的,"道"是无

① 《荀子·儒效》。

形的，"道"虽未表现为某一具体的功用，但又是一切"器"得以合理存在与运用的根据。仁爱、礼节、正义和诚信，皆是道的运用，它们虽然没有像种庄稼、种蔬菜那样有具体的功效，但是社会通过它们建立起了安定和谐的秩序，只有在这个秩序中，老农与老圃的具体作用才能得到充分的发挥。所以，孔子并没有否定老农与老圃的社会价值，而是认为任何一个具体的职业或个人价值的发挥，都离不开社会的整体秩序，而社会整体秩序的建构，正是君子所长。

五　　子曰："诵诗三百，授之以政，不达；使于四方，不能专对。虽多，亦奚以为？"

释义：

孔子说："诵习了《诗》三百，授他以政事，却不能完成；派他出使他国，不能灵活应对。这样的话，背诵的《诗》再多，又有什么用呢？"

解意：

《诗》经过孔子的删定，中正无邪，读《诗》，于国政、风俗、人情、物理，皆能有所了解与理会，所以《诗》在春秋时，是行政与外交人员的必修课程。然而，读《诗》，也未必能做好政事、应对外交，这是因为，《诗》虽为经典，但表现为言辞，言辞是死的，运用是活的。正如孟子所说："故说诗者，不以文害辞，不以辞害志。以意逆志，是为得之。"[1]所以，读者在诵习时，要由言辞而入诗意，领会言外之意，达到自我与作者的精神会通，有所自得。

古人学"经"，要求举一反三，"告诸往而知来者"，子曰："举一隅不以三隅反，则不复也。"学"经"不是读死书，不能死于文字，而要以经世致用为目的。正如程子曰："穷经将以致用也。世之诵诗者，果能从政而专对乎？然则其所学者，章句之末耳，此学者之大患也。"[2]古人学"经"尚且如此，今人学"经"，更应与时俱进、学以致用。

六　　子曰："其身正，不令而行。其身不正，虽令不从。"

释义：

孔子说："能够身修，政令没有下达，就能得到推行。不能身修，即使政令下达了，也一样不

---

① 《孟子·万章上》。
② 朱熹：《四书章句集注》，中华书局1983年版，第143页。

能推行。"

解意:

此句可以从管理者与人民两个层面来说:从管理者来讲,做好表率和榜样,就是对人民最好的教导,即使政令没有下达,人民也会效仿上级的言行,自觉遵守道德和法律;反之,如果管理者不能以身作则,即使下达了政令,人民也难以心悦诚服。从人民的层面来说,民众的教化既可以通过外在的法令和道德规范来实现,也可以让民众自我教化,自觉地遵守道德与法律。前者是他律,后者则是自律,如果人民能够实现自律,即使没有外在的政令,人民也会自觉、主动地去遵守。所以,不管是国家的管理者,还是普通民众,都要以修身为根本,努力将外在的道德要求转化为内在的道德意愿,化他律为自律、化自觉为自由。

七　　子曰:"鲁卫之政,兄弟也。"

释义:

孔子说:"鲁国和卫国,治与乱,皆如同兄弟。"

解意:

鲁国是周公的封地,卫国是康叔的封地,周公与康叔皆周文王之子,二人兄弟如手足。不仅如此,两国还是春秋诸侯国中最重视礼仪道德的国家,然而,两国非但没有因礼而盛,反而不断没落,故孔子叹之。

八　　子谓卫公子荆,"善居室。 始有,曰:'苟合矣。'少有,曰:'苟完矣。'富有,曰:'苟美矣。'"

释义:

孔子评价卫国公子荆①:"他懂得正确地对待家业。有一些财货器用了,就说:'差不多够用了。'稍微增加了一些,就说:'差不多完备了。'再增加了一些,就说:'差不多完美了。'"

解意:

善居心地,则善居室,其心平淡,居室有方。荆虽贵为公子,但能超越物欲,对待外在的财货器用,皆以"苟"字以对,朱熹释"苟"字为"聊且粗略之意"②。"苟"之一

---

① 公子荆:字南楚,卫献公的儿子,卫国大夫。
② 朱熹:《四书章句集注》,中华书局 1983 年版,第 143 页。

字,充分表达了公子荆对待外物顺随不二的态度,可以有,也可以没有,可以富有,也可以清贫,不管如何,皆不累于心、不改其乐,此谓善居室。对待财货,苟而已矣;对待心地,无所苟而已矣。

九　　子适卫,冉有仆。 子曰:"庶矣哉!"

冉有曰:"既庶矣,又何加焉?"曰:"富之。"

曰:"既富矣,又何加焉?"曰:"教之。"

释义:

孔子去卫国,冉有驾车。孔子说:"卫国的人口很多啊!"

冉有问:"人口很多了,接下来要做什么呢?"孔子说:"让人民富裕起来。"

冉有又问:"人民富裕了,接下来再做什么呢?"孔子说:"教育人民。"

解意:

物质与精神是人类生活的两大主题,物质生活是基础,当物质生活满足了,就要引导人们去追求精神生活。

在对待物质与精神的地位上,应因人而异,不能一概而论。士君子有志于仁道,故能主动地超越物质生活的限制,以精神生活为根本,"一箪食,一瓢饮,在陋巷,人不堪其忧,回也不改其乐"。而普通民众缺乏追求精神生活的主动性,需要在满足物质生活的前提下,通过教化,使其精神生活得到丰富和提升。正如孟子曰:"无恒产而有恒心者,惟士为能。若民,则无恒产,因无恒心。苟无恒心,放辟邪侈,无不为已。及陷于罪,然后从而刑之,是罔民也。焉有仁人在位罔民而可为也? 是故明君制民之产,必使仰足以事父母,俯足以畜妻子,乐岁终身饱,凶年免于死亡;然后驱而之善,故民之从之也轻。"①管子也说:"仓廪食而知礼节,衣食足而知荣辱"②,"凡治国之道,必先富民"③。因此,国家应该首先保障人民的基本物质生活需要,在此基础上,再加之以道德素养与精神文明的教育;反之,如果徒有道德责任的教说,否定人民正常的物质欲求,不仅违背了仁爱的精神,还会酿成道德异化、以礼杀人的后果。

"教之"应以"富之"为前提,而"富之"又要前进至"教之",才能最终实现社会的和谐与人民生活的幸福。如果人民在实现了富裕之后,不加以教化,富裕就会导致人们物质欲望的过度膨胀,转而成为人们精神生活的负担和障碍。如果人民一味地

---

① 《孟子·梁惠王上》。

② 《管子·牧民》。

③ 《管子·治国》。

追逐物质的享乐,而不去追求心灵的富足,不仅个人的幸福会有所损伤,社会的和谐也无法保障。正如康有为所说:"庶而不富,则民生不遂;富而不教,则民德不育。富以养其生,教以善其性,二者备矣。"①所以,"富之"与"教之"应当统一起来,有序推行。

十　　子曰:"苟有用我者,期月而已可也,三年有成。"

释义:

孔子说:"如果任用我来治理国家,一年会有所好转,三年会有大的成就。"

解意:

人人皆有仁心、良知,风过草偃,唯缺德风,圣人如得重用,犹如久旱逢露,一年可使人民仁心发现,三年可达至德性巩固,仁德呈现。虽处乱世,孔子对人心与仁道仍然充满信心。

十一　　子曰:"'善人为邦百年,亦可以胜残去杀矣。'诚哉是言也!"

释义:

孔子说:"'由善人来治理国家,相继一百年之久,才可以最终化去残暴,消灭杀戮。'这话说得有道理啊!"

解意:

儒家认为,国必待贤而治,故被称为人治。与儒家不同,法家批评人治,韩非子说道:"抱法处势则治,背法去势则乱。今废势背法而待尧、舜,尧、舜至乃治,是千世乱而一治也;抱法处势而待桀、纣,桀、纣至乃乱,是千世治而一乱也。"②韩非子认为,善人治国,固然很好,却充满了偶然性,只有在制度和法律上加以保障,才能实现善的必然之势。

然而,法家以法、势治国,虽然有稳定的制度保障,但是制度的制定与执行,仍要落实于人,正如荀子说道:"法不能独立,类不能自行。得其人则存,失其人则亡。"③

---

① 康有为:《论语注》,中华书局 1984 年版,第 194 页。
② 《韩非子·难势》。
③ 《荀子·君道》。

而且,法家治国,重利欲诱导与现实功效,不仅难以从根本上"胜残去杀",还会进一步地激发人们的趋利好斗之心。因此,古代法家只可实现一时之强盛,却不能获得长治而久安。正如司马迁所说:"法令者治之具,而非制治清浊之源也。"[1]东汉思想家王符也说:"是故法令刑赏者,乃所以治民事而致整理尔,未足以兴大化而升太平也。夫欲历三王之绝迹,臻帝、皇之极功者,必先原元而本本,兴道而致和,以淳粹之气,生敦庞之民,明德义之表,作信厚之心,然后化可美而功可成也。"[2]与法家不同,善人治国,重在治心。民有仁爱之心,则无相害之事,民无奸邪之心,则易行正义之事,故善人治国,相继百年,可使人心德化。

十二　子曰:"如有王者,必世而后仁。"

释义:

孔子说:"如有王者在世,推行仁政,三十年可以使天下归仁。"

解意:

王者内圣而外王,三十年可实现天下归仁。仁侧重于内圣自觉之道,而王则是推扩觉他之道。王者虽高于善人,也要三十年方可有所成就。可见,物质可短期制成,德性的养成却需长久。

十三　子曰:"苟正其身矣,于从政乎何有? 不能正其身,如正人何?"

释义:

孔子说:"如果能管理好自己,那么管理社会有什么难的呢? 不能管理好自己,又如何去匡正别人呢?"

解意:

政者,正也,以正纠正不正。让社会与人民归于正,首先要能自正己身,自己身正了,才能使人正,如果自身不正,却让他人身正,则不能使人心悦诚服。正如朱熹所说:"成己方能成物,成物在成己之中,须是如此推出,方能合义理。"[3]所以,政治要

---

① 《史记·酷吏列传》。
② 《潜夫论·本训》。
③ 黄士毅:《朱子语类汇校》,徐时仪、杨艳汇校,上海古籍出版社 2014 年版,第 148 页。

从"正己身"开始做起,由身修而家齐,由家齐而国治,由国治而天下平。

虽然正其身,未必能实现天下皆正,但是正己是平天下的前提和基础,正己也是自己可以把握和掌控的,如果能扩而充之,让人人都明白这个道理,皆能从自己出发,履行好自己的职责,不抱怨、不指责,那么政治就将不治而正。

十四　冉子退朝。　子曰:"何晏也?"对曰:"有政。"
　　　　子曰:"其事也。　如有政,虽不吾以,吾其与闻之。"

释义:

冉有从季氏的私朝上退下。孔子问:"为何回来得这么晚呢?"冉有回答道:"讨论国政。"
孔子说:"是季氏的家事吧。如果真有国政,即使我不被重用,也一定会有所耳闻的。"

解意:

冉有为季氏宰,季氏专权,不与大夫共议政事,独与家臣谋于私室,而冉求非但不加反思与匡正,反而附益之,所以受到孔子的批评。

冉有退朝,所退之朝,乃季氏之私朝,所行之事,乃季氏之家事,而非国政、公务。私室、家事,往往隐蔽而不宣,而国政、公务,乃天下人之事,应无所隐匿,光明磊落,公布于众,使之家喻户晓。孔子区分公政与私事,以此点醒冉有,其所从事者,非公正之事。

十五　定公问:"一言而可以兴邦,有诸?"孔子对曰:"言不可以若是,其几也。　人之言曰:'为君难,为臣不易。'如知为君之难也,不几乎一言而兴邦乎?"
　　　　曰:"一言而丧邦,有诸?"孔子对曰:"言不可以若是,其几也。　人之言曰:'予无乐乎为君,唯其言而莫予违也。'如其善而莫之违也,不亦善乎?　如不善而莫之违也,不几乎一言而丧邦乎?"

释义:

鲁定公问孔子:"一句话可以让国家兴盛,有这样的一句话吗?"孔子回答道:"语言的作用没有这么绝对,不过也差不多。人们常说:'为君很难,为臣不易。'如果君王真的懂得为君难在何处,不就可以使国家兴盛了吗?"

定公又问:"一句话可以让国家衰亡,有这样的一句话吗?"孔子答道:"语言的作用没有这么绝对,不过也差不多。人们常说:'当君王最大的快乐就是说话没人敢违抗。'如果君王说的是善言,没人违抗,不是很好吗? 如果说的是不善的话,也没有人违抗,不就会导致国家衰亡吗?"

解意:

语言说之于口、听之于耳、动之于心、见之于行,对现实产生重大的作用。孔子非常重视语言的作用,既用雅言来进行文化的普及教育,还通过"正名"来达到政治上的拨乱反正。因此,语言并不仅仅是表达观念的工具,还具有文化教育、道德培养和治国理政的功能。语言既可以兴邦,也可以丧邦。

语言是善恶治乱的开端。人们说话如果口无遮拦,口是心非,就会祸从口出;反之,谦逊待人,能听进他人善的劝告,则能止恶进善。君王若能广开言路,善听他人的建议,国家的决策就会减少失误;反之,如果刚愎自用,自以为是,更被谗谄之巧言所蔽,国家就会面临灾祸。

十六　　叶公问政。 子曰:"近者悦, 远者来。"

释义:

叶地的长官请教孔子为政之道。孔子说:"让本地的人民生活幸福,让远方的百姓乐意前来。"

解意:

子曰:"能近取譬。"儒家教人,不管是修身,还是治国,皆要从切近处做起,做好自己的本分,不愿乎外,方能自然而然地将仁德推广至远。正如《中庸》曰:"君子之道,辟如行远必自迩,辟如登高必自卑。"所以,"近者悦"是基础,"远者来"是目标,以对近者的方式对待远者,无近、远之别,人、我之别,使远、近皆受其益,此乃仁政。

十七　　子夏为莒父宰, 问政。 子曰:"无欲速, 无见小利。 欲速, 则不达; 见小利, 则大事不成。"

释义:

子夏在当莒父城长官时,向孔子请教为政之道。孔子说:"不可急功近利。急于求功,反而成不了功业;只顾小利,一定成不了大事。"

解意:

凡成大事者,既不废初心,亦不能急功近利。不欲速,才能重视事业的发展过程,耐得住心,尊重事情发展的自身规律,脚踏实地,循序渐进,将澎湃的浪潮放入平静的水面之下,暗自凝聚力量。不见小利,才能不被当下的利害所迷惑,不贪一时的功利,不顾此失彼,不因小而失大,具有大局意识,坚定初心与目标,毫不动摇。正如张栻曰:"欲速,则期于成,而所为者必苟,故反以不达。见小利,则徇目前而忘久远之谋,故反以害大事。"万事皆无捷径,为学、谋事、政治,亦是如此。

十八 叶公语孔子曰:"吾党有直躬者,其父攘羊,而子证之。"孔子曰:"吾党之直者异于是:父为子隐,子为父隐,直在其中矣。"

释义:

叶城的长官对孔子说:"我们这里有个人行事率直,他的父亲偷了人家的羊,他举报了自己的父亲。"孔子说:"我们这里对直的理解有所不同,父亲愿为儿子隐瞒错误,儿子愿为父亲隐瞒错误,直心就蕴含在其中。"

解意:

道德是仁心的发动,仁心未发,为至诚之天性,此未发之心,是一切德行的根源;人顺乎仁心而行事,不假他虑,亦为真诚,此是人之诚。正如《中庸》曰:"诚者,天之道也;思诚者,人之道也。"人在起心动念之间,即有善恶之分,道德培养,首先就在于初心之至诚、动机之纯真,而直心正是初心纯正的直接表现。

"父子相隐"中的"直",是就"心"而言,不是就"事"上来说。就"事"上来说,父子相隐,是为不善,子女隐藏父亲的过错,也并非是什么道德行为,但是此"隐",是子女不假思虑而自然生出的忧虑之情的直接表现,至诚至真,所以此"隐"是直心的表现。反之,仁心发动,如果掺杂了过多的思虑与意志,道德行为便受到功利心与目的性的束缚,变得杂而不纯。父亲偷盗,子女举报,其事本身可能会受到社会的称誉,表现为德行,但是这样的事情从根本上来说不利于个体道德的修养与社会道德风尚的形成。道德首先应发自于直心,缺失了直心的基础,道德就会逐渐异化,成为要誉与求利的工具,人心也会因此变得虚伪。

十九 樊迟问仁。子曰:"居处恭,执事敬,与人忠。虽之夷狄,不可弃也。"

释义:

樊迟请教如何行仁道。孔子说:"平日里恭顺,做事时严谨,待人忠实诚恳。即使到了蛮荒之地,也不能舍弃。"

解意:

仁道,是人道的本质,可为人类社会的普世价值。康有为说:"仁本为公理,人能尽公理者,无在而不可行焉矣。"①仁道贯穿于人的始终,普遍于一切社会,虽远,又落实在当下的日常生活之中,于平日里、行事间、待人时,无处不需要仁道的践行。

孔子在中国倡导"仁"的思想,经过两千多年儒家的沉淀与影响,仁德与仁道已经构成了中国文化的核心,成为中华民族的灵魂。基于仁道,中国可以在世界民族之林中自立、自强。于当代,仁道应该成为实现中国和平崛起、民族复兴伟大理想的重要文化基础与精神支柱。李泽厚说:"中国的民族自信建立在对自己文化信心的基础之上。"②当代国人在学习孔子思想的时候,也应当抓住仁道这一根本,以此建立文化自信与民族自信。

> 子贡问曰:"何如斯可谓之士矣?"子曰:"行己有耻,使于四方,不辱君命,可谓士矣。"
>
> 曰:"敢问其次。"曰:"宗族称孝焉,乡党称弟焉。"
>
> 二十　　曰:"敢问其次。"曰:"言有信,行必果,硁硁然小人哉!　抑亦可以为次矣。"
>
> 曰:"今之从政者何如?"子曰:"噫!　斗筲之人,何足算也!"

释义:

子贡请教老师:"怎么做才可称得上真正的士呢?"孔子说:"做事内有羞耻之心,外出工作,不辜负君王的使命,这样才可以称得上是士。"

子贡又问:"退而求其次呢?"孔子答道:"族人称赞他孝敬父母,乡人称赞他尊敬兄长。"

子贡又问:"退而求其次呢?"孔子回答说:"言而有信,说到做到,但固执得像一块石头,心量狭小,这算得上再次一等的士了。"

子贡问:"今天的从政者是哪一个等次呢?"孔子说:"唉!一群器识狭小之人,不入士之流啊。"

解意:

士有三个层次:上士,德才兼备,行中有权,士君子之谓也;中士,德厚而才薄,宗

---

① 康有为:《论语注》,中华书局 1984 年版,第 199 页。
② 李泽厚:《论语今读》,中华书局 2015 年版,第 252 页。

族称孝、乡党称弟,但功业不著;下士,不知德、才之根本,守其末而遗其本,固守德行,不知变通。三者或德才兼备,或德厚而才薄,或有德行而无德本,虽有境界高下之别,但皆有其德,是谓之士。与士相比,一些"从政者"缺失了德这个从政的根本,只知持禄聚敛,毫无仁道担当,因而受到孔子的批评。

士君子是孔子实现道德理想与政治理想所依赖的根本力量。君子待人接物,居于仁心,修身在于正心,所以,士君子"行己有耻"。黄式三说:"为士者自省之心常防有耻,而见诸事者实无可耻也。"①已者,内守仁;有耻者,不妄为。"行己有耻",侧重于内在德性的修养,是有所不为。"使于四方,不辱君命",侧重于外在事功的实现,是有所作为。士君子有所为,有所不为,有所不为方能有所为。所以,士君子德才兼备,不仅有内在的德性,更有现实的功业。

二十一　子曰:"不得中行而与之,必也狂狷乎。狂者进取,狷者有所不为也。"

释义:

孔子说:"如果找不到中庸的人一同进道,也一定要与狂者或狷者一起。狂者锐意进取,狷者不胡作非为。"

解意:

狂者,阳进,取乾之象;狷者,阴退,取坤之象。《易传》曰:"一阴一阳之谓道。"阴、阳协调,道方可行。所以,大道不离阴、阳,中行不离狂、狷。

对于个体生命来说,能够做到进取与谦逊并用,乃是至德。不过,得中庸之道的人,少之又少,大多数人个性鲜明,或狂或狷,或是进取有余、谦逊不足,或是谦逊有余、进取不足。站在社会整体的层面来说,狂者与狷者必有其用,中庸之道正是在狂者与狷者的相互作用之中实现的,此谓"和而不同"。刘劭说:"人材各有所宜,非独大小之谓也。夫人材不同,能各有异。有自任之能;有立法使人从之之能;有消息辩护之能;有德教师人之能;有行事使人遣让之能;有司察纠摘之能;有权奇之能;有威猛之能。夫能出于材,材不同量。材能既殊,任政亦异。……人君之能,异于此。故臣以自任为能,君以用人为能;臣以能言为能,君以能听为能;臣以能行为能,君以能赏罚为能。所能不同,故能君众材也。"②所以,狂者不必改其狂,狷者亦不必改其狷,各足其性,各安其分,只要国家管理者以"中行"的态度,合理地运用狂者与狷者,使

① 黄式三:《论语后案》,张涅、韩岚点校,凤凰出版社 2008 年版,第 378 页。
② 《人物志·材能》。

狂者与狷者各得其所、相互配合,社会之"中行"便可成就。

二十二　　子曰:"南人有言曰:'人而无恒,不可以作巫医。'善夫!"

"不恒其德,或承之羞。"子曰:"不占而已矣。"

释义:

孔子说:"殷掌卜之人曾说:'一个人如果没有恒心,是做不成巫医的。'这话说得真好啊!"

《易·恒》曰:"不能坚守德行,羞辱就会接踵而至。"孔子说:"没有恒心,占卜也于事无补。"

解意:

古代巫医是方技,占卜是数术,两者虽有不同,但皆要沟通天人,造福人民,所以非有恒心与诚心,不能为之。杨泉在《物理论》中曰:"夫医者,非仁爱不可托,非聪明达理不可任,非廉洁淳良不可信。"[1]善哉! 医者必上有畏天敬命之心,下有仁爱诚信之义,抱道怀德,方可行医。

恒心贯穿于仁道践行的始终,不仅体现于行医与卜筮活动之中。君子取乾道,健性善动,勇猛精进,然而,前行之道,又需要恒定之心与柔顺之德的配合,否则,行仁不能长久,既无大功,亦不免凶险。

二十三　　子曰:"君子和而不同,小人同而不和。"

释义:

孔子说:"君子在差别中实现和谐,小人结党营私却钩心斗角。"

解意:

万物各有分理,众人自有别情,故众生芸芸,各得其性,犹如阴阳相和、水火相济,其道一也。君子以大道为理想,唯义是从,既能尊重差别,又能放下自我,体察万物一体之理。反之,非此即彼,以我非他,水火难容,必有不和。

君子与小人,唯心量之差别。君子心大,能容人容物,仁民爱物,虽与己异,亦能相和;小人心小,固执于自我,求小利而舍大义,求与己同而不能容人。

由此可见,和谐以义为基础,以多元、多样为前提。今日民主制度,亦是"和而不

---

① 康有为:《论语注》,中华书局 1984 年版,第 201 页。

"同"的具体运用。

二十四

子贡问曰:"乡人皆好之,何如?"子曰:"未可也。""乡人皆恶之,何如?"子曰:"未可也。不如乡人之善者好之,其不善者恶之。"

释义:

子贡问老师:"有一人,乡亲们都夸赞他,这个人怎么样?"孔子说:"这个人未必就好啊。"子贡又问:"有一人,乡亲们都厌恶他,这个人怎么样?"孔子说:"这个人未必就坏啊。不如乡里的好人夸赞他,坏人厌恶他。"

解意:

君子求仁,直道而行,其是非善恶标准,本之于仁心。仁心即道心,由仁心出发,合于公论。所以,君子的言行有时合于俗,有时异于俗,既不刻意地与俗同好恶,做阉然媚世之人,亦不刻意地与俗异好恶,做乖世戾俗之人。君子得仁者好之,得不仁者恶之,此之谓正直。

君子修身,以仁心为根据;君子识人,不以外在的名誉和功利来评判,不因众誉而誉之,不因众毁而毁之,依照仁心与仁德来考量。

二十五

子曰:"君子易事而难说也。说之不以道,不说也;及其使人也,器之。小人难事而易说也。说之虽不以道,说也;及其使人也,求备焉。"

释义:

孔子说:"与君子共事容易,但取悦君子很难。凡是不合正道的,君子都不会喜欢,所以取悦君子很难;君子会按照各自的特长来分配工作,知人善任,所以与君子共事又很容易。与小人共事很难,但取悦小人很容易。以不正当的方式来讨好小人,小人也喜欢,所以取悦小人很容易;小人管理属下,求全责备,待人苛刻,所以与小人共事很难。"

解意:

君子悦道,不以物为悦,故而难悦;小人悦物,不问其道,因物而有悦,投其所好,故而易悦。

悦道者,以道观之,不以私心别其爱憎,任材使能,知人善任,故而易事;悦物者,以私欲别其贤愚,视不贤者为贤,视贤者为不贤,重用不贤之人,却又求全责备,故难事也。

二十六　子曰："君子泰而不骄，小人骄而不泰。"

释义：

孔子说："君子通达而不傲慢，小人傲慢而不通达。"

解意：

泰者，天人相交，人我相通。君子求道，无我而能通达，通达而能广大，故而越是广大，越是自谦，越是自谦，越是通达。小人囿于己见，如井底之蛙，自以为是，闭塞而不通人，越是自骄，越是闭塞，越是闭塞，越是狭隘。

二十七　子曰："刚、毅、木、讷近于仁。"

释义：

孔子说："刚强、坚毅、质朴、谨言，接近仁德。"

解意：

刚、毅、木、讷是培养仁德、践行仁道的入手功夫。行仁路上，有诸多的挑战与诱惑，故要有刚强不屈的精神；仁道远大，无有止境，故要有坚韧的耐心与毅力；仁心油然而生，直心为道，不做作，不浮华，故要有质朴、天真的品格；仁德得之于心，见之于行，故谨言敏行。

不过，刚、毅、木、讷近于仁，但还远远没有达到仁的境地，四者各有局限。刚强者，常莽撞而不知谦退；坚毅者，常固执而不行权变；质朴者，常自然而不加文饰；谨言者，常迟疑而不善论辩。四者各执一端，仁者全体大用，可坚强，亦可权变，可坚毅，亦可谦退，可自然，亦可文饰，可迟疑，亦可雄辩，四者融为一体，中和无碍。

二十八　子路问曰："何如斯可谓之士矣？"子曰："切切偲偲，怡怡如也，可谓士矣。朋友切切偲偲，兄弟怡怡。"

释义：

子路请教老师："怎么样才能叫作士呢？"孔子说："切磋砥砺，和顺包容，能做到这两点，就可以称为士了。朋友之间要切磋砥砺，兄弟之间要和顺包容。"

解意：

士志于仁，前行不已，益友辅仁，在相互切磋砥砺之中，共同进步。

仁德发端于亲情,所以士在追求事业发展的同时,又要以亲情为宗,不能遗落了亲情。孔子认为,士要兼顾事业与家庭,各尽其道,使其各得其宜,所以,在对待兄弟与朋友的方式上,应有所不同。朋友之间,以志相投;兄弟之间,以情相合。兄弟之间,其志向、道义可能会有所不同,不同,却不妨碍兄弟之情。对待兄弟,应以和顺包容为宜,在学业、事业上不要轻易竞争,也不可过分责备,否则会损害彼此之间的感情。

二十九　　子曰:"善人教民七年,亦可以即戎矣。"

释义:

孔子说:"善人在位,教育人民七年,才可以让他们当兵打仗。"

解意:

君子并不是埋首于故纸堆之中的文弱书生,而是能经邦济世、解苍生于倒悬的有用之人。孔子不提倡暴力杀伐,但当遇到外敌入侵,也主张强硬回击、以杀止杀,这体现了孔子的现实关怀与人间智慧。

仁者爱人,有不同的方式,体现在不同的地方。让人民投入战争,虽然不免流血牺牲,但抵御侵略、保家卫国,亦是大仁大爱。虽然在紧要关头,人民需要上阵杀敌,但是,如果在平日里不去增强人民的体魄、培养人民爱国保民的情怀、教育人民克敌自卫的战法,以及激励人民冲锋陷阵的勇气,那么,临危而上阵,才是不仁不义。

三十　　子曰:"以不教民战,是谓弃之。"

释义:

孔子说:"让未加教育的人民参加战争,就等于是践踏人民的生命。"

解意:

仁者教民,以民为本,必先置其财货,使民富裕,再教以道德,使民忠信,然后习以军事,使民知攻守之道,且有无畏之心,这样,人民自然就会生起保家卫国的决心,且具有抗击外敌的能力。反之,如果使民贫困,不教道德与军事,便将人民推向战场,等于置人民于死地。

仁者爱人,故不弃人,纵使有战争,也一定是以保卫生命为目的,如若以牺牲生命为代价来达到其他的目的,仁者不为,亦非仁政。

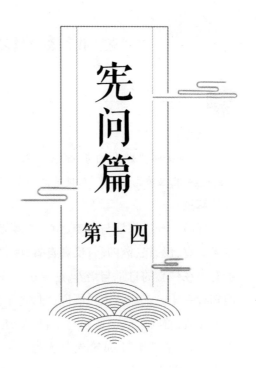

宪问篇

第十四

一　　宪问耻。子曰："邦有道，谷。邦无道，谷，耻也。"

释义：

原宪请教什么是士的羞耻。孔子说："国家政治清明时，士致君泽民，出仕而食禄，这是应当的。国家政治昏暗时，仍出仕食禄，这便是士的羞耻。"

解意：

孔子对士的期望很高。在古代，士介于统治阶层与平民阶层之间。士不是统治阶层，受到的阶级局限性较少；士也不是平民阶层，受到比一般民众更好的教育。所以，士具有思想自由、人格独立的特点。

孔子认为，唯有士，才能担当起天下归仁的历史重任。曾子也说："士不可以不弘毅，任重而道远。"正因为士承担着如此重大的历史责任，所以孔子对士的要求非常高，认为真正的士，不管是教书育人，抑或是出仕为官，都应以道义为原则，以天下为己任，而不能以个人的利益为目的。所以，当国家政治清明的时候，士应当积极入世，有所作为，造福社会，也以此成就自己的功名；但是当政治昏暗、国家混乱的时候，士应当独善其身，如不能力挽狂澜，也要传承大道，以待后世之用，而不能为了个人的利益，放弃理想，违背道义，同流合污。

二 "克、伐、怨、欲不行焉，可以为仁矣？"子曰："可以
为难矣。 仁则吾不知也。"

释义：

原宪问老师："好胜、自夸、忧怨、贪欲，这四样都能加以制止，就是仁德了吗？"孔子说："能
做到这些，已经难能可贵了，但说是仁，则还不够。"

解意：

好胜、夸耀、怨恨与贪婪之心，皆攀缘于外，不能反观内心而自守，故为不仁。原
宪无有克、伐、怨、欲四病，反观自省，内修其心，仁心正不断地壮大。但是，仁德不仅
要有内在仁心的自觉与培养，还要由内在德性形之于外在德行，两者统一，才是仁者
的知行一体。正如黄式三所说："仁者生生之心周浃于彝伦之内而至诚无息，则此心
大公无我，善与人同。宽惠行于世，立达遂于己，此源清而流不浊也。克、伐、怨、欲
之不行者，清其源与，或亦遏其流也。正恐此心随遏随起，行仁有间断耳。"[1]康有为
也说："仅能克己自守，尚未有益于人，故未及能仁也，故孔子曰'不知'。"[2]仁是一个
永无止境的过程与高度，仁者之路，死而后已，故仁永不可得，正因不可得，才要去为
仁，一旦问仁是否已得，或自称得仁，皆非仁。

三 子曰："士而怀居，不足以为士矣。"

释义：

孔子说："士如果留恋安逸的生活，就不配当一名士。"

解意：

孔子心目中的士，是具有远大理想与社会担当的读书人。有远大理想，故立志
求道，治平天下；有社会担当，故励志修学，经世致用。正如《大学》云："大学之道，在
明明德，在亲民，在止于至善。"大学为士君子之学，其宗旨在于求得大道，然后弘扬
大道，自觉而觉他，修身进而治国平天下。这正是士君子对自身的要求与理想的表
述。士安于仁，志于道，所以没有过分的物质要求，也不去追求生活的安逸与享乐；
反之，如果读书人只是凭借读书而谋求职位与俸禄，追求与留恋个人生活的享乐，那

---

① 黄式三：《论语后案》，张涅、韩岚点校，凤凰出版社 2008 年版，第 388 页。
② 康有为：《论语注》，中华书局 1984 年版，第 206 页。

么这样的读书人便不具备中国传统的士精神,不配当一名真正的士。

四 子曰:"邦有道,危言危行;邦无道,危行言逊。"

释义:

孔子说:"政治清明时,行为要正直,言语要率直;政治昏暗时,行为要正直,言语要谨慎。"

解意:

儒家倡导仁、智统一。"仁者乐山",故"颠沛必于是,造次必于是",不管是身处治世还是乱世,君子的行为都永远正直,此正是"仁"的体现。"智者乐水",故因时而异,可进可退,迂回前行,不失中道,政治清明时,言语率直,政治昏暗时,言语谨慎,此正是"智"的体现。

士君子言行正直,乃仁德的真诚显露。然而,当处在政治昏暗、是非颠倒的时代,还一味地言语率直、不知变通,犹如暴虎冯河,有勇无谋,便是有仁而无智,如此一来,非但改变不了天下无道的现状,而且还可能招致灾祸,损失正义的力量。正如荀子曰:"迫胁于乱时,穷居于暴国而无所避之,则崇其美,扬其善,违其恶,隐其败,言其所长,不称其所短,以为成俗。"[1]因此,仁与智并非抽象的伦理,也不只是内在的德性,而是见之于道德实践中的现实妙用。

五 子曰:"有德者必有言,有言者不必有德。仁者必有勇,勇者不必有仁。"

释义:

孔子说:"有仁德的人,一定有善言;有善言的人,未定有仁德。有仁德的人,一定勇敢;勇敢的人,未必有仁德。"

解意:

仁者的德性必在善意的言语中得到展现,其行为必取义舍利,必见义勇为,其言与行皆是仁心的自然发动,真诚而非勉强与刻意。因此,仁德是内在的,是根本,言行是外在的,是表现,有其内在,必有外在,有其根本,必有表现。反之则不然,善意的语言背后,可能隐藏着不善的动机,勇敢的行为,未必趋向于正义。因此,仅从表面的现象,难以判定是否有内在的根本。

---

① 《荀子·臣道》。

察人,不可只闻其言、观其勇,还要"观其所由,察其所安"。巧言令色者,比比皆是,如无仁德,则大言不惭;血气刚强者,世不少有,如无仁德,则暴戾恣睢。所以,君子务本,仁德养成,其言必善,其行必勇。

> **六**　南宫适问于孔子曰:"羿善射,奡荡舟,俱不得其死然。禹稷躬稼而有天下。"夫子不答。
>
> 南宫适出,子曰:"君子哉若人!　尚德哉若人!"

释义:

南宫适请教孔子:"羿擅长射箭,奡擅长水战,都未得善终;大禹治水,后稷教民耕种,而得到了天下。"孔子沉默不答。

南宫适离开后,孔子说:"南宫适是君子啊! 南宫适崇尚仁德啊!"

解意:

羿与奡,崇尚武力与霸道,以暴易暴,终死于暴力之下,因此,行霸道,下不得保民生,上不能安社稷。禹、稷尚德,以修民事,故能得天下民心,得民心者,得天下。以暴力治理社会,人民崇尚武力;以功利治理社会,人民崇尚功利;以仁德治理社会,人民崇尚仁德。君子知本末之别,故从本舍末。

道理如斯,然夫子沉默不语,乃是忧愁现实的是非颠倒。世人皆有仁心,何以不行仁道? 有德者未必能得天下,行恶者未必不得善终。南容此言,虽然体现了尚德的君子品格,但是孔子对南容能有为于治世、不能有为于乱世,仍然在行不言之教。因为仁者不以有天下而追求仁道,亦不因其致死而放弃仁道,仁道的本质就是牺牲小我以成就大我,舍生取义,杀身成仁,无怨无悔。

孔子评价伯夷、叔齐:"求仁而得仁,又何怨乎?"司马迁却发出不同的感慨。在《史记·伯夷叔齐列传》中,司马迁说:"若伯夷、叔齐,可谓善人者非邪? 积仁洁行如此而饿死! 且七十子之徒,仲尼独荐颜渊为好学。然回也屡空,糟糠不厌,而卒蚤夭。天之报施善人,其何如哉? 盗跖日杀不辜,肝人之肉,暴戾恣睢,聚党数千人横行天下,竟以寿终。是遵何德哉? 此其尤大彰明较著者也。若至近世,操行不轨,专犯忌讳,而终身逸乐,富厚累世不绝。或择地而蹈之,时然后出言,行不由径,非公正不发愤,而遇祸灾者,不可胜数也。余甚惑焉,傥所谓天道,是邪非邪?"太史公虽针砭时弊,却不识君子天命,以生命之长短与功利之大小来评判仁道之成就,与儒家之"道"迥然不同。

七 子曰："君子而不仁者有矣夫，未有小人而仁者也。"

释义：

孔子说："有不以仁道为理想的君子，但找不出践行仁道的小人。"

解意：

诸子百家，各行其道。孔子之道，仁道也。仁道，乃入世之道，舍弃自我，以成就天下。君子侧重于内养其德，独善其身，而仁者更要有奉献精神与天下关怀。所以，以仁道为理想的君子必为儒家君子，而不以仁道为理想的人，亦可为君子。如孔子所称赞的晏婴、柳下惠、左丘明，子产等，虽与孔门之志、道不同，但仍可称得上是君子。同样如此，以儒观之，诸种外道虽不以仁道为理想，却未必是小人。如道家之老子、庄子，墨家之墨子，法家之韩非子，兵家之孙子，以及中国道佛两教之诸多高道、圣僧，其所行之道，虽异于儒家仁道，但皆不失为君子。仁者异于君子之处，正是孔子之道的独特所在。

八 子曰："爱之，能勿劳乎？忠焉，能勿诲乎？"

释义：

孔子说："爱护他，能不让他勤劳吗？忠于他，能不劝他向善吗？"

解意：

道德发自于人的真诚情感，无丝毫虚伪，然而，道德践履又不能感情用事，还应该符合理性的原则，否则就会事与愿违，好心办成坏事。所以，仁者要理智地爱人，让他在勤劳中磨炼意志，砥砺品质，在教诲中改过自新，扩充仁心，启发智慧。

九 子曰："为命，裨谌草创之，世叔讨论之，行人子羽修饰之，东里子产润色之。"

释义：

孔子说："郑国制定政令，裨谌①起草初稿，世叔②进行研讨，子羽③负责修改，最后由子产④

---

① 裨谌：人名，郑国大夫。
② 世叔：人名，郑国大夫。
③ 子羽：人名，郑国大夫，担任行人之官，即外交官。
④ 子产：郑国大夫，居住在东里（今郑州）。

做文采修饰。"

解意:

政令虽为"名",但"名不正,则言不顺"。国内政令不精准、齐备,官员就不知如何行政,百姓就不知如何听从,外交辞令不恰当、周全,国际关系就会紧张,国内安全也会受到威胁。因此,政令要慎重对待,字字斟酌详审。郑国的政令,从起草到确定,充分发挥了国家人才的特长,体现了人才间的相互合作,由此可见,为政,必出于集体的智慧。

这四个阶段,也是成人之道。成人亦经历如下过程:首先要居于本心,质朴天真,无邪相侵;然后于视、听、言、动之中磨炼之、砥砺之;再次,不断地改过自新,择其善者而从之,其不善者而改之;最后习以礼仪,以达到文质彬彬。

这四个程序,还是作文要诀。作文首先写草稿,做得胸有成竹;然后自我反思与批评,并多方征求他人意见;再次,加以修改,完善观点;最后赋予文采,达到义理与文辞的统一。

十

或问子产。 子曰:"惠人也。"
问子西。 曰:"彼哉! 彼哉!"
问管仲。 曰:"人也, 夺伯氏骈邑三百, 饭疏食, 没齿无怨言。"

释义:

有人问孔子如何评价子产。孔子说:"他是对人民有恩惠的人。"

又问子西①。孔子说:"他呀! 他呀! 不足道哉。"

又问管仲。孔子说:"管仲是个人物,他削夺了伯氏②的骈邑三百户,让他只能靠食粗粮过活,却没有丝毫怨言。"

解意:

子产、子西和管仲,皆是春秋时极有影响力的政治人物,虽然三人未知有仁,但亦有高下之别,其分判的根据乃在于事功的大小。子产为政宽厚,人民受到许多恩惠,于仁有利。子西虽然两度让政,有贤德的美名,但引发楚国白公之乱,最终丧身祸国,与仁相违。管仲执法严明,六合诸侯,事功卓著,平治天下,民富国强,与仁道相合。孔子说:"桓公九合诸侯,不以兵车,管仲之力也。如其仁,如其仁。"又说:"管仲相桓公,霸诸侯,一匡天下,民到于今受其赐。微管仲,吾其被发左衽矣。岂若匹

① 子西:人名,楚国令尹。
② 伯氏:齐国大夫,名偃。

夫匹妇之为谅也,自经于沟渎而莫之知也。"此三人,孔子对管仲评价最高。

由此可见,仁道虽以仁心为根源,但又要卓有成效。孔子行入世之道,主张君子积极有为、建功立业,通过事功来推动仁德的践行、见证仁德的功用,如果徒有一颗仁爱之心,对社会与人民无丝毫益处,"无事袖手谈心性,临危一死报君王"①,难以称得上是真正的仁道。

十一　子曰:"贫而无怨难,富而无骄易。"

释义:

孔子说:"贫贱而无怨言难,富贵而无傲气易。"

解意:

贫与贱,是人之所恶也;富与贵,是人之所欲也。所以人易处于富贵之中,不易处于贫贱之中。然而,儒家追求的人生境界,并非有所处,而是有所安。有所处者,受制于外在境遇,一乐一苦,患得患失,心无恒常,终无所乐;有所安者,以心主之,安于富贵,不因富贵而增长傲气,安于贫贱,不因贫贱而减损骨气。气之无增无减,唯心能御之。以心御之,贫而无怨,富而无骄。

以心御气,是从个人修养上来说。若从国家政治来说,贫而富之,富而教之,才是达到无怨、无骄的普遍现实之路。

十二　子曰:"孟公绰为赵、魏老则优,不可以为滕、薛大夫。"

释义:

孔子说:"孟公绰②适合在赵、魏两家当家臣,而不能胜任滕、薛两国的大夫。"

解意:

下节中,孔子评价孟公绰"不欲"。"不欲"者,廉静寡欲,修身有余,外王不足,内可保其身,外可齐其家,至于治国、平天下,则缺乏进取奋勇之心与经世治国之才,故难以胜任。由此可见,儒家理想虽然在心性层面上与道、佛两家颇为相通,但在治国理政方面,儒家则表现出更多的有为与进取。

---

① 颜元:《颜元集》,王星贤、张芥尘、郭征点校,中华书局 1987 年版,第 51 页。
② 孟公绰:孟孙氏,名绰,鲁国大夫。

十三

子路问成人。 子曰："若臧武仲之知，公绰之不欲，卞庄子之勇，冉求之艺，文之以礼乐，亦可以为成人矣。"曰："今之成人者何必然？ 见利思义，见危授命，久要不忘平生之言，亦可以为成人矣。"

释义：

子路请教老师，怎么样才算成为一个真正的人。孔子说："如果能有臧武仲①的智慧，或有孟公绰的寡欲，或有卞庄子②的勇猛，或有冉求的才艺，再加上礼乐的规范，就可以称得上是一个真正的人。"孔子又说："今天成人何必要求这么高呢？ 见到利益，能先考虑正义，面临危急，能舍生取义，长久处于贫困之中，能不忘曾经的承诺，这样，就可以称得上是成人了。"

解意：

礼与乐，是修德的重要方法。礼者，去除邪妄之行，有所节制；乐者，去除杂乱之心，有所中和。智慧、寡欲、勇猛和才艺，是表现于外的气质与专长，只有在礼乐的规范和引导之下，寡欲方能清廉，勇猛方能赴义，智慧与才艺方能用于正道之中。如此，一个人才能文质彬彬、德才兼备，这便是古之成人的标准。如果退而求其次的话，在文与质、德与才之间，也应当首先保存先天质朴的仁心，良知发动，见利自然思义，见危自然授命，虽处贫困之中，承诺自然不忘，否则，人之不人。

十四

子问公叔文子于公明贾，曰："信乎？ 夫子不言、不笑、不取乎？"公明贾对曰："以告者过也。 夫子时然后言，人不厌其言；乐然后笑，人不厌其笑；义然后取，人不厌其取。"子曰："其然？ 岂其然乎？"

释义：

孔子向公明贾③询问公孙文子④的情况，说："我听说，公孙文子不说话，不颜笑，不获利，是真的吗？"

---

① 臧武仲：臧氏，名讫，谥号武，鲁国大夫。
② 卞庄子：鲁国大夫，谥号庄。
③ 公明贾：卫臣。
④ 公叔文子：卫国大夫，公叔氏，名发，谥号文子。

公明贾回答道："这话说得太绝对了。公孙文子根据时机说话，所以人们不厌恶他的话；内心愉悦才露笑颜，所以人们不厌恶他的笑颜；符合正义才去取利，所以人们不厌恶他获利。"

孔子说："是这样吗？难道真是这样吗？"

解意：

言与不言、笑与不笑、取与不取，皆形之于表，根据外表，是无法分辨其是非善恶的。外表之中，如果有德性驾驭，则言与不言、笑与不笑、取与不取，皆不失其宜，可言便言，不可言便不言，可笑便笑，不可笑便不笑，可取便取，不可取便不取。反之，外表如果无内在德性驱使，不可言而言、不可笑而笑、不可取而取，就会失当而被人厌恶，可言而不言、可笑而不笑、可取而不取，则失于直德。

公孙文子"时然后言"，是谓有智，"乐然而笑"，是谓有直，"义然后取"，是谓有义，守乎内，应乎外，故孔子称赞之。然而，夫子察人，既要听其言，还要观其行，既要"视其所以"，还要"观其所由，察其所安"，故存有疑问。

十五　子曰："臧武仲以防求为后于鲁，虽曰不要君，吾不信也。"

释义：

孔子说："臧武仲凭借防城，请求鲁君立其子孙为大夫，虽然口头上没有要挟君王，但是我不相信。"

解意：

臧武仲得罪了鲁国权臣孟孙氏，凭借防城，要挟鲁君，请求鲁君立其子孙为大夫，以保障家族地位，并以舍弃防邑作为交换的条件。臧武仲虽然在名义上是请求，实际上却是要挟，如果鲁君不从，就会据城叛乱。臧武仲虽然能明察形势、足智多谋，却背公营私、大逆不道，所以受到孔子的讥讽。

十六　子曰："晋文公谲而不正，齐桓公正而不谲。"

释义：

孔子说："晋文公喜用阴谋，不行正道；齐桓公多行正道，不用阴谋。"

解意：

孔子倡导王道，王道主张礼乐教化、仁政爱民、以德服人，使"近者悦，远者来"。然而，春秋无义战，霸道兴，王道衰。晋文公与齐桓公，皆为春秋霸主。霸道者，对内富国强兵,对外军事斗争,以力服人。正如商鞅所说:"国之所以重,主之所以尊者,力也。"①行霸道者,亦有高下之分。晋文公以阴谋得逞,用权谋,而违正道;齐桓公以阳谋得势,行权变之术,虽未达于王道,却不离正道。齐桓公在乱世之中,已经难能可贵了。

孔子贵阳谋,贬阴谋,认为即便使用权谋,也应光明磊落,不忘初心与宗旨。使用权谋,只是一时之计,不可为终身之用,否则,必然迷途而不知所返,离道愈远。因此,圣人不行无权之正,不行无正之谲,以权行正,权不离正。

十七　　子路曰:"桓公杀公子纠,召忽死之,管仲不死。"曰:"未仁乎?"子曰:"桓公九合诸侯,不以兵车,管仲之力也。 如其仁,如其仁。"

释义:

子路说:"齐桓公杀死公子纠,召忽为公子纠而死,管仲不死。"问:"管仲算不上仁吧?"孔子说:"齐桓公九次会合诸侯,不以力相胁,这都是管仲的功劳。这就是管仲的仁道,这就是管仲的仁道。"

解意:

公子小白与公子纠争夺齐国王位,管仲与召忽共同辅助公子纠。公子纠败,公子小白成为齐桓公,召忽随公子纠一同死去,管仲幽囚受辱而不死,后来更在鲍叔牙的推荐下,辅佐政敌,帮助齐桓公成为春秋霸主。子路认为,召忽临难不苟、殉主而死,是真正的忠诚,而管仲苟且偷生、忘君事仇,一定算不上仁了。

仁是孔子思想最核心的概念,也是孔子最根本的理想。仁有很多层次和意义:有"为仁由己"的个体修养之仁,也有"天下归仁"的社会整体之仁,有"其心三月不违仁"的内在心灵之仁,也有"仁以为己任"的生命践履之仁。

不管是仁心的体认,还是仁德的培养,抑或是仁道的践行,仁都存在着博爱、正义、和谐、利他的价值导向,又在具体实践中有着极大的多样性、灵活性和阶段性。

所以,仁道的践行,因人而异,有言者立言,有德者立德,有功者立功,素位而行,各尽其职。管仲生活奢侈,不守小节,在个体修养方面,达不到君子的仁德,但是管仲九合诸侯,一匡天下,保存了中华文明,在客观上推进了仁义之道;管仲虽然止于霸道,未能辅佐桓公由霸进王,但其霸道"正而不谲","齐一变,至于鲁",对仁道亦有

---

① 《商君书·慎法》。

阶段性的贡献。

十八

子贡曰:"管仲非仁者与? 桓公杀公子纠,不能死,又相之。"子曰:"管仲相桓公,霸诸侯,一匡天下,民到于今受其赐。 微管仲,吾其被发左衽矣。 岂若匹夫匹妇之为谅也,自经于沟渎而莫之知也。"

释义:

子贡说:"管仲算不上仁吧? 齐桓公杀害公子纠,管仲不为公子纠死,反而辅佐政敌桓公。"孔子说:"在管仲的辅佐下,齐桓公称霸诸侯、匡正天下,人民直到今天还受到他的恩赐。如果没有管仲,恐怕中国就会被夷狄侵略,我们都要披头散发、衣襟左开了。真正的仁者,是不能用小节、小信来衡量的,仁者不会羞于小节而自缢于山沟之中而无所作为。"

解意:

仁者,不拘束于一己之心,不拘泥于一时之礼,必放之于四海,关怀天下。天下者,黎民也,苍生也,万物也,唯与天地同心者,方能有天下关怀,这便是仁之广大,非一般的道德所能比拟。夫子教人,以道德礼节入手,但又不能拘泥于此,还要冲破与超越个人的局限,下学而上达,体道而得仁。因此,仁道从一己仁心出发,层层推扩,以至于国家之富强、文明之发达、全民之进步。

后儒只在心性上下功夫,局限于内圣,遗落外王,致使仁道式微、民族衰落。正如康有为批评道:"宋儒乃尚不知此义,动以死节责人,而不以施仁望天下。立义隘狭,反乎公理,悖乎圣义,而世俗习而不知其非,宜仁义之日微,而中国之不振。"[1]因此,仁者不仅要修养自身,还要努力建功立业,以自己的实际行动造福苍生。

十九

公孙文子之臣大夫僎与文子同升诸公。 子闻之,曰:"可以为'文'矣。"

释义:

公孙文子的家臣僎与文子共同成为国家的大臣。孔子听闻后,说:"公孙文子担得起'文'的谥号。"

---

① 康有为:《论语注》,中华书局 1984 年版,第 214 页。

解意:

据《逸周书·谥法解》，古人可担当"文"的谥号的，需具备以下条件之一：其一，"经纬天地"，即学识渊博，通晓天地之理；其二，"道德博厚"，即德行淳厚，可为万世楷模；其三，"学勤好问"，即勤勉好学，激励后学上进；其四，"慈惠爱民"，即恩惠百姓，受到百姓爱戴；其五，"愍民惠礼"，即以德化民，移风易俗；其六，"锡民爵位"，即在百姓中为国家选拔优秀人才。

僕原是公孙文子的家臣，后来经过公孙文子的举荐，同上朝堂，共同成为国家大臣。由此可见，公孙文子既善识人才，又能放下自我，选贤任能，可谓"锡民爵位"，故可担当"文"的称号。

二十　　子言卫灵公之无道也。　康子曰："夫如是，奚而不丧？"
孔子曰："仲叔圉治宾客，祝鮀治宗庙，王孙贾治军旅。夫如是，奚其丧？"

释义:

孔子说卫灵公昏庸。季康子问："既然如此，卫国为何不败亡呢？"孔子说："卫国尚有仲叔圉①管理外交事务，有祝鮀管理宗庙祭祀，有王孙贾统率军队，这样，卫国怎么会败亡呢？"

解意:

孔子之道，为入世之道，既是修性治身之道，又是安邦治国之道。天下兴亡，匹夫有责，道德教育，重在激发和培育每一个人的主体德性，君王虽然无道，臣子却责无旁贷，鲁君昏庸，季康子不也可以勇担重任吗？

子曰："人能弘道。"道之前行的根本力量不是天，而是人，只要人道犹在，则天道不息。国君昏庸无道，臣子若能恪尽职守，国家尚能衰而不丧，更何况君王主动地修道、行道呢？

二十一　　子曰："其言之不怍，则为之也难。"

释义:

孔子说："说话不知道惭愧，行动就难以保证。"

---

①　仲叔圉：即孔文子，卫国大臣。

解意：

言语或出自真心，但言之所出，耻躬之不逮，心能无愧乎？何况违心之言？因此，君子言之有愧，行己有耻，主忠信，一言一行，常存惭愧；反之，大言不惭，必自欺欺人。

二十二

陈成子弑简公。 孔子沐浴而朝，告于哀公曰："陈恒弑其君，请讨之！"公曰："告夫三子。"

孔子曰："以吾从大夫之后，不敢不告也。 君曰'告夫三子'者！"

之三子告，不可。 孔子曰："以吾从大夫之后，不敢不告也。"

释义：

齐国大夫陈恒谋反，杀害了齐简公。

孔子斋戒沐浴后，上朝见鲁哀公，说："陈恒杀害了自己的君王，请发兵讨伐！"鲁哀公说："还是先把这件事告诉那三家吧。"

孔子退朝后，说："我曾当过大夫，遇到重要的事情，不能不告诉君王，可是君王说要先告诉那三家！"

孔子分别告诉了三家，三家不同意讨伐。孔子离开后，说："我曾当过大夫，君王让我告诉三家，我不能不告诉啊。"

解意：

陈恒弑君，天理不容，虽不关己，也应见义勇为，此为君子所务。鲁哀公惧于三卿势力，无心亦无力奋发；三家一向凌驾君权，素有不君之心，实则与陈恒同流，讨伐陈恒，与诛己无异，故不许之。

孔子曾当过大夫，听闻陈恒弑君，故谏说君王讨伐不义，又代君王问询三家意见。孔子两次提议，皆遭失败，自知不可为而为之，体现了"知其不可奈何而安之若命"的人生态度与境界。在《庄子》中，有存孔子语录："夫事其君者，不择事而安之，忠之盛也；自事其心者，哀乐不易施乎前，知其不可奈何而安之若命，德之至也。为人臣、子者，固有所不得已。行事之情，而忘其身，何暇至于悦生而恶死！"[1]孔子在其位，谋其政，尽职尽责，素位而行，心中所想的只是自己所承担的使命和应履行的职责，毫不计较个人的利害与荣辱。孔子知命，故能安命，能安命，故能乐天，看似愚钝，实则达观。

---

[1] 《庄子·人间世》。

二十三　子路问事君。子曰："勿欺之，而犯之。"

释义：

子路向孔子请教事君之道。孔子说："不可欺瞒君王，可以犯颜谏争。"

解意：

孔门多入仕途，君子出仕为官，非为求名得利，而是将其作为践仁行道的途径，因此，君子"从道不从君"。"从君"是儒家一贯主张的忠君爱国的要求，体现了君子维护社会政治秩序的政统精神；而"从道"则是儒家超越性与批判性的内在要求，体现了君子以独立自由的姿态追求真理、践行理想的道统精神。

"从君"与"从道"，在儒家思想中存在着既紧张矛盾又和谐统一的张力。一方面，"从君"与"从道"时常难以兼顾。君子如果一味地服从君王，往往就丧失了真理的批判性与思想的独立性；而如果唯"道"是从，则君王的命令往往就难以得到全面的服从与贯彻。所以在儒家思想中，包含着许多为臣之道的智慧。正如荀子所说："事圣君者，有听从无谏争；事中君者，有谏争无谄谀；事暴君者，有补削无桥拂。"①另一方面，"从君"与"从道"又必须统一起来。这是因为，儒家的仁道不仅仅是个体的修身之道，更是入世之道；"从道"，不只是内在的心性体验，更要落实于"从君"的政治生活之中；"从君"既是"从道"的内在要求，也是"从道"的外在保障；"从君"也必须以"从道"为基础，如若"从君"而不"从道"，则是对君王欺瞒不忠，因此，只有"从道"，才能真正地"从君"。

二十四　子曰："君子上达，小人下达。"

释义：

孔子说："君子在仁道上求达，小人在功利上求达。"

解意：

君子与小人，其心有大小高下之别，心之所至，故求达有所不同。

君子所要达到的境界是知天命、行仁道。知天命，即知人之为人的终极使命，君子觉悟天命，对人生的根本问题不再困惑，以乐观、积极的态度安守仁心、践行仁道，在此过程上，人生的价值获得提升，生命的意义不断放大，故曰"上达"。

---

① 《荀子·臣道》。

小人之小,乃在于境界之低、心量之小,小人只关心一己私利,在自家私利上进取、奋斗,追求个人利益的最大化。小人求利,着眼于个人生活的美满,如若求利而不损义,亦无可厚非,但是小人不能将个人所得转而造福于他人、服务于社会,于是人生的价值不能广大,故谓之"下达"。

二十五 子曰:"古之学者为己,今之学者为人。"

释义:

孔子说:"古人做学问首先是为了自己心灵境界的提升,今人做学问首先想到的是用学问在他人那里换取名利。"

解意:

做学问,实在是一件单纯不过的事情,不可别有用心,只有动机纯正,才能修己而达人。孟子曰:"学问之道无他,求其放心而已矣。"①孟子认为,做学问只是为了找回放逐的良心,当良心巩固了,境界提升了,知与行、德与智统一了,所做的学问才是关乎真理的学问,这样的学问才能对他人与社会有所裨益。

荀子曰:"君子之学也,以美其身;小人之学也,以为禽犊。"②做学问如果只是为了得到他人的赞许,一味地迎合某种需要,以功利为念,用学问做交易,这样的学问就只能停留在表面功夫,沽名钓誉,口是心非,其学必伪,不仅难以追求真理,对士精神的培养与巩固也是非常不利的。

二十六 蘧伯玉使人于孔子。 孔子与之坐而问焉,曰:"夫子何为?"对曰:"夫子欲寡其过而未能也。"
使者出。 子曰:"使乎! 使乎!"

释义:

蘧伯玉③遣使者问候孔子。孔子请他坐下后问道:"近来先生怎么样?"使者回答道:"先生一直在努力减少过错,但还未做好。"

使者退出。孔子说:"好一个使者啊! 好一个使者啊!"

---

① 《孟子·告子上》。
② 《荀子·劝学》。
③ 蘧伯玉:姓蘧,名瑗,字伯玉,卫国大夫,孔子所敬重之人。

解意：

仁心本有，只是防止过错、克己复礼而已，所以，仁德不在身外，为仁由己。在人生的路上，智慧是无穷的，仁道是未济的，天行健，人不息。蘧伯玉"欲寡其过而未能也"，知其"未能"，修德方能广大，仁道方能无穷，故孔子赞叹。

二十七　子曰："不在其位，不谋其政。"曾子曰："君子思不出位。"

释义：

孔子说："如果没有职位，就不参与政事。"曾子说："君子的思虑不超出自己的位置。"

解意：

天地之中，万物与人皆有自己的位置，每一个位置又赋予了各自的责任与使命。如果万物皆能各安其分、各足其性、各司其职，那么自然与社会的秩序就能和谐、稳定。

然而，人类能思，与万物不同。在人类能动性的作用之下，个体的位置与社会的秩序又是多变的。"王侯将相，宁有种乎？"[1]因此，社会的秩序总是在一损一益之中更替，在建构与解构的交替中前行不已。不过，社会历史的运动，与天道一样，又是客观的过程，非个人的主观意志所能左右。柳宗元曰："圣贤生于其时，亦无以立于天下。封建者为之也，岂圣人之制合至于是乎？吾固曰：非圣人之意也，势也。"[2]当人们面对客观的社会秩序及其更替的时候，往往无可奈何，而安之若命，只能放下主观妄想，素位而行。但正是在这些看似消极被动的人事之中，才是人道力量的范围所在，"思不出位"，直道而行，恰是顺从天命，与天相参。

二十八　子曰："君子耻其言而过其行。"

释义：

孔子说："君子以说到做不到为耻。"

解意：

君子行己有耻，当言过其行，心中必有所耻，有所耻，则言迟而行敏。如若心中

---

① 《史记·陈涉世家》。
② 柳宗元：《柳河东集》，上海人民出版社1974年版，第48页。

无耻,则言语随意、言行不一。

言语不仅是表达当下意识的工具,还是修养的功夫与德性的表征,所以在言语上下功夫,有助于德性的锤炼与德行的勤勉。

二十九　子曰:"君子道者三,我无能焉:仁者不忧,知者不惑,勇者不惧。"
子贡曰:"夫子自道也。"

释义:

孔子说:"君子得道会有三种体现,我都还没做到:拥有仁德,没有忧愁;拥有智慧,没有疑惑;拥有勇气,不会畏惧。"

子贡说:"这是老师的得道体会。"

解意:

道为体,德为用,道之自得,必表现为德,故君子求道而有得,必有所体现。儒家之道,为入世之道,是仁义之道。荀子说:"道者,非天之道,非地之道,人之所以道也,君子之所道也。"[①]韩愈也说:"仁与义为定名,道与德为虚位。"[②]所以,儒家君子得道,必有仁、智、勇三德。得道君子仁心安泰、理想坚定,故而不忧,智慧充满、灵活方便,故而不惑,义在心中、是非不乱,故而不惧。

三十　　子贡方人。 子曰:"赐也贤乎哉? 夫我则不暇。"

释义:

子贡喜欢与人较其长短。孔子说:"子贡足够贤能了吗? 我却自顾不暇。"

解意:

学问之道,只是为己之学,又何必与他人较其长短,扬我善而讥人恶,驰心于外,实非学人态度。学人不能反求诸己,则见己长而自矜,见己短而自卑,皆无益于德。

子曰:"无友不如己者。"他人在前,反躬内省,见贤思齐,见不贤而内自省,择己善而从之,择己不善而改之,如此,方是君子修德之道。

---

① 《荀子·儒效》。

② 韩愈:《韩愈集》,卫绍生、杨波注译,中州古籍出版社 2010 年版,第 183 页。

三十一　　子曰："不患人之不己知，患其不能也。"

释义：

孔子说："不要为别人不赏识自己而忧患，应该忧患自己尚不具备获得他人赏识的本领。"

解意：

凡人都希望获得他人的欣赏与重用，君子也不例外。不过，君子不将获得他人的赏识作为自己为学、行事的目的，而是发自于仁心、行之于仁道，不与他人较高下，不以功名计意义。所以，君子从不主动地去求他人的赏识，只是努力做好自己的本分，对待赏识，不将不迎，顺乎自然。

赏识同于功名，君子也不排斥。不过，君子所希望作为的是对他人和社会有益的长久的功，所希望收获的是与实相符的名，非取悦于少数人或自私的功利，也非一时的美名。要收获真正的功与名，非真才实学不能达到。正如子贡评价孔子道："夫子温、良、恭、俭、让以得之。夫子之求之也，其诸异乎人之求之与！"所以君子只将心思放在自己实际能力的提高上，而不去投其所好，刻意表现。

三十二　　子曰："不逆诈，不亿不信，抑亦先觉者，是贤乎！"

释义：

孔子说："不在事先臆度他人的欺诈，不在事先怀疑他人的诚信，保持心灵的澄明，才能做到贤能。"

解意：

先入为主的偏见与主观臆测的判断，是人们理解世界与理解自我的最主要障碍，也是心灵中最主要的尘垢。因此，"子绝四：毋意，毋必，毋固，毋我"，犹如水静而清，去除心灵的污垢，让心灵恢复澄清、明鉴。

三十三　　微生亩谓孔子曰："丘！何为是栖栖者与？无乃为佞乎？"孔子曰："非敢为佞也，疾固也。"

释义：

微生亩①对孔子说："孔丘！你何必这么忙碌不安呢？难道只是卖弄你的口才吗？"孔子说："我不敢卖弄口才，只是深忧大道不通。"

解意：

君子不止于洁身自好，更为天下苍生而奔走四方。在乱世之中，君子的品格表现得淋漓尽致，"岁寒，然后知松柏之后凋也"。君子的品格在乱世中得到锤炼，也在乱世中显得弥足珍贵。

在天人关系上，孔子主张积极发挥人道的作用，面对乱世，君子固可以独善其身，但是君子知天安命，唯有积极有为，才能完成人道的使命，也才能与天相参，推动大道的前进。如果人人拱手无为，天命得不到践行，大道也会因人道的缺失而阻塞。

三十四　子曰："骥不称其力，称其德也。"

释义：

孔子说："千里马之所以称为千里马，不因其力大，而因其德能驾驭其力。"

解意：

千里马，日行千里，不仅因为它有非凡的脚力与速度，更重要的是它的德性能驾驭它的力气。同样，一个人勇力来自于他的德性，德性充满，才能趋善而止恶；一个人的社会作用也取决于他的德性，在德性的引导下，才华才能得到合理的开发和运用。因此，德性要比勇力和才华更为珍贵。

三十五　或曰："以德报怨，何如？"子曰："何以报德？ 以直报怨，以德报德。"

释义：

有人问孔子："用恩德报答怨恨，怎么样呢？"孔子说："如果用恩德报答怨恨，那么用什么来报答恩德呢？不如以正直来回应怨恨，以恩德来报答恩德。"

解意：

"以德报怨"者，无有恩怨，大仁不仁，超然世外。孔子行入世之道，所谈道理，既要顺乎人情，又须合乎公理，既要得到大多数人的认同，又要能在全社会推行起来，在人情与公

---

① 微生亩：姓微生，名亩，隐士。

道之间,寻求平衡,实现情理合一。"以德报怨"于情、理不合,所以孔子反对。

从人情上讲,用恩德去回应内心的怨恨,怨恨之情必然难以平复,如果强制推行,只会使人们藏匿自己怨恨的心,受道德的压抑而变得伪善,因此,"以德报怨"不合人情。从公理上讲,"以德报怨"会使社会正义得不到声张、罪恶得不到惩治,故不合公理。正如康有为所说:"孔子亦未尝不美以德报怨者为宽仁,然不可立为中道而责之人人……孔子之道不远人,因人情之至,顺人理之公,令人人可行而已,非有凿而深之,加而高之,此所以为中庸大道,而天下古今所共行也。"①所以,孔子恩怨分明,主张用正直来回应怨恨、以恩德来报答恩德。

孔子赞同"以德报德",因为它既有利于培养人的感恩之心,也推进了道德风尚的形成,"投我以木桃,报之以琼瑶"②,滴水之恩,当涌泉相报。若"以直报德",虽然没有违背社会公德,却冷酷无情,无益于德性的培养。"以直报怨",既有利于维护社会公道,也不至于放纵人的情感。直者,公正无私。若"以怨报怨",于怨恨念念不忘,则会放大过错,惩罚失当,怨怨相报,永不得了。

三十六　子曰:"莫我知也夫!"子贡曰:"何为其莫知子也?"子曰:"不怨天,不尤人。下学而上达,知我者其天乎!"

释义:

孔子说:"没有人明白我啊!"子贡说:"没有人明白老师,该怎么办呢?"孔子说:"不去埋怨世道,也不去责备他人。我在人生的修行中知天安命,我与天是合一的!"

解意:

世道有治乱,天命有穷通,仁道无穷,因人而无所不通。下学是行仁道,上达是知天命,正如钱穆所说:"孔子下学上达。下学,即行道。上达,斯知命矣。"③下学而上达,尽心而知天,方能由小我进入大我,生命得以升华;又上达而下学,知天而安命,由知天而坚定仁道,无怨无悔。所以,下学与上达,循环不已,犹如仁道与天行,无所穷尽。

孔子对生命的理解来自天命,对天命的理解来自人生,孔子的人生与天命是合一的。所以,孔子说没有人明白自己,并非是叹息"莫己知"的孤独,或是怀才不遇的无奈,而是在感慨体悟天命、践行仁道的人实在太少。明白孔子的人,也一定是体悟到天命、大道的人,是明白人生之使命与意义所在的人。

---

① 康有为:《论语注》,中华书局1984年版,第221页。

② 《国风·卫风·木瓜》。

③ 钱穆:《论语新解》,生活·读书·新知三联书店2012年版,第349页。

三十七

公伯寮诉子路于季孙。子服景伯以告，日："夫子固有惑志于公伯寮，吾力犹能肆诸市朝。"子日："道之将行也与，命也；道之将废也与，命也。公伯寮其如命何！"

释义：

公伯寮①在季孙面前诬陷子路。子服景伯②告诉孔子，说："季孙被公伯寮迷惑，听信谗言，凭我的能力，可以将公伯寮处死，陈尸于市。"孔子说："大道畅行，吾安其命；大道废弛，吾安其命。公伯寮怎能左右！"

解意：

天行有常，自有规律，但是天的运动，又不是自在本然的，而是有人参与其中，人道亦是天道重要的组成部分。所以，无天道，便无人道；无人道，亦无天道。仁者知天道，便是知人道，能知天人合一之道，故不思慕天道，安行于人道。"道之将行"，吾为之；"道之将废"，吾亦为之。天道之行、废尚不能改变仁者对人道使命的践行，何况是公伯寮呢？！

所以，孔子所谓的命，不是人的偶然命运，也不是神秘的外在主宰，而是天道与人道的统一。天道不离人道，故仁者践仁以配天；人道不离天道，故仁者体天而安仁。

三十八

子日："贤者辟世，其次辟地，其次辟色，其次辟言。"子日："作者七人矣。"

释义：

孔子说："贤者的归隐方式有很多，有彻底远离尘世的，其次有不居乱国的，其次有回避恶颜的，其次有不与辩说的。"孔子说："如此做的人，我知道的就有七个。"

解意：

辟世、辟地、辟色、辟言，此四者，离群索居，独善其身，皆道家隐士的生存之道。王弼认为，此七人分别是伯夷、叔齐、虞仲、夷逸、朱张、柳下惠和少连，可做参考，既是隐士，无名者多。

孔子尊重隐士洁身自好的品质，但又不完全赞同贤者归隐。道家认为，道法自

---

① 公伯寮：鲁人，姓公伯，名寮，字子周。
② 子服景伯：姓子服，名何，字伯，谥号景，鲁国大夫。

然,世界的运动是自然的过程,人为的任何努力都会成为这一自然运动的障碍,只有隐去人类的聪明与意志,"虚其心","弱其志",将自我消融于世界的自然进程中,才是真正地遵循大道。儒家则认为,人道与天道本为一体,人道的参与和作为正是天道运动必不可少的一个环节,所以人类具有弘道的伟大职责与使命,必须积极有为。

三十九　　子路宿于石门。 晨门曰:"奚自?" 子路曰:"自孔氏。"曰:"是知其不可而为之者与?"

释义:

子路在石门外过了一夜,清晨进城,门吏问道:"哪里来的人?"子路回答说:"我是孔子的弟子。"门吏说:"是明知行不通还要坚持去行的孔子吗?"

解意:

知当世之道阻塞不通,更知大道流行不已,是谓智;知人道之使命不可推卸,故安于行道,是谓仁。

仁者行事,虽然要审时度势、因时而异,但更有一份不能舍弃的责任与担当。这一份责任与担当,不会因为外在客观条件的限制而改变,也不会因为他人的漠视与嘲笑而放弃。这一份坚定与执着,就好像不惜代价地为一位得了绝症的亲人续命一样,来自理智,又超越理智。

明知不可为而为之,正是仁者所知之命、所安之命。道家超然世外,而仁者的生命却何其悲壮!

四十　　子击磬于卫,有荷蒉而过孔氏之门者,曰:"有心哉,击磬乎!"既而曰:"鄙哉,硜硜乎! 莫己知也,斯己而已矣。'深则厉,浅则揭。'"子曰:"果哉! 末之难矣。"

释义:

孔子在卫国击磬奏乐,有一人背着草筐路过孔子住处,说:"弦外有音,击磬的人心事重重啊!"一会儿又说:"固执啊,坚定啊! 没人理解你,独善其身也就罢了。《诗经》说:'水深连带衣裳过,水浅提起衣裳过。'"

孔子说:"的确如此啊! 但是让我放弃,难以做到。"

解意：

涉世如涉水。

庄子曰："至人无己。"道家无心以顺道，与道沉浮。道现，与道同现，道隐，与道共隐。子曰："天下有道，丘不与易也。"儒家有为，正在道隐之时。道隐，"我"不隐，"岁寒，然后知松柏之后凋也"，不与道沉浮，道才能转隐为现。

四十一　子张曰："书云：'高宗谅阴，三年不言。'何谓也？"子曰："何必高宗，古之人皆然。 君薨，百官总己以听于冢宰三年。"

释义：

子张问孔子："《尚书》说：'殷高宗居丧时住在茅庐之中，三年不发政令。'是这么回事吗？"孔子回答道："不只是高宗如此，古人都是这样。君王去世，新君服丧三年，期间，百官各行其职，听候冢宰命令。"

解意：

古之贤君，守孝三年，虽然一时放下政务，但是政治不乱，原因有二：其一，君王行孝，并未弃政，由冢宰代理朝政。所以，不可将行孝与理政、情感与理智对立起来。其二，君王行孝，既是人情，亦在理政。孝，是一个人内心诚挚的体现，守孝三年，正是诚敬心的集中培养。一个人具备了内心的诚敬，则在家能孝悌，在国能尽忠，无往而不至。君王行孝，"譬如北辰，居其所而众星拱之"，如果社会上下能同其情、共其理，各安其心、各尽其职，社会自然就能和谐有序。

四十二　子曰："上好礼，则民易使也。"

释义：

孔子说："管理者守礼，人民就容易管理。"

解意：

此节紧接上文，新君守孝，而政通人和，其原因，正是"上好礼，则民易使也"，犹如"草上之风，必偃"。

四十三

子路问君子。 子曰："修己以敬。"
曰："如斯而已乎？"曰："修己以安人。"
曰："如斯而已乎？"曰："修己以安百
姓。 修己以安百姓，尧舜其犹病诸！"

释义：

子路向老师请教如何才能成为一名君子。孔子说："修养自己,培养对仁心的诚敬。"

子路又问老师："这样做就够了吗？"孔子说："自己的德性修养好了,再去安顿你身边的人。"

子路又问老师："这样做就够了吗？"孔子说："再去安顿天下所有的人。安顿天下所有的人,连尧舜都不能完全做到！"

解意：

修己与成人相辅相成。修己,不局限于自己,在人我之间,修成人之德;成人,亦不能离开自己,是自我德性的自然表露。因此,修己即在成人,不成人,则己不修;成人即在修己,不修己,无以成人。君子入世行道,以修己为基础,以成人为归宿,生命有限,修己固有尽头,人道无穷,成人之道不息。

君子行道,修己以安人,修己以安百姓,"路漫漫,其修远兮",天道无限,仁道亦是无限,故孰能成仁？ 孰是圣人？ 只是不断地修德、行道而已,虽遥不可及,却孜孜不倦,虽知其不可为而为之。

四十四

原壤夷俟。 子曰："幼而不孙弟，长而无述焉，老而不
死，是为贼。"以杖叩其胫。

释义：

原壤①蹲在地上等孔子。孔子见到他后说："小时候不懂得尊敬兄长,长大后不去修习文教,到老了不愿为社会做出一点贡献,违背人道啊。"于是用手杖敲他的小腿。

解意：

原壤是孔子的老朋友,为道家隐士,从其行为来看,颇合于杨朱思想。

首先,原壤"幼而不弟",不习礼教。孔子认为,礼本源于人与人之间所存在的客

① 原壤:鲁国人,孔子的老朋友。

观的差异,如长者与幼者之间的年龄差异、劳力与劳心之间的职业差异、夫妇君臣之间的角色差异,以及由此而生发出的人的真实情感。然而,这些差异在历史与文化的偏见的作用之下,产生了诸如贵与贱、贤与愚等差异性的价值规定,并通过强制性的力量,将这些价值规定上升为社会普遍遵循的原则,以此来保障社会的等级秩序。在道家看来,这些差异性的价值规定以及社会普遍的等级秩序,都是虚幻不实的,"万物齐生齐死,齐贤齐愚,齐贵齐贱"①,既然人与人之间不存在贵贱贤愚之分,自然也就不需要外在的礼数,只要"从心而动""从性而游"即可。

其次,原壤"长而不述",不修文教。孔子述文行教,以此修己安人、传承文明、弘扬大道。但在实际的生活之中,儒者多流为小人儒,鲜有君子儒,儒者著书立说,好为人师,为求名利耳! 而且,以己之心去强行度化他人之心,何以判断己心为是、他心为非? 所以道家批判名利,反对"守名而累实",认为:"实无名,名无实。名者,伪而已矣。"②道家认为,教化实质上是将自己的意志强加给天下,将天下占为己有,是"横私天下之身,横私天下之物"③,并由此泯灭众性。

再次,原壤"老而不死",不愿奉献。孔子认为,人生的价值在于奉献,社会的进步离不开个人的努力,"天下兴亡,匹夫有责",尤其是身处乱世之中,君子更应该迎难而上、拨乱反正。但在道家看来,自然与社会,本是一个和谐稳定的系统,自然生态的破坏与社会秩序的混乱,正是人的有为所致,如能化有为为无为,则"人人不损一毫,人人不利天下,天下治矣"④。因此,"智之贵,存我为贵"⑤,老而不死,正是奉献,如果人人皆能老而不死,正是天下大治。

道家的以上批评不无道理,孔子亦多有反省。不过,入世有为,难免会有利弊两端,所以,孔子主张中庸之道,反对因噎废食,不因礼的形式化而否定礼的合理意义,不因儒者的功利心而否定功利的正面价值,不因自心的狭隘性而否定用心的积极作用,此便是人道之难,也是人道的必然归宿。

---

① 《列子·杨朱》。
② 《列子·杨朱》。
③ 《列子·杨朱》。
④ 《列子·杨朱》。
⑤ 《列子·杨朱》。

四十五　阙党童子将命。 或问之，曰："益者与？"子曰："吾见其居于位也，见其与先生并行也。 非求益者也，欲速成者也。"

释义：

阙里来了位少年，向孔子传达辞令。有人问孔子："这个童子求上进吗？"孔子说："我见他不分长幼而坐，与长辈并肩而行。这不是在求上进，只是急于求成。"

解意：

蕅益曰："'居位'即是欲立，'并行'即是欲达。"①子曰："己欲立而立人，己欲达而达人。"不能立人而欲己立，不能达人而求己达，便是没有下学，只求上达，故曰"速成"。因此，欲己立、己达者，先立人、达人，"仁者先难而后获"，"损"之而后能有"益"，下学而上达。

少年进取心切，更要能沉得住气，坐得了冷板凳，如果没有内心的诚敬和扎实的功底，必将欲速而不达。

①　蕅益大师：《四书蕅益解》，江谦等点校，中国水利水电出版社 2012 年版，第 134 页。

卫灵公篇

第十五

一

卫灵公问陈于孔子。孔子对曰:"俎豆之事,则尝闻之矣;军旅之事,未之学也。"明日遂行。

释义:

卫灵公请教如何兴兵作战。孔子回答说:"礼仪上的事情,我还知道一些;打仗的事情,我从未学过。"第二天,孔子离开了卫国。

解意:

春秋无义战,但在特定的历史条件之下,战争也不能简单地回避和否定,故而孔子并不完全反对战争。不过,战争并不是解决问题的最好方法,而是万不得已的选择。正如康有为所说:"杀人之事,不得已而用之,治国当先以礼乐厚民。"[①]在治国方面,儒家主张德治,在战争方面倡导"德战"。

所谓德战,即以德备战,强调道德的基础性地位。道德相对于战争来说,具有优先性,先礼而后兵。首先,战争必须是正义的。战争只有符合善的道德标准,才能"得道多助";反之,则"失道寡助"。其次,在对人民进行战争训练之前,要先进行道

---

① 康有为:《论语注》,中华书局 1984 年版,第 227 页。

德教育,知礼节,守忠信,然后才可以与敌作战。再次,战争的成果要通过道德来巩固,马上得天下,却不能在马上治天下,唯有回到德治上来,国家才能长治久安。

因此,孔子并非不知军旅之事,而是事有本末,不可倒置,卫灵公黩武穷兵,怠于礼义,失其本矣。孔子与灵公,"道不同,不相为谋",故去之。

二

在陈绝粮,从者病,莫能兴。 子路愠见,曰:"君子亦有穷乎?"子曰:"君子固穷,小人穷斯滥矣。"

释义:

孔子流亡至陈国时,断粮受穷,弟子们都饿病了,精神不振。子路不高兴地说:"君子也会这么贫穷吗?"孔子说:"君子当然会有贫穷的时候,贫穷时,不失为君子;小人耐不住贫穷,一穷就肆意妄为,无所顾忌。"

解意:

君子与小人的区别,并不在于物质财富的多寡或政治权位的高下,而在于能否超越外在物质条件的限制,保持心灵的独存。所以,君子于富贵之中,能安于富贵,于贫穷之中,能安于贫穷,不因外在条件而动其心;小人在富贵之中易骄横,在贫穷之中易自卑,当遭遇极度富贵或贫穷时,不能安其心,肆无忌惮,为所欲为。正如孟子所说:"无恒产而有恒心者,惟士为能。若民,则无恒产,因无恒心,苟无恒心,放辟邪侈,无不为已。"[1]孟子认为:没有稳定的经济收入而能不动心的人,就是君子;没有稳定的经济收入,心就会放纵的,是普通百姓。一个人如果没有了稳定的心,就会失去道德的原则与做人的底线,就会为所欲为。

子路以为君子德才兼备,必会有用于世,而能得到富贵,所以当遭遇挫折时,则现愠色,虽然未滥,但已内心不安。《易传·困卦·象传》曰:"险以悦,困而不失其所亨,其唯君子乎!"君子之为君子,本质上是对内在仁德的坚守与对天下归仁理想的追求,至于是否能在修仁德、行仁道的过程中得到富贵,则听天由命,所以夫子以道率性,安时处顺,乐在其中。

君子在弘扬和推行仁道的路上,常常得不到世人的理解与现实利益的回报,艰辛异常。虽然人人本心之中存有大道,但当身处于世间之中,遭到冷遇,乃至穷困时,常人极易背弃理想,或者避世保身,或者同流合污。子曰:"岁寒,然后知松柏之后凋也。"穷,然后见君子,越是在穷困之时,就越能考验君子的品格,君子越是要加

---

① 《孟子·梁惠王上》。

倍努力,因为任重而道远。

三 子曰:"赐也! 女以予为多学而识之者与?"对曰:"然,非与?"曰:"非也。 予一以贯之。"

释义:

孔子说:"子贡啊! 你认为我读书多而见识广吗?"子贡说:"当然,难道不是吗?"孔子说:"不是的。 我是以'一'加以贯通的。"

解意:

"多学而识之",是下学功夫,下学亦须上达,由博返约,于"多"中见"一",上达于"道"。"道"者,"体"也,"一"也,"道"无所不包,于"一"中见"多",处处皆"道",触类旁通,无所不当,方是体用不二、合乎中庸。正如《易传·系辞下》曰:"天下殊途而同归,一致而百虑。"钱穆也说:"道之所得本于学,学之所求即在道。"①子贡着眼于"器",虽积学已久,却尚未由"器"进"道",故孔子启发之。

四 子曰:"由! 知德者鲜矣。"

释义:

孔子说:"子路啊! 真正懂得'德'的人实在是太少了。"

解意:

德者,得也,得"道"谓之德。如王夫之所说:"得而后见有德,德犹得也。"②所以,"道"是源泉,"道"落实在人性之中便是"德",人之为人,皆有人性,故皆是得"道"之人。然而,得"道"却未必能行"道",不能行"道",故难以知"道"。不能知"道"、行"道",虽得而未得。

凡可行者谓之道。行"道",即以人间正道而行,也即率其先天本性、仁心而行,无妄念,不妄动,此谓修德。因此,修德,重在守仁心、修仁德、行仁道。如德之不能自修,便须借助师友礼义教化的辅助,以教养德,以德达道。正如《中庸》说道:"天命之谓性,率性之谓道,修道之谓教。"

"德"之一字,实乃上通天道,下至教化,统括儒家哲学之全部。

---

① 钱穆:《论语新解》,生活·读书·新知三联书店 2012 年版,第 359 页。

② 《思问录·内篇》。

五

子曰:"无为而治者,其舜也与? 夫何为哉? 恭己正南面而已矣。"

释义:

孔子说:"真正的无为而治,不正是舜之所为吗? 舜的作为是什么? 修德以行道。"

解意:

孔子认为,无为而治,并非消解人道之作为而一味地顺乎自然之道。人道与天道,即一非一。天与人,各有其分,天道之自然,人道之有为,故两者非一;人道源于天道,尽人道之职分,便是天道自然的表现与要求,故人道之有为,恰合于天道之无为,此谓天人相参。正如《易传》曰:"在天之道,曰阴与阳,在地之道,曰柔与刚,在人之道,曰仁与义。"人道尽了仁义,便是参天道之阴阳、合地道之柔刚。

人道者何? 修德也。养德方可配天,修德恰是行道,故孔子不谈玄远之天道,只言切近之修德。万物各安其性、各尽其能,天道乃成。

六

子张问行。 子曰:"言忠信,行笃敬,虽蛮貊之邦,行矣。言不忠信,行不笃敬,虽州里,行乎哉? 立则见其参于前也,在舆则见其倚其衡也,夫然后行。"子张书诸绅。

释义:

子张请教老师在外如何行得通。孔子说:"说话忠实诚信,做事尽心尽责,即使身处蛮荒之地,也能行得通。说话不忠实诚信,做事不尽心尽责,即使身在家乡,能行得通吗? 站立时,这些话好像就在面前,乘车时,这些话好像就靠在车的横木上,念念不忘,须臾不离,到处都能行得通。"子张将这两句话记在了他随身常束的大带上。

解意:

子张志在四方,然而四海之大不离方寸,"立则见其参于前","在车则见其倚其衡",坐卧一也。于方寸之中,主忠信,守敬笃,念念不忘,顷刻不离,虽在四方,犹如眼前。由此可见,大道至简,毫无神秘玄奥之处,合于道,可行于四海,不合于道,寸步难行。

七

子曰："直哉史鱼！ 邦有道，如矢；邦无道，如矢。 君子哉蘧伯玉！ 邦有道，则仕；邦无道，则可卷而怀之。"

释义：

孔子说："史鱼①是直率的君子！国家清平时，勇往直前；国家混乱时，仍然勇往直前。蘧伯玉是位明哲的君子！国家清平时，为国效力；国家混乱时，则深藏不露。"

解意：

人各有其命，或行直如矢，或柔顺不争，如能不怀其私、各安其心，皆是直道而行。各尽其善，小大一也。

史鱼性情耿直，刚正不阿，尽显仁者乾道精神；蘧伯玉游刃有余，为智者坤道精神的体现。两人皆不失仁义，为君子所为。史鱼与蘧伯玉，一柔一刚，相得益彰，如君子都像史鱼之直，不知保身存道，乱世之中，则善道不存，如君子都如蘧伯玉之智，明哲保身，乱世之中，谁去拨乱反正、力挽狂澜？

八

子曰："可与言而不与之言，失人；不可与言而与之言，失言。 知者不失人，亦不失言。"

释义：

孔子说："可以说的话，却没有说，是对不起人；不可以说的话，却说了，是说错了话。智者既不会对不起人，也不会说错话。"

解意：

孔子重视语言的作用。语言可以影响国家的治乱，"一言可以兴邦"，"一言可以乱邦"；语言与修德的关系紧要，"巧言令色，鲜矣仁"；语言还是教学的重要手段，"子所雅言，诗、书、执礼，皆雅言也"；语言的使用还直接影响到学生启智闻道，如孔子教育学生"不愤不启，不悱不发"，在教学中，"中人以上，可以语上也；中人以下，不可以语上也"。所以，语言的使用，不可不慎。

---

① 史鱼：姓史，名鰌，字子鱼，卫国大夫。

九　　　　子曰："志士仁人，无求生以害仁，有杀身以成仁。"

释义：

孔子说："以仁道为理想的人，不会为了生存而妨碍仁德，紧要时还会自觉地放弃生存，完成仁道。"

解意：

子曰："士志于道。"士君子以仁道作为自己的人生理想与使命，生而为道，仁在命中。在生死问题上，孔子不贵生、不轻死，认为生得要有意义，死得应有价值。生命虽以生存为前提，但是生存不是生命的目的。生命之谓生命，生而为命，有超越于生存之上的更高的理想追求，这便是仁道。

仁者求道、行道，是完成生命的根本使命。生者为仁，仁者非为生，故不会求生而害仁，只会杀身以成仁。

十　　　　子贡问为仁。　子曰："工欲善其事，必先利其器。　居是邦也，事其大夫之贤者，友其士之仁者。"

释义：

子贡请教老师如何培养仁德。孔子说："工匠要做好手中的活，就得先有好的工具。你住在这个国家中，要与有贤德的大夫共事，与有仁德的学人交友。"

解意：

仁心虽然人人本有，但是由心而至性，由仁心而至仁德的坚固，艰难异常，往往半途而废。因此，培养仁德，除了主体的内因之外，外在的因素也不能忽视。犹如工匠做工，自己的力气与技巧是内因，工具是外因，有一把锐利的工具，做起工来便会事半功倍；同样，良师益友也是仁心的辅助、仁德的利器。所以，同事与朋友的选择，不可不慎。

十一　　　　颜渊问为邦。　子曰："行夏之时，乘殷之辂，服周之冕，乐则韶舞。　放郑声，远佞人。　郑声淫，佞人殆。"

释义：

颜回请教老师如何为国家创制。孔子说："沿用夏代的历法，引用商代的车马制度，采用周代的礼服规定,接受舜时的乐教。摒弃郑国的乐曲,远离花言巧语的人。郑国的乐曲恣肆放纵,花言巧语的人祸国殃民。"

解意:

儒学既强调个体心性的修养,又重视社会制度的建构,前者为内圣之道,是儒家的伦理学,后者为外王之道,是儒家的政治学,内圣而外王,才构成儒家的全体。心性与制度不可分离:一方面,道德的修养与生命的境界以心性为根据,但也离不开礼仪规范的约束与社会环境的制约;另一方面,国家的治理与社会的安定以制度来保障,但是为政在人,正如孟子所说:"徒善不足以为政,徒法不能以自行。"[1]为政者的道德修养也直接决定了制度的制定与实行。因此,儒家的心性之学与制度之学,不可偏废。

孔子认为:夏历顺时授民,能有效地指导人民农业生产,所以沿用夏代历法;商代车辆质朴无饰、易于通行,所以引用商代的车马制度;周代文盛,礼服华贵庄严、尊贵显见,所以采用周代的礼服规定;郑音情感放纵、没有节制、靡灭心志,使人流连忘返,故要杜绝;佞人夸夸其谈、混淆是非、心口不一,其言足以祸国殃民,故要远离。

历史之制,皆因时损益,及其久也,不能无弊。因此,创制之问,乃是人类永恒的课题,在继承中变革,在变革中发展,永无止境。

十二　　子曰:"人无远虑,必有近忧。"

释义:

孔子说:"一个人如果没有远大的理想,眼下就会充满忧愁。"

解意:

子曰:"仁者不忧",仁者守仁行道、志向高远,故能超越世俗生活中的诸种烦恼;反之,没有远大理想的人,必会纠结于眼下的利害得失,患得患失,忧愁不已。"道"之于人,不可须臾离也,知"道"或是不知"道",会对当下的生活状态产生根本的影响。仁者知"道",能自觉地行"道",并在此中超越眼下的得失,无有忧愁;"百姓日用而不知",往往难以超拔于生活中的功利算计,身陷于眼下的忧愁之中。

以"道"观之,行住坐卧、喜怒哀乐,处处皆"道",顺境或是逆境,成功或是失败,富贵或是贫贱,都是修道、悟道的契机与考验。

---

① 《孟子·离娄上》。

十三 子曰:"已矣乎! 吾未见好德如好色者也。"

释义:

孔子说:"算了吧! 现在我很少见到像追求美貌一样追求德性的人了。"

解意:

爱美之心,人皆有之。德性亦是人人本具,但是人们很少有好德之心。孔子以此引导世人,由好色出发,"能近取譬",而至好德,能如此者,即是由凡入圣。

情性与德性,虽然不可偏废,但是好色者,以情性主之,好色而易废德,好德者,德性主事,由德统情,情乃合于中道。故心之所好,不可不慎。

十四 子曰:"臧文仲其窃位者与! 知柳下惠之贤而不与立也。"

释义:

孔子说:"臧文仲是个偷窃权位的人,明明知道柳下惠①很贤能,却将其罢免,不愿任用。"

解意:

子曰:"不患无位,患所以立。"在一个良好的社会中,职位与德才相配,德才是取得职位的根本原因,如果德不配位,是谓"窃位"。臧文仲在其位,不谋其政,且嫉贤妒能,是谓不仁。正如朱熹引范氏注曰:"臧文仲为政于鲁,若不知贤,是不明也;知而不举,是蔽贤也。不明之罪小,蔽贤之罪大,故孔子以为不仁,又以为窃位。"②

十五 子曰:"躬自厚而薄责于人,则远怨矣。"

释义:

孔子说:"严于律己,宽以待人,就会远离抱怨。"

解意:

仁德的培养在于严于律己,仁德的发用在于宽以待人。严于律己,德厚也;德厚

---

① 柳下惠:鲁国贤人,姓展,名获,字子禽,谥号惠,生于鲁国柳下邑,后人尊称为柳下惠。
② 朱熹:《四书章句集注》,中华书局 1983 年版,第 164—165 页。

者,不怨人。宽以待人,物载也;物有所载,故人不怨。

或有人不能律己,反责备于人,自己有怨,他人有怨。正如荀悦所说:"若乃肆情于身而绳欲于众,行诈于官而矜实于民,求己之所有余,夺下之所不足,舍己之所易,责人之所难,怨之本也,谓理之源斯绝矣。"①或有人既严于律己,又严以待人,以德来强加于人,亦鲜有仁德,更不能远怨。

怨者从心,仁者亦发端于心。由郁怨之心出发,在己有怨,在人有怨;由仁爱之心出发,在己无怨,在人无怨。仁者"求仁而得仁,又何怨?"因此,仁者虽以天下归仁为理想,但归仁之事,求诸己,不求诸人。求诸己,能培养德性,也能取信于人;不求诸人,才能待人宽厚,给他人的成长提供空间,他人才会愉悦地跟从。所以,宽以待人,是仁德的体现,也是教化的策略。

十六　　子曰:"不曰'如之何,如之何'者,吾末如之何也已矣。"

释义:

孔子说:"一个人如果不想着'怎么办,怎么办',我就真拿他没有办法了。"

解意:

"仁者不忧",但孔子时有忧虑,忧不复梦见周公,忧大道之不行;"知者不惑",孔子亦常有疑惑,因疑惑,方能临事而惧,好谋而成;君子知命行健,无有悲观,但孔子也常有乘桴浮于海之叹。

大道流行,无有滞碍,人道坎坷,有心无碍。事物在发展中,常常会遇到阻碍,甚至倒退,面对现实,人们常常忧虑、担心,甚至抱怨、悲观。殊不知正是这一份忧虑与抱怨,恰是仁心的作用,也是推动事情发展的重要动力与契机;反之,无动于衷,麻木不仁,则人道绝而不通。

十七　　子曰:"群居终日,言不及义,好行小慧,难矣哉!"

释义:

孔子说:"一群人整天聚在一起,言谈不及道义,玩弄小聪明,这样的人是难有大出息的。"

---

① 《申鉴·政体》。

解意：

人生在世，无不身处于群体之中，受到群体的影响，幼年时受到由父母亲戚组成的家庭的影响，读书时受到由同学老师组成的学校、班级、寝室的影响，工作时受到由同事领导组成的单位的影响，以及受到由全体成员组成的整个社会大风气的影响。大多数人生活在群体之中，都难以超拔于群体之上，被动地受其影响，以至于近朱则赤、近墨则黑。所以，环境的营造与群体的选择，对仁德的培养非常重要。人以群分，同道相谋，从所处的群体之中，可以看出一个人的追求与境界。所以，群体的选择，不可不慎。

"天下兴亡，匹夫有责"，人既是群体中的人，群体亦是人所构建的群体，群体氛围的营造，也离不开个人的努力。创建一个相互督促与勉励的群体，于己于人皆能有益。

十八 　子曰："君子义以为质，礼以行之，孙以出之，信以成之。君子哉！"

释义：

孔子说："君子之道从义出发，用礼节来规范自己的行为，谦逊地对待他人，持之以恒。这便是君子之道。"

解意：

君子之道即成仁之道，成仁首先要对"仁"加以确定，以仁立身，不犹豫，不徘徊，这便是义。因此，义是一种成仁的勇气，是谓义气。但是，有此义气，却未必成仁，还需要脚踏实地地用礼节规范自己。礼以和为宗旨，意气用事，又以礼节之，则事无不宜。君子反求诸己，责任在我，故待人谦逊宽厚。信是对一切德性持之以恒的毅力，人无信，则不立，只有在信的坚守之下，说到做到，知而行之，义气、礼节、谦逊等品德才能最终落实，并蔚然成风，成就君子之道。

十九 　子曰："君子病无能焉，不病人之不己知也。"

释义：

孔子说："君子只责怪自己未能做到，不责怪别人对自己还不知道。"

解意：

反躬内省，不愿乎外，是儒家的一贯理路。自己的德行是因，其名声被人知道是果,君子求因以俟果,不求果而废因。德行是实,称誉是名,有德行之实,然后有美誉之名,君子实至名归,不沽名钓誉。子曰:"不患莫己知,求为可知也。"孔子有所为,有所不为,有所求,有所不求,故而知命。

是人皆有病,君子能捉到病根,对症下药,药到病除,因此,君子无病。

二十　子曰:"君子疾没世而名不称焉。"

释义:

孔子说:"君子不愿意自己有生之年的作为与自己身后的名声不相符合。"

解意:

儒家主张入世,在奉献自我的过程中,成就生命价值的永恒。自我奉献要通过立德、立功、立言为方式和手段,而三者皆有美名相称。因此,儒士行事,注重建树,功成名遂,与道家所主张的"功遂身退""圣人无名"迥然有异。

但是,"名"只是"实"的反映与结果,儒士虽然爱惜自己的名誉,但更加看重其所以成名的实在。正如张栻曰:"有是实,则有是名。名者,所以命其实也。终其身而无实之可名,君子疾诸,非谓求名于人也。"[1]"名"的真实性要远远弱于"实",有的人生前有名,而身后无名,有的人生前有好名声,而身后有恶名声,这些都是名、实不相称的表现。因此,君子所追求的并不是由立德、立功、立言所带来的生前好名声,而是所立之德行具有历史的恒常性,所立之功绩能经得起历史的检验,所立之言语具备跨越历史的普适性。

君子重名,非求虚名,通过对名声的重视来促进道德的培养和践行。正如钱穆所说:"孔子作《春秋》而乱臣贼子惧,惧此名而已。世不重名,则人民趋利,更无顾忌矣。"[2]儒、道、佛三家皆有敬畏伦理,不过,儒家不似道、佛设神道教,以地狱、轮回等神秘的力量来推进伦理的实现,而是通过树立对名声、名节的敬畏来引导人们对德行的追求。

二十一　子曰:"君子求诸己,小人求诸人。"

释义:

孔子说:"君子有事求自己,小人有事求他人。"

①　张栻:《张栻集》,邓洪波校点,岳麓书社 2010 年版,第 133 页。

②　钱穆:《论语新解》,生活·读书·新知三联书店 2012 年版,第 370 页。

解意：

孟子曰："万物皆备于我。"①仁、义、礼、智，人人先天本具，不必外求，识得自己，先求诸己。君子有求，必反身于己，自下功夫，不对他人谄媚讨好。《大学》云："君子有诸己而后求诸人。"可见，君子也求诸人，良师益友，是君子所求。

二十二 子曰："君子矜而不争，群而不党。"

释义：

孔子说："君子庄重但不与人争执，合群但又保持独存。"

解意：

君子知礼守节，又待人宽厚，不凌驾于人，虽然庄重，却不与人争执。君子肩负着齐家、治国、平天下的社会责任，非但不能与世隔绝，反而要融入现实的社会生活之中，在其中去体验、磨炼，洒扫应对，并以善巧方便施以教化。君子虽然入世合群，却又直道而行，不匿非偏袒，故而不党。

因此，儒家虽为入世之道，但又要求卓然独立、超越世俗，实现入世与出世交融的中道之境。这正是儒家高妙的中庸智慧的体现。

二十三 子曰："君子不以言举人，不以人废言。"

释义：

孔子说："君子不因为一个人说的话好就全面肯定他，也不因为一个人不好就否定他说的一切话。"

解意：

语言与行为、心灵存在一定的距离，言行不一、言不由衷的现象比比皆是。因此，孔子一方面要"听其言而观其行"，不全信其言，"不以言举人"；另一方面，语言又是教育的重要工具，语言的意义可以脱离言说者而独立存在，所以对待他人的语言，应该保持开放的态度，不偏私己见，广开言路，"多闻阙疑"，以他人的言语自勉自励，故"不以人废言"。

---

① 《孟子·尽心上》。

二十四　　子贡问曰："有一言而可以终身行之者乎？"子曰："其恕乎！己所不欲，勿施于人。"

释义：

子贡请教孔子："有一句话可以让我终身奉行吗？"孔子说："应该是恕吧，自己不想要的，就不要强加给人。"

解意：

子贡问行，行，是与人同行，犹如"三人行"，不同于独往。独往是自我与仁心之间的对话，通过内在的慎独自省来修养自己，因而，更加强调主体性的地位，突出"我"的作用。同行是自我与他人之间的对话与交融，要求自我的隐退，以突出他人的地位。孔子提出"忠"与"恕"两大原则，其中"忠"对应着独往，"恕"则对应着同行。

"忠"在于坚守仁心，"恕"在于超越自我。在与人交往的过程中，只有在坚守仁心的基础上，并超越自我，才能培养起对他人的同情心和怜悯心来，也才能设身处地地为他人着想。

二十五　　子曰："吾之于人也，谁毁谁誉？如有所誉者，其有所试矣。斯民也，三代之所以直道而行也。"

释义：

孔子说："我对于他人，有言过其实的称赞与批评吗？我所称赞或批评的人，都一定证实过。这些人，是三代率性而为的体现。"

解意：

有过错，就有批评，有德行，就受赞扬，这些都是人之常情、自然而然的，也是合于常道的。"直道而行"，便是顺乎常情、自然、常道而行，不匿非，不隐善，实事求是，率性而为。因此，"直道而行"，实质上无所毁、誉。

人与圣贤，皆尝有过，过而能改，善莫大焉。因此，有过错并不可怕，可怕的是刻意地掩藏过错，并以良善的面目示人。赞美德行，是人之常情。美名是德行的自然结果，不能为了要誉而去行德，不能生起贪求赞美的心。贪求之心一起，行德的动机就夹杂着功利的目的，动机不纯，则不能直心向道，便从根本上违背仁道。

因此，养德求仁，只是率其真实的心性而为，坦坦荡荡，无有造作。心之所养，实无所养,仁之所求,实无所求。

二十六 子曰:"吾犹及史之阙文也,有马者借人乘之,今亡矣夫!"

释义:

孔子说:"我过去还曾见到过史书中文字上的空缺,也还曾见到过有马的人借给他人乘用,今天都已经见不到了。"

解意:

古代史家学问严谨,如遇不知者,则于文中留下空缺,以待后来补充,而不去穿凿附会,以无为有。古代有马之人,如遇他人借用,则慷慨解囊,借人乘之,而不会刻意掩藏,以有为无。此两者,实事求是,皆直道而行之者也。今也则亡,机心四起,故孔子有所感慨。

二十七 子曰:"巧言乱德。小不忍,则乱大谋。"

释义:

孔子说:"逞口舌之快,会扰乱德性的培养。小的缺点不能节制,大的理想就难以实现。"

解意:

仁道虽然宏大,却要实实在在地从生活的点滴做起,在视、听、言、动中养成。如果不从小处着眼,一味地好高骛远,只会劳而无功,所以古人常说:"勿以恶小而为之,勿以善小而不为。"人们的一言一行,处处都在培养仁德,处处都在践行仁道,要做到敏于行而慎于言,心口如一,知行合一,切不可做表面文章,念口头禅。

诸葛亮说:"非淡泊无以明志,非宁静无以致远。"[①]成就大理想的人,需要有一颗坚定与宁静的内心,日积月累,事业乃成。荀子也说:"无冥冥之志者,无昭昭之明;无惛惛之事者,无赫赫之功。"意思就是,一个人如果没有潜深专一的精神,就不能洞察真理,如果没有专心致志的功夫,就不会取得显赫的成就。

---

① 《诸葛亮集·诫子书》。

二十八　　子曰："众恶之，必察焉；众好之，必察焉。"

释义：

孔子说："大家都厌恶的，待考察之后再去厌恶；大家都喜爱的，待考察之后再去喜爱。"

解意：

对待众人的意见，孔子非常重视，因为人心之所向，不仅是当下社会状况的反映，更直接决定了历史的发展趋势，故人之好恶，不可不察。然众人之所好，未必真善，众人之所恶，未必真恶，在众人的左右之下，历史的发展常常是曲折的，而非直线式地前进。

面对众人之好恶，圣人既不从众而媚世，也不违众而孤行，而是明察是非，止于至善。

二十九　　子曰："人能弘道，非道弘人。"

释义：

孔子说："人的终极使命是维系大道，而不能专用大道为人谋利。"

解意：

"道"是宇宙与生命的真谛，引申为规律、秩序，万物因"道"而成其所是，人在其中，又有其特殊的职责与使命。人因有心，可与天、地并立，顶天立地，为"三才"之一。有人心，故可知"道"、行"道"，也可顺"道"、逆"道"。人心可知"道"，可以把握宇宙的规律，为人所用。人运用规律，既可为苍生万物造福，也可自私自利、残害生灵，最终违"道"，自取灭亡。正如《阴符经》所言："其盗机也，天下莫能见，莫能知。君子得之固躬，小人得之轻命。"因此，古人传道，首先要考其德性，树立人道使命。

孔子认为，人道的终极使命，既不是物质享乐，也不止于人伦关怀，而是作为宇宙秩序的维护者，去遵"道"、用"道"。孔子此句，立论至高，发人深省，谓之为万世立法，亦不为过。

三十　　子曰："过而不改，是谓过矣。"

释义：

孔子说："有过错不改正，这才是真正的过错。"

解意：

人皆会犯错，人的过错来自于何处？子曰："人之过也，各于其党，观过，斯知仁矣。"孔子认为，人的过错来自于社会群体的不良影响，通过对过错根源的观察，就能够明白过错并非来自人心。人之所以能够辨识过错，并观察过错的根源，正是通过人心。正如孟子所言："是非之心，人皆有之。"①人人皆有良知，故可自知其过。人不仅有知过的认识能力，还具有改过的实践能力。孔子说："有能一日用其力于仁矣乎？盖有之矣，我未之见也。"可见，人人皆能自知其过，并能自改其过。

犯错有时在所难免，但是改过人人可以做到，如果知过却不改，甚至还刻意地遮盖自己的过错，则是自掩良知、自暴自弃，因而是真正的过错。过而改之，生命日久长新。

三十一　子曰："吾尝终日不食，终夜不寝，以思，无益，不如学也。"

释义：

孔子说："我曾经整天不吃，整夜不睡，独自思索，总是无益，应该从学入手，将学与思结合起来。"

解意：

学，是儒家的重要特点，是上达求道的入手功夫。《论语》以"学而"为"第一"，《荀子》以"劝学"为首篇，学无疑是成人、成才，乃至进道的一条真正捷径。

荀子曰："吾尝跂而望矣，不如登高之博见也。"②意思是，我曾想踮起脚跟而望远，不如登往高处，借势而观之。人，为生存奔波，为小我谋利，通过读圣贤书籍，学圣贤生命，可以自觉渺小，进而开阔视野，广大生命。正如贾谊说道："学圣王之道者，譬其如日；静思而独居，譬其若火。夫人舍学圣王之道而静居独思，譬其若去日之明于庭，而就火之光于室也，然可以小见，而不可以大知。"③然而，自我与圣贤毕竟有别，过往圣贤的生命历程与典籍未必适用于当下与自己，所以，还要通过思索来寻找自己的生命之路，通过学习来启发自心、参验自证。

因此，学与思不能分离，不学无以拔高，不思无以自得，不学无资粮可取，不思则难以融会贯通。

---

① 《孟子·告子上》。
② 《荀子·劝学》。
③ 《新书·修政语上》。

三十二 　子曰："君子谋道不谋食。　耕也，馁在其中矣；学也，禄在其中矣。　君子忧道不忧贫。"

释义：

孔子说："君子追求真理，不谋求衣食。耕田为了衣食，但有时也会挨饿；勤奋学习，俸禄有时却不求而得。所以君子担心真理得不到弘扬，而不是一心只想着摆脱贫困。"

解意：

一分耕耘，方有一分收获，要得到更多的收获，就要有更多的付出，付出难，收获易，所以"先难而后获"。这不仅是传统道德一直坚持的原则，也与当今社会的市场经济法则相符。君子与常人一样，也希望丰衣足食，不过，与常人不同的是，君子知物有本末，心里只想着付出，而不想着收获，虽然心中没有收获，却收获很多；反之，如果只想着收获，就会对付出斤斤计较，希望付出得少，收获得多，这样一来，便难以有大的收获。因果之间实是相互酬答啊！

春秋之时，可能与当今一样，都存在着学习无用论，认为学习不如耕田与经商来得便捷与实在，故而孔子以直言的方式加以启迪，希望学人要放下后顾之忧，一心向学。不过，如此一说，可能又会激发学人的功利之心，进而引来学习功利论，将学习乃至求道当作谋食的工具，以道弘人。汉代以降，读经学道，成为博取功名的便捷途径，于是机心四起，再少有人真心去求学问、弘大道了。无碍乎孔子说："民可使由之，不可使知之。"使知之，不是，不使知之，亦不是，此乃有为法之两难处境。

三十三 　子曰："知及之，仁不能守之，虽得之，必失之。　知及之，仁能守之，不庄以莅之，则民不敬。　知及之，仁能守之，庄以莅之，动之不以礼，未善也。"

释义：

孔子说："知仁道之所在，却不能坚守仁道，虽知道，也会失去。知仁道之所在，且能坚守仁道，却不能以庄重的态度对待人民事务，人民也不会对你有所敬意。知仁道之所在，还能坚守仁道，且以庄重的态度对待人民事务，但是使民不合情理，也是难以达到至善的。"

解意：

仁道至广、至大、至全、至精，非知行、内外、人我，乃至天人一体者，不能达到。

知仁道并行仁道，知行合一，乃修己之道。如《大学》云："止于至善。"其"止"，必以修身为本,通过修身的功夫,来达到主体内在的知行统一。但是,修身是对己,只是内圣之道,儒家重视修身,因为修身是基础,但并非终点,"天下归仁",才是儒家的理想。所以,身修之后,还存在着更为重要的由己达人的外王之道。内圣者,未必能外王,身修者未必能治国,两者并不存在必然的因果关系。

修身侧重于主体自身的心性修养与道德践履,而治国理政则是对道德素养与实践智慧的综合考量,不仅需要多方面的行政才能,还充满了更为严格的现实考验,更加离不开良好的社会制度的保障。一方面,君子严于律己,一丝不苟,砥砺人格,但是要真正地走上仁道之途,还需要具备无私奉献的服务精神,将修养自身的功夫转化为服务人民的工作,只有这样,才能得到人民的认同与尊敬;另一方面,治理国家、服务人民,不仅取决于管理者自身的道德素养与行政技能,还要受到社会礼法制度的影响与制约,礼法制度如果不合情理,也难以让人民勤勉上进、团结一致,难以实现国富民强,乃至天下大治的理想。

三十四　　子曰:"君子不可小知而可大受也,小人不可大受而可小知也。"

释义:

孔子说:"君子不能用具体的才能去评判他,却可以让他任贤使能、统管全局;小人可以用具体的才能去评判他,却不能委以大用。"

解意:

《易传》云:"仁者见之谓之仁,智者见之谓之智。"此中的"仁者"与"智者"皆有所偏重,各执一端,未能达到"道"的整体。虽然"道"表现在各种"小知"之中,但是固执于"小知",则不能超越"小知"而上达至"无知",终究难以达到"真知""大全"。故而孔子主张"下学而上达",由"小知"而进入"大受"。

君子既不以个人的衣食享乐为目的,也不局限于以某一阶层、某一行当或某一群体为关怀,而是以"道"为志向,以天下为己任,站在社会整体和谐的高度,以中庸之道来统摄小知、驾驭小知,使之各安其分、各尽其能,所以君子可以被委以重任,来统筹全局。

孔子将"儒"分为君子儒与小人儒,荀子将"儒"区分为大儒、雅儒、贱儒,孔子的"君子儒"与荀子的"大儒",正是以"大受"为归旨。正如荀子说:"法先王,统礼义,一制度,以浅持博,以今持古,以一持万,苟仁义之类也,虽在鸟兽之中,若别白黑。倚物怪变,所未尝闻也,所未尝见也,卒然起一方,则举统类而应之,无所拟作,张法而度之,则暗然若合符节,是大儒者也。"①可见,大儒并不局限于某一项具体才能,而是要"统礼义,一制度",立足于社会整体秩序的建构,能"以浅持博,以今持古,以一持万",以"道"御"器"。

三十五　子曰:"民之于仁也,甚于水火。 水火,吾见蹈而死者矣,未见蹈仁而死者也。"

释义:

孔子说:"人民对于仁德,避之不及,甚于水火。我见到过水火致人性命的,却从未见过仁德会致人死亡的。"

解意:

子曰:"谁能出不由户,何莫由斯道也?"黄式三说:"人情于行仁之事,每有所逡而不为。"②民不赴仁,仁道不行,所以孔子发此感慨。

仁者,既是天地生生之道,也是政治养民之道,更是生命价值的恒常之道。但是在现实的生活中,人们常常见利而忘义,不识仁义之大利,不行仁义之大道。孔子认为,一个人乃至一个社会的善的根源就是"仁",而其他方面,如物质生产、礼仪规范、政治秩序,乃至军事斗争,都只是"仁"的辅助。如果仁心巩固了,仁德广大了,人民生活与社会管理才能和谐有序,而如果抛弃了仁心与仁德,仅仅发展这些辅助的方面,那么必然是作茧自缚、自取灭亡。

三十六　子曰:"当仁,不让于师。"

释义:

孔子说:"仁德的主体在我,弘扬仁道的使命在我,即使是老师,也不与他谦让。"

解意:

当仁者,是求道之人,是知命之人。求道,故勇于担当道德的责任,责无旁贷;知命,故确信天降弘道使命于我,自做主宰,舍我其谁?! 因此,行仁由己,自有自为,不外求,亦不谦让,此谓率性而为。夫子此言,旨在点醒学人,学问与人生之路虽然需要师友的帮助,但最终还是要落在自己的身上,树立道德主体的地位,以仁为己任,

① 《荀子·儒效》。

② 黄式三:《论语后案》,张涅、韩岚点校,凤凰出版社 2008 年版,第456页。

见义勇为,当仁不让。

古希腊哲人亚里士多德说:"吾爱吾师,吾更爱真理。"师者,传道之人也,敬其师,便是爱其理,爱其理,便是敬其师。所以,"不让于师",正是尊师重道。

三十七　子曰:"君子贞而不谅。"

释义:

孔子说:"君子坚守正道,不拘泥于小信。"

解意:

子曰:"君子无适也,无莫也,义之于比。"君子言不必信,行不必果,坚守正道,方能游刃有余;小人不守正道,不辨是非或死守诺言,却背道而驰。正如张栻曰:"若但执其小信,而于义有蔽,其失其正,而反害于信矣。"[1]因此,贞是谅的本体,谅是贞的表现,有贞,不谅亦谅,无贞,谅而不贞。

仁者如山,智者如水。如山者,坚忍不拔,不言而信,故贞;如水者,变化无方,不违正道,以和为贵,故不谅。君子仁智统一,既不随波逐流,也不墨守成规,人格寄寓于山水之间。

三十八　子曰:"事君,敬其事而后其食。"

释义:

孔子说:"为国家和人民办事,心中只想着工作,俸禄自然随之而来。"

解意:

事有始终,物有本末。付出而得回报,此是合乎人情。尽职在先,食禄在后,此是合乎道理。老子曰:"后其身而身先,外其身而身存。"[2]只有放下利益,才能成就利益;只能放下自我,才能成就自我。

---

① 张栻:《张栻集》,邓洪波校点,岳麓书社 2010 年版,第 137 页。
② 《道德经》。

三十九　　子曰："有教无类。"

释义：

孔子说："教育应该打破一切界限，一视同仁。"

解意：

子曰："性相近也，习相远也。"在"性"的面前，人人皆有善端，在成善的可能性上，人人平等。人性源于天道，在"道"的面前，众生万物亦是平等。

《中庸》曰："天命之谓性，率性之谓道，修道之谓教。"众生皆已得"道"，通过教育而知"道"、觉"道"、行"道"。所以，教育的目的在于规范人生之路，使受教育者不偏离正道；教育者也应该以"道"为己任，打破一切界限，一视同仁，有教无类。

"类"是一种自我的认同，但也体现了自我的狭隘。"无类"，则是超越自我，民胞物与，一体呈现。因此，"无类"不仅是教育者的态度，更是教育者生命境界的体现。

四十　　子曰："道不同，不相为谋。"

释义：

孔子说："如果人生旨趣根本不同，君子就无法与他偕行求道之路。"

解意：

道通为一，儒、道、释三家亦有相通之处，因而要相互尊重，不能自以为是。子曰："君子而不仁者有矣夫。"子曰："贤者辟世，其次辟地，其次辟色，其次辟言。"可见，孔子将一些不同行于仁道之人视为君子，将一些隐士视为贤人，加以尊重。

但是，在对"道"的实际运用，以及生命的行迹上，儒家之"道"又不同于道、释之"道"，三者不能混淆。从特殊性上来说，儒家之"道"即是仁道，仁道是在世之道，仁者不追求个体生命的永恒，强调在奉献自我中实现自我，在对人类整体的关怀中实现个体生命价值的永恒，因而儒家常以"立德""立言"和"立功"作为评价人生价值的标准，因为三者皆为人类的整体进步做出了贡献。

隋唐以降，三教融合，道、佛两家亦强调奉献自我、自觉觉他，三教亦有殊途同归之势，取长补短，道合而相谋。

四十一　　子曰："辞，达而已矣。"

释义：

孔子说："语言，足以表达意思就可以了。"

解意：

孔子以文明传承为己任，而文明的传承既要依赖身教，也离不开言传，因而在"三教"之中，儒家是最重视教育和语言作用的。但是，语言又只是达道的手段，透过语言来把握真意，语言的功能才能得到实现。如果执着于语言，只在语言上下功夫，则会死于文字，见指忘月。因此，孔子立言而不执于言，老子有"道可道，非常道"的警示，禅宗亦有"不立文字"的决绝。

语言作为文教，源于本质，如果文辞过盛，语言就会遮蔽本质、矫揉造作、伪情匿意，所以，语言应"辞约而旨丰，事近而喻远"①，做到朴素而深刻。

四十二　　师冕见，及阶，子曰："阶也。"及席，子曰："席也。"
皆坐，子告之曰："某在斯，某在斯。"
师冕出。子张问曰："与师言之，道与？"子曰："然。
固相师之道也。"

释义：

有一位盲人乐师，名冕，来见孔子，快到台阶时，孔子说："这是台阶。"快到座席旁，孔子说："这是座席。"等众人都坐下了，孔子向乐师冕介绍道："某人坐在这里，某人坐在那里。"

乐师冕离开之后，子张问孔子："与乐师言谈，也有道吗？"孔子说："是的，引导乐师也有道。"

解意：

"道"无处不在。孔子重视在世之道，于洒扫应对之中体察其"道"、践行其"道"。孔子之道，仁道也，仁心发用于事事物物之中，于事事物物之中，皆见其道。

仁者爱人，爱人，便要克己复礼。克己，是放下自我，融入对方，主客交融，急人之所急，忧人之所忧。如此，方能同情地理解，使言行举止合乎情理。

---

① 《文心雕龙·宗经》。

季氏篇

第十六

季氏将伐颛臾。冉有、季路见于孔子，曰："季氏将有事于颛臾。"孔子曰："求！无乃尔是过与？夫颛臾，昔者先王以为东蒙主，且在邦域之中矣，是社稷之臣也，何以伐为？"

冉有曰："夫子欲之，吾二臣者皆不欲也。"孔子曰："求！周任有言曰：'陈力就列，不能者止。'危而不持，颠而不扶，则将焉用彼相矣？且尔言过矣！虎兕出于柙，龟玉毁于椟中，是谁之过与？"

冉有曰："今夫颛臾，固而近于费。今不取，后世必为子孙忧。"孔子曰："求！君子疾夫舍曰欲之而必为之辞。丘也闻有国有家者，不患寡而患不均，不患贫而患不安。盖均无贫，和无寡，安无倾。夫如是，故远人不服，则修文德以来之。既来之，则安之。今由与求也，相夫子，远人不服而不能来也，邦分崩离析而不能守也，而谋动干戈于邦内。吾恐季孙之忧，不在颛臾，而在萧墙之内也。"

释义：

季氏准备攻打颛臾国。冉求和子路见到孔子说："季氏要攻打颛臾了。"孔子说："冉求啊！在这件事情上，你难道没有过失吗？在最初分封的时候，周天子就让颛臾主祭鲁东的蒙山，况且颛臾在鲁国境内，本是鲁国的属国，忠诚于鲁君，有什么理由攻打呢？"

冉有说："这是季氏的主意，我与子路不同意的。"孔子说："冉求！周任曾说：'依照你的能力来就任职位，如果不能胜任，就应辞去。'如今季氏道危，你却不能持守，颠倒，你却不能扶正，还让你来辅佐有什么用呢？而且，你刚才的说辞也是不对的！猛虎和野牛从笼子里跑出来，龟壳和美玉在匣子里被毁坏，到底是谁的责任呢？"

冉有说："颛臾城池坚固，又与季氏的费邑太近。这次如果不能攻占，以后终将成为季氏后代的忧患。"孔子说："冉求啊！君子最忌讳的是口是心非，明明心里这样想的，还一定要给自己找借口。我听说过，不管是治理国家，还是治理采邑，最大的忧患不是财富少，而是分不均，不是人贫穷，而是不安分。只要分配公平，贫穷就不会有；社会和谐，财富就不会少；人民安分，政治就不会乱。如果能做到这些，倘有国外人不能信服、不愿接近，便大力倡导道德与文化，吸引他们，只要他们接近，就会安心归服。如今你们两人辅佐季氏，远方的人不信服，你们不能吸引来，国家支离破碎，你们不能保全，还要计谋着发动内乱。季氏攻打颛臾，恐怕真正忧虑的不是颛臾，而是鲁君吧。"

解意：

春秋战国之时，中国内战频发，诸侯之间、大夫之间相互兼并，秩序混乱，是非颠倒。身处乱世，有德之士纷纷避隐，常人深陷于恶流之漩涡不能自拔，诸侯或因乱势而衰败，如鲁君，大夫或趁乱势而为豪强，如季氏。鲁国三卿专权，国家支离破碎、一分为四，季氏独霸其二，叔孙氏与孟孙氏各占其一，唯有颛臾忠诚于鲁君，季氏欲攻占颛臾，据为己有，一是想扩大自己的势力，二是惧日后鲁君凭借颛臾，发难季氏。

春秋处在大变动的时代，权力的再分配必然伴随着残酷的军事斗争，季氏的所作所为，在当时是非常普遍的现象，司空见惯，所以孔子对季氏并没有太多无谓的责备，但是对于冉求与子路，孔子则进行了深刻的批评。这是因为，当社会陷入恶的循环之中时，众人身不由己、随波逐流，只会加重社会的混乱和大道的阻塞。虽然天道物极必反，然而人道能居安思危、拨乱反正。老子曰："孰能浊以静之徐清？孰能安以动之徐生？"[①]唯有君子，能以勇力摆脱恶流之漩涡，坚守正义的大旗，不被己欲蒙蔽，不被乱局所扰，通过自身的不懈努力，使正义由微而著，使社会转危为安，使大道由隐至显，所以，孔子将社会的希望寄托在君子的身上。然而，平日熏习仁义之道的冉求和子路却在关键时刻意志消沉，非但没有持危扶颠，反而推卸责任，这怎能不让夫子痛心疾首！

---

① 《道德经》。

拯救乱世的关键在君子,君子推动大道要靠仁政。孔子认为,国家的安定来自个人的安定,个人的财富来自社会的财富,个人只有安分守己,国家才能维持安定,社会只有实施公正的分配制度,才能保障个人的财富。国家安定了,财富分配公正了,社会才能和谐,经济才能发展,民族才能富强。而且,仁政的运用还能进一步推进国际关系的良性发展,经济的发达与军事的强大,再配合道德文化的昌盛,才能让邻国安心与诚服。辜鸿铭说:"西人欲教我以国际法,不知我国自孔子以来自有真实切用之国际法在。"①可以说,孔子是第一位为中国的国际关系原则做出积极指导的人,这个原则就是仁政、王道。

二　孔子曰:"天下有道,则礼乐征伐自天子出;天下无道,则礼乐征伐自诸侯出。自诸侯出,盖十世希不失矣;自大夫出,五世希不失矣;陪臣执国命,三世希不失矣。天下有道,则政不在大夫。天下有道,则庶人不议。"

释义:

孔子说:"天下太平时,政治文化制度与军事行动都统一于天子。天下不太平时,诸侯各自为政,擅自改变政治文化制度,擅自发动军事行动。诸侯僭权,国家难以延续十世。大夫僭权,诸侯难以延续五世。家臣僭权,大夫难以延续三世。所以,天下太平时,大夫不专政,不僭越职权;政令统一时,百姓不会莫衷一是。"

解意:

此节紧接上文来说,季氏身为大夫,却常行诸侯之事,擅自改变政治文化制度,如"季氏舞于庭",擅自发动军事行动,如"季氏将有事于颛臾"。对于儒门来说,社会混乱,君子责无旁贷,而对政治秩序来说,国家失政,在上者应当自省、自责,天子若能有效理政,诸侯安能擅政?诸侯若能有效理政,大夫安能擅政?大夫若能有效理政,陪臣安能擅政?所以,为政者,应以身作则、积极有为,君君,方能臣臣。

政治有序,政令统一,才能"名正",名正了,百姓的心才能安定,言行才能有所范导;反之,朝令夕改,百姓莫衷一是,自然非议重重。所以,"庶人不议",是政治清平的表征,而不是强制人民不准议论政治、不准说真话,"庶人不议"的关键取决于统治者的身正和政治秩序的稳定。政治的最高境界在于润物无声,养民以惠,使民以时,让人民安居乐业,当人民感受不到被治理、轻安自在的时候,才能真正实现"庶人不议"。

① 辜鸿铭:《辜鸿铭讲〈论语〉》,天津社会科学出版社 2014 年版,第 265 页。

三　孔子曰："禄之去公室，五世矣。政逮于大夫，四世矣。故夫三桓之子孙，微矣。"

释义：

孔子说："鲁君失去政权已经有五世了，大夫操纵政治已经有四世了。所以擅政的三家①的后代也自食其果，衰落下去了。"

解意：

子曰："己所不欲，勿施于人。"鲁国大夫季氏篡夺了鲁君的权力，导致鲁国衰败，同样，季氏家臣阳虎也篡夺了季氏的权力，导致三桓势力衰落，因果报应在社会历史领域中屡试不爽，真实不虚。所以，政治秩序的维护，自上而下，子曰："政者，正也。子帅以正，孰敢不正。"若三桓安分守己，做出表率，家臣又怎会起邪心、动恶念呢？

在天人合一的整体性思维之下，每一个体的利益都要在家庭、他人、民族、国家、人类社会，乃至天地自然中获得保障。所以，自我与他人，人类与自然，为一不可分割的命运共同体，维护他人的利益就是在维护自己的利益，保障自然的生态就是在保护人类的环境，否则，覆巢之下，焉有完卵？

四　孔子曰："益者三友，损者三友。友直，友谅，友多闻，益矣。友便辟，友善柔，友便佞，损矣。"

释义：

孔子说："有益的朋友有三类，有害的朋友也有三类。与正直不阿的人为友，与真诚守信的人为友，与博学多才的人为友，都是有益的。与奸邪险恶的人为友，与曲意逢迎的人为友，与油腔滑调的人为友，都是有害的。"

解意：

交友之道，也是修己之道，交友与修己是密不可分的。《易传》曰："物以类聚，人以群分。"每个人的朋友圈往往与自己是相称的，交到什么样的朋友，取决于自己是什么样的人，只有提升自己的水平和境界，才能交到有着相应水平和境界的朋友。

自己修养的提升，既离不开仁心的发动和仁道的践行，也需要朋友的辅助与督

①　三家：鲁桓公有四子，嫡长子继承君位，为鲁庄公，其他三位分别是庶长子孟孙氏、庶次子叔孙氏和嫡次子季氏。此三家被封为卿，后来形成了鲁国的三大家族，由于三家皆出自于鲁桓公，所以被人们称为"三桓"。

促,所以,修己与交友,两者互为原因。与正直不阿的人交朋友,自己的错误才能被发现和纠正;与奸邪险恶的人交朋友,错误反而会得到肯定,离正直愈行愈远。与真诚守信的人交朋友,心灵坦坦荡荡;与曲意逢迎的人交朋友,会养成自己奸诈的心。与博学多才的人交朋友,能增长知识,培养虚心求教的美德;与油腔滑调的人交朋友,会让自己变得浅薄浮华,失去追求真理的信念。总而言之,与益友在一起,人性能得到提升,仁道能更加坚定,与损友在一起,人性会堕落,人生之路会迷失。

不过,对于大多数人来说,往往同时具备益者与损者的习性,两者相互交错、善恶相混,若取纯益之人,则无友可取,若拒纯恶之人,则无人可拒。所以,交友应持"无友不如己者"的态度,"择其善者而从之,其不善者而改之"。

五 孔子曰:"益者三乐,损者三乐。 乐节礼乐,乐道人之善,乐多贤友,益矣。 乐骄乐,乐佚游,乐宴乐,损矣。"

释义:

孔子说:"有三种快乐是对人有益的,还有三种快乐是对人有害的。喜欢用礼乐节制自己,让言行趋于中和;喜欢称道他人的美德,见贤思齐;喜欢以文会友,广交贤德的朋友。这些都是有益的。喜欢放肆骄纵、为所欲为;喜欢游手好闲、不求上进;喜欢吃喝玩乐、聚会欢饮。这些都是有害的。"

解意:

儒家追求高尚的人生品质,反对低俗的人生态度;同时,儒家所倡导的礼乐道德,又是顺从人情、尊重人欲的。所以,高尚并不代表禁欲,低俗也并不等于快乐,道德生活与人生快乐实质上是统一的。

君子追求的快乐,是持久的、稳定的快乐,而不是短暂的、易逝的快乐。短暂和易逝的快乐多来自感官的刺激与欲望的满足,当人们沉溺于这种快乐时,人的情绪是激烈的,精神是消沉的。持久的和稳定的快乐多来自德性与精神的追求,追求德性,所以能节制自我、无欲无求、安闲舒适、心灵充实,获得持久的满足。

六 子曰:"侍于君子有三愆:言未及之而言,谓之躁;言及之而不言,谓之隐;未见颜色而言,谓之瞽。"

释义:

孔子说:"和君子在一起,可以发现自己身上的三种毛病:不到说的时候就说,这是说话急躁的毛病;该说的时候不说,这是说话隐瞒的毛病;说话不能察言观色,这是说话盲目的毛病。"

解意:

君子无此三病。与君子交,反躬自省,故能见其不善、改过向善。

儒家道德不是抽象、思辨的形上原则,而是鲜活、具体的实践智慧。它要求人们在践行道德时,既要有内在的仁德基础,又要审时度势、恰到好处,达到善的效果。

七　孔子曰:"君子有三戒:少之时,血气未定,戒之在色;及其壮也,血气方刚,戒之在斗;及其老也,血气既衰,戒之在得。"

释义:

孔子说:"君子在人生过程中,有三件事要引以为戒:青年时,血气未定,不要沉迷美色;壮年时,血气方刚,不要争强好斗;老年时,血气既衰,要警惕贪得无厌。"

解意:

血气是人的先天性质,无血气,则不能为人,血气的变化在人生的不同阶段,有着不同的表现。这些都是自然现象,既不可否定,也无须人为地改变。血气未定,方为少年,血气方刚,方为壮年,血气既衰,方为老年,如果人为地超越生理阶段,横加干涉,拔苗助长,既是违反自然的成长规律,也是违背人类文明的初衷。

先天血气本身无可厚非,它体现了生命在不同阶段的特点。但是人类社会之所以不同于自然,就在于它既顺应自然,又能主动地把握和运用自然的中道,避免自然的极端转化。所以,人的作为以及人类社会的发展,不能任由先天血气的发动,而要顺性修戒,以德御气,使血气达至中和。

正如《淮南子》曰:"先王之制法也,因民之所好而为之节文者也。因其好色而制婚姻之礼,故男女有别;因其喜音而正雅颂之声,故风俗不流;因其宁家室、乐妻子,教之以顺,故父子有亲;因其喜朋友而教之以悌,故长幼有序。"[①]后天道德礼乐正在其中发挥作用。

---

① 《淮南子·泰族训》。

八 孔子曰："君子有三畏：畏天命，畏大人，畏圣人之言。小人不知天命而不畏也，狎大人，侮圣人之言。"

释义：

孔子说："君子敬畏三个事物：敬畏天命，敬畏圣人，敬畏圣人之言。小人不知天命，所以无所敬畏，轻慢圣人，诋毁圣人之言。"

解意：

君子敬畏天命。天命非外在的命令，而是对人生使命与人道职责的体悟。正如李泽厚所说："此'天命'一如'五十而知天命'章，并非特定外在超越对象，而可释作对自己存在及其有限性之深沉自觉（自意识），从而敬而畏，即在此有限性中更感生存之价值、意义与使命。"[1]

君子敬畏大人。刘宝楠注曰："大人即圣人，与天地合其德。"[2]圣人知天安命，其心甚大、其行甚远，故谓之"大人"。《易传》曰："夫大人者，与天地合其德，与日月合其明，与四时合其序，与鬼神合其吉凶。先天而天弗违，后天而奉天时。"圣人是觉道者，与道合一，是道在人世间的具体表现，后觉者当从先觉者，能不敬乎？

君子敬畏圣人之言。圣人的伟大，必有言语的流露，言语之中透露出圣人对人生与宇宙的深刻领悟。圣人与"我"存在着生命之间的感通，以敬畏的态度对待圣人之言，才能将心比心，体悟圣人之心，提升自己的生命境界。

天命、大人和圣人之言，此三者，是"我"生命的重要指引。天命是本原，是觉悟的源头；圣人是表征，是天命在现实人身上的表现；语言是载体，是圣人在当下的存在。此三畏，源自于内心的诚敬，因而是内在的自觉，而非外在的强制。其"畏"，又是在"我"深切体会之下的绝对命令，表露出天命不得不行、圣人不得不敬、圣人之言不得不领会的意味。

君子虽然有所敬畏，却不是盲目崇拜，甚至迷信。孟子曰："尽信书，不如无书。"[3]佛曰："所谓佛法者，即非佛法。"[4]所以，君子"三畏"，重在自得，如不能自得，反生障碍，不如无畏。

---

① 李泽厚：《论语今读》，中华书局 2015 年版，第 317 页。
② 刘宝楠：《论语正义》，高流水点校，中华书局 2012 年版，第 661 页。
③ 《孟子·尽心下》。
④ 《金刚经》。

九 　孔子曰："生而知之者，上也。 学而知之者，次也。 困而学之，又其次也。 困而不学，民斯为下矣。"

释义：

孔子说："自行体悟到仁心天命的，是最上等。主动学习而知道的，是次一等。遇到困境后才去求学的，是再次一等。遇到困境仍然不学的，是最下等。"

解意：

儒家之学，为生命之学。通过生命实践，从中体悟到生命之学的，是上等的智慧。在上等的智慧那里，习要优先于学，行要优先于知。其次，生命之学虽然源自于切己的生命实践，然而，当由个体的生命体验上达至天命这一生命本体的时候，智慧就超出了个体性的体验，而具有生命的普遍指导意义，先觉觉后觉，后进者主动地学而习之，知而行之，或遇困而不能自通，求智以觉悟。

"生而知之""学而知之"与"困而学之"，三者常常皆备于人。在实践中有所感悟，是"生而知之"；在感悟的基础上，与先圣之智互证而契合，是"学而知之"；在人生的实践中遭遇困境，反求智慧，是"困而学之"。如若"困而不学"，则是自暴自弃，故为下民。所以，求道之路，人人平等，无论出生贵贱，抑或天质厚薄，皆能通过后天的学习而成为君子。

十 　孔子曰："君子有九思：视思明，听思聪，色思温，貌思恭，言思忠，事思敬，疑思问，忿思难，见得思义。"

释义：

孔子说："君子修德，仁心要在九个方面发挥作用：看事物时，要洞察；听言语时，要明辨；面对他人时，要温和；与人相处时，要恭敬；说话时，要诚恳；为人做事时，要尽力；有疑惑时，要求问；愤怒时，要考虑后果；获利时，要看是否符合正义。"

解意：

《大学》云："欲修其身者，先正其心。"身是感官与思维的集合体，在身与外物接触的过程中形成了知觉表象、情感体验，以及依此而形成自我的思维活动，"九思"的对象皆在其中。与身相对的是心，心超越了物质、情感与自我，是生命的灵明。身虽然能动，却是盲目的、狭隘的；心虽然虚静，却是澄明的、超越的。修身的关键，就在于心对身要起作用。

"九思"的主体是"心",只有"心"能够明道、自觉,并超越自我的局限性。荀子曰:"何以知道?曰:心。"[①]在心的指导之下,知觉、情感与思虑才能合乎人、我的要求,达乎中庸。如目能视却不能明,有心则明;耳能听却不能聪,有心则聪;口能言却不能忠,有心则忠;体能动却不能温、恭、敬,有心则能温、恭、敬;知能疑却不能问,有心则求问;情能忿却不能知难,有心则能知难。所以,身能由心主导,即是圣人;身顺乎血气,即是常人。

十一 **孔子曰:"'见善如不及,见不善如探汤。'吾见其人矣,吾闻其语矣。'隐居以求其志,行义以达其道。'吾闻其语矣,未见其人矣。"**

释义:

孔子说:"'见到善,好像追赶不上,努力追求;见到不善,好像手伸进热水中,避之唯恐不及。'我见过这样的人,也听过这样的话。'隐退,是为了保全志向;兴起,是为了弘扬大道。'我听过这样的话,却没见过这样的人。"

解意:

"见善如不及,见不善如探汤",体现了君子独善其身的高洁品格。但是儒家的理想并不仅限于独善其身,还要心怀天下,实现社会的和谐与苍生的幸福,即修身、齐家、治国、平天下。

曾子曰:"士不可以不弘毅,任重而道远。"君子的志向,至大至远,非一个人、一代人所能完成,所以要有坚毅的品格。坚毅,并非固执与刚强,固执者不通,刚强者易折,只有将刚毅运用于柔顺之中,将内心不舍的志向因时而变通,仁道才能经久不衰、源远流长。"天下有道则见,无道则隐",正体现了君子求志达道的柔顺与变通的智慧。

柔顺不离刚毅,变通不违原则。君子入世,只为弘扬大道,非为谋食;天下无道,君子退隐,只为守仁存义,非为自保,更非待价而沽。孟子曰:"故士穷不失义,达不离道。穷不失义,故士得己焉;达不离道,故民不失望焉。"所以,君子志向坚定,可进可退,显达而不逐利,隐退而不忘世。

---

① 《荀子·解蔽》。

十二　齐景公有马千驷，死之日，民无德而称焉。伯夷、叔齐饿于首阳之下，民到于今称之。其斯之谓与？

释义：

齐景公拥有马车千乘，死的时候，人民没有称赞他的。伯夷、叔齐饿死在首阳山，人民到今天还在称道。人生价值的差别不就在这里吗？

解意：

儒家追求入世之道，认为人生应活得有价值，真正的价值一定是永恒的，永恒的价值一定是能经得起历史检验的。所以，"君子疾没世而名不称焉"，不一定要在当世得到人们的理解、声名的赞誉，或是崇高的地位，而是要在历史的流传中得到历史的肯定。历史是人民的历史，历史的评价标准在于是否能促进人民获得幸福。所以，君子立德、立言、立功，最终要落实到人民的身上，要为天下苍生造福。

十三　陈亢问于伯鱼曰："子亦有异闻乎？"
对曰："未也。尝独立，鲤趋而过庭，曰：'学诗乎？'对曰：'未也。''不学诗，无以言。'鲤退而学诗。他日，又独立，鲤趋而过庭，曰：'学礼乎？'对曰：'未也。''不学礼，无以立。'鲤退而学礼。闻斯二者。"
陈亢退而喜曰："问一得三。闻诗，闻礼，又闻君子之远其子也。"

释义：

陈亢问伯鱼道："你在你父亲那里获得过特殊的教导吗？"

伯鱼回答道："没有。有一次，父亲一个人站在庭院中，我快步经过，父亲叫住我，问道：'学《诗》了没有？'我回答说：'没有。'父亲说：'不学《诗》，就不懂得如何与人对答。'于是我退下去学《诗》。又有一次，父亲一个人站在庭院中，我快步经过，父亲叫住我，问道：'学礼了没有？'我回答说：'没有。'父亲说：'不学礼，就不能在人群中立足。'于是我退下去学礼。父亲在私下里就给过我这两次教导。"

陈亢告别伯鱼，高兴地说："我问伯鱼一个问题，明白了三个道理。第一，要学诗；第二，要学礼；第三，君子疏远自己的儿子。"

解意：

子曰："吾无隐乎尔。吾无行而不与二三子者，是丘也。"孔子诲人不倦、授业传道，怎么会对弟子有所隐瞒呢？陈亢怀疑老师教育弟子有所保留，实际上是陈亢自己心存偏私，其所"得"的诗与礼，无一不是夫子日常教育的内容，故所"得"，实无所得。而且，陈亢还错认为君子"远其子"，孔子兴学，非为私利，以传承文明、弘扬大道为己任，"中道而立，能者从之"①，实无门派之见、亲疏之别。

十四　邦君之妻，君称之曰"夫人"，夫人自称曰"小童"，邦人称之曰"君夫人"，称诸异邦曰"寡小君"，异邦人称之亦曰"君夫人"。

释义：

国君的妻子，国君称她为"夫人"，她对国君自称为"小童"，国人称她为"君夫人"，本国人在他国人面前称她为"寡小君"，他国人在本国人面前称她为"君夫人"。

解意：

称谓表达了人与人之间的某种关系，既可能是伦理关系，也可能是政治关系。通过称谓，可以微妙地传达对对方的尊敬或是蔑视的情意，也可以流露出自己的安分或是僭越的意图，还体现了政治秩序与道德礼仪的稳定或是混乱。《礼记》曰："名者，人治之大者也，可无慎乎？"②孔子强调"正名"的作用，通过合理的称谓来纠正混乱的现实。

①　《孟子·尽心上》。
②　《礼记·大传》。

阳货篇

第十七

一

阳货欲见孔子，孔子不见。归孔子豚。
孔子时其亡也而往拜之，遇诸涂。谓孔子曰："来！予与尔言。"曰："怀其宝而迷其邦，可谓仁乎？曰：不可。好从事而亟失时，可谓知乎？曰：不可。日月逝矣，岁不我与。"孔子曰："诺。吾将仕矣。"

释义：

阳货①想见孔子，孔子不愿见他。阳货趁孔子不在家时，送到孔子家中一只蒸小猪，想让孔子前来拜谢。

孔子在阳货不在家时前去拜谢，在半路上遇见阳货。阳货对孔子说："来啊！我有话对你说。"阳货道："你身怀治国之道，却不去拯救失道的国家，这是仁吗？不是啊。你心怀出仕的愿望，而屡失时机，这是智吗？不是啊。人生短暂，岁月不等人啊。"孔子说："是的。我在等待出仕。"

---

① 阳货：季氏家臣，名虎，又叫阳虎。

解意：

阳货认为，孔子不仕，故不仁，难仕，故不智。其实，仕或不仕，与仁、智并不存在必然的关系。孔子仕与不仕，皆是依道而行，因时而变。正如孟子曰："可以仕则仕，可以止则止，可以久则久，可以速则速：孔子也。"[①]

孔子求道、行道，将出仕为官看作是践行仁道的方式，而非目的。出仕，可行道；不出仕，亦可行道。子曰："《书》云：'孝乎惟孝，友于兄弟，施于有政。'是亦为政，奚其为为政？"孔子删定六经，教育弟子，传承大道，无不是在践仁行道。孔子身处乱世，如若出仕为政，也只是要借助政权的力量来推行仁道，但是，如果政权掌握在小人手中，仁道非但不能推行，君子还有被利用的危险。时值阳货谋反，意欲篡位，阳货想利用孔子助其作乱，如果孔子此时出仕，才是真正的不智。

二　　子曰："性相近也，习相远也。"

释义：

孔子说："人性与我们每个人是最相近的，只有后天的作为才能推动人性的远行。"

解意：

孔子言"性"，为人的先天本性，所谓先天，即先于人道、由天道赋予，所以，人之初，即有人性。人性是人生的起点，人生的道路要从人性出发。推动人性的进步，必须靠后天的德行，如若止于人性，只言"性"，不践"习"，就等同于否定了人道的作为，在天道上止步不前。所以，"性相近也，习相远也"，展现了孔子积极的入世之道，并点明了人生修行的根本意义。

孔子言"性相近"，已是见性，所以于"性"不多言、多思。见性与不见性，于"性"本身来说，并非至关重要，紧要的乃是"习"，只有真正地践行仁道、落实德性，才能切实地推进人性的远行；反之，沉迷于"性"的发现与复归，而不能切实地用"习"来使"性"致远，必使人性止步不前。所以，后天之"习"才是推进生命之路的根本力量。

三　　子曰："唯上知与下愚为不移。"

释义：

孔子说："只有最聪明的人与最愚蠢的人是不能被改变的。"

---

① 《孟子·公孙丑上》。

解意：

"上知"，是有上等智慧的人，上智者，生而知之，无师友的鞭策，也能习而上进；"下愚"，是困而不学、自暴自弃的人，不习，人性岂能远行？所以，上智者不能导之以恶，下愚者不能导之以善，两者皆不能通过外力的干预来改变。

贾谊说："有上主者，有中主者，有下主者。上主者，可引而上，不可引而下；下主者，可以引而下，不可引而上；中主者，可引而上，可引而下。"①介于上智与下愚之间的是中人，中人是学而知之、困而知之的人，可导之以善，亦可导之以恶，所以是教育的主要对象。

四 子之武城，闻弦歌之声。夫子莞尔而笑曰："割鸡焉用牛刀？"子游对曰："昔者偃也闻诸夫子曰：'君子学道则爱人，小人学道则易使也。'"子曰："二三子！偃之言是也。前言戏之耳。"

释义：

孔子到了武城，听到一片琴瑟之声。孔子微笑着说："杀鸡用牛刀啊？"子游回答道："以前我曾听老师说：'君子学礼乐之道，就会仁爱百姓。百姓受到礼乐之道的教化，就会容易领导。'"孔子说："学生们！子游的话是对的。刚才我说的只是一句玩笑话。"

解意：

乐者，悦也，人心受到高雅音乐的熏习，喜于接受，不感约束，长此以往，人性在潜移默化中受到影响，朝向健康、正面的方向发展。子曰："兴于诗，立于礼，成于乐。"乐教是治世的深远之道，故被孔子戏称为"牛刀"。

天下无道久矣，哪怕是一个小小的武城，非长远之道不能得以治理。子游为武城宰，以乐为教，正是希望通过深度的乐教从根本上纠正人心。

---

① 《新书·连语》。

五 公山弗扰以费畔，召，子欲往。子路不说，曰："末之也已，何必公山氏之之也？"子曰："夫召我者，而岂徒哉？如有用我者，吾其为东周乎？"

释义：

公山弗扰①凭借费邑谋反，召孔子去，孔子打算前往。子路不高兴，说道："没有人用你，也就罢了，何必要到公山弗扰那里去呢？"孔子说："他召我去，难道只是空召吗？如果真能用我，我或许可以借此振兴东周啊？"

解意：

居乱邦，能出淤泥而不染，非仁德坚定者不可。孔子入世，不求自我功名，以无我的心来行道，故可行可止。子曰："君子可逝也，不可陷也。"前往，是行道，君子以道心前往，故无有咎害。

子路反对孔子前往险境，应是根据孔子平日里对子路"危邦不入，乱邦不居"的教导。但是，孔子此言与此行，又不能视为自相矛盾。因为实践智慧并不是某种普遍性的原则，它的运用不仅要依据当下形势的变化，还与当事人德性修养的程度有关。康有为说："所谓圣达节，贤守节，下失节。子路乃守节之人，故不说；孔子为达节之圣，故无可无不可。"②所以，子路仁德未定，以"死守善道"为宜，夫子仁德坚定，故可应缘进取。

同一个费邑，可据之以叛，也可依之以兴，关键在于一心。

六 子张问仁于孔子。孔子曰："能行五者于天下，为仁矣。"请问之。曰："恭、宽、信、敏、惠。恭则不侮，宽则得众，信则人任焉，敏则有功，惠则足以使人。"

释义：

子张向孔子请教仁道。孔子说："以五种仁德入世，方可践行仁道。"子张具体问五种仁德。孔子说："恭敬、宽厚、守信、勤敏、慈惠。待人恭敬，才不会受到侮辱；待人宽厚，才能得到民众的拥护；诚实守信，才能受到重用；做事勤敏，成效才会显著；对人慈惠，才能带领民众。"

---

① 公山弗扰：又叫公山不狃，季氏家臣，曾为费邑之宰。
② 康有为：《论语注》，中华书局 1984 年版，第 261 页。

解意：

子曰："能行五者于天下，为仁矣。"可见，仁道，一离不开"行"，二离不开"德"，三离不开"天下"。

仁道是笃行之道。仁道虽然源于仁心、据于仁德，但是仁心与仁德尚属内在，仁道则必须落实于具体的实践活动之中，是仁心的切实发动与仁德的现实运用。因此，仁道首先要"行"，不行，则非仁道。

仁道是以仁为道，不是以他物为道。韩愈说："凡吾所谓道德云者，合仁与义言之也"①，所以仁道体现了儒家之道与道、佛之道的不同。仁道的践行，必有诸德蕴于其中，仁道即是人们践行诸德之道，是仁者之道，无德，亦非仁道。

仁道是天下之道。作为天下之道，仁道不仅是天下人的应行之道，天下通行，而且，仁者行道，非为自我，以天下百姓为己任，积极入世，奉献自身。因此，仁道以天下为归旨，不为天下，非仁道。

> 七
>
> 佛肸召，子欲往。子路曰："昔者由也闻诸夫子曰：'亲于其身为不善者，君子不入也。'佛肸以中牟畔，子之往也，如之何？"子曰："然！有是言也。不曰坚乎？磨而不磷。不曰白乎？涅而不缁。吾岂匏瓜也哉？焉能系而不食？"

释义：

佛肸②召孔子，孔子打算前往。子路说："我曾听老师说：'一个地方的管理者为政不善，君子就不要去这个地方。'如今佛肸依凭中牟叛乱，老师要前往，这是为何呢？"孔子说："是的！我的确说过这个话。可不是也说过，最坚硬的东西，再磨也磨不薄，最洁白的东西，再染也染不黑吗？况且，我怎么会甘愿做一个苦涩的葫芦，挂在一处，无人食用呢？"

解意：

君子身处乱世，如若意志坚定，德性淳厚，经得起磨炼与考验，便能如孔子一般，出淤泥而不染，"从心所欲不逾矩"，如若意志尚未坚定，德性尚未淳厚，则会近朱则赤、近墨则黑，犹如水流，"决诸东方则东流，决诸西方则西流"③。如此，就应像孔子的教导一样，"危邦不入，乱邦不居"，涵静养德。正如张栻曰："'亲于其身为不善者，

---

① 韩愈：《韩愈集》，中卫绍生、杨波注译，中州古籍出版社 2010 年版，第 183—184 页。
② 佛肸：晋大夫赵简子的家臣，曾为中牟邑之宰。
③ 《孟子·告子上》。

君子不入。'此君子守身之常法也。至于磨不磷、涅不缁,在圣人然后可以言此。"①

孔子前往叛乱之地,是践行仁者的使命。仁者不为自我的独善与逍遥,以天下为己任,必要能学以致用、有所作为。

八

子曰:"由也! 女闻六言六蔽矣乎?"对曰:"未也。"
"居! 吾语女。 好仁不好学,其蔽也愚。 好知不好学,其蔽也荡。 好信不好学,其蔽也贼。 好直不好学,其蔽也绞。 好勇不好学,其蔽也乱。 好刚不好学,其蔽也狂。"

释义:

孔子说:"子路呀! 你听说过不好学的六种弊端吗?"子路答道:"没有。"

孔子说:"你坐下,我来告诉你。追求仁德,而不好学,会有愚笨的弊端。追求智慧,而不好学,会有放荡的弊端。追求诚信,而不好学,对人会造成伤害。追求直率,而不好学,言行会不通情理。崇尚勇力,而不好学,会犯上作乱。崇尚刚强,而不好学,会刚愎自用。"

解意:

学是德行的基础,不好学,仁、智、信、直、勇、刚等诸美德就会流于弊端,走向反面。如追求仁德,如果缺乏对行善方法的思考与选择,好心就容易办成错事;人有善心,如果不能鉴别他人之心的善恶,就会受人愚弄和利用。又如对智慧的追求,如果不能理解和遵循社会规范与习俗,言行举止就会失范而随性放荡;如果缺失道德的善的指引,智慧也不能得到合理的运用。又如待人诚信,如果不了解人情世故,不能因时制宜,那么诚信就有可能酿成伤害。又如言行直率,如果不能通情达理,则直率的言语就会显得刻薄,行事就会粗鲁。又如崇尚勇敢,如果不了解国家的法规法纪,疾恶如仇,就可能会逾越限度、犯上作乱。再如为人刚强,如果不能以谦逊的态度了解和包容多元文化,就会自以为是、刚愎自用。

君子养德行道,必要好学。君子所学,范围广泛,学典籍中的圣人智慧,学现实中的君子品格,学社会中的典章制度,学尘世间的人情世故,学古往今来的多元文化等。儒家之学,既不同于心性体悟,也有别于理论理性,而是更为复杂多变的实践理性。实践理性包含着理性的正当性原则、道德的向善原则、社会的规范与习俗、人的理想与目的,以及基于当下时空与对象的实践手段与方式的选择等。所以,只有对

① 张栻:《张栻集》,邓洪波校点,岳麓书社 2010 年版,第 147 页。

世间的诸多文化有所理解,对人心、人情有所体会,并灵活运用,德性才能通达,德行才能无碍。

九　　子曰:"小子何莫学夫诗? 诗可以兴,可以观,可以群,可以怨。 迩之事父,远之事君。 多识于鸟兽草木之名。"

释义:

孔子说:"弟子们为何不多学些诗呢? 诗可以升华情志,可以洞察世事,可以学会怎样与人相处,也可以找到表达自己哀怨的合理方式。学诗,从近处讲,可以懂得如何侍奉父母;从远处讲,可以懂得如何为国家效劳。除此之外,学诗,还可以认识许多鸟、兽、草、木的名称。"

解意:

《诗》是孔子教授弟子的重要科目,后来被列入"五经"之一。由诗教可见,孔子将知识与德行、情感与理智并重,教育弟子关心自然、关爱生命,做一个有血有肉、敢爱敢怨、真实丰富的人。

十　　子谓伯鱼曰:"女为周南、召南矣乎? 人而不为周南、召南,其犹正墙面而立也与!"

释义:

孔子对孔鲤说:"你学了《周南》和《召南》两篇诗了吗? 一个人如果不能做到《周南》和《召南》里描述的那样,就好像面对着墙壁站立啊!"

解意:

《周南》和《召南》是《诗经》前两部分作品,其中《周南》十一篇,《召南》十五篇,这两部分诗歌多言夫妇男女。

夫妇男女,是家庭的主要缔造者,孔子倡导入世之道,入世,就得合群,而家庭正是社会的最小单位,是最基础的群体。一个人最早的社会生活体验是在家庭,首先接受社会关系的学习也是在家庭。《大学》云:"治国在齐其家。"《中庸》曰:"君子之道,造端于夫妇,及其至也,察乎天地。"所以,家庭生活是社会生活的起点,是入世行道的开端,一个人如果缺失了正常的家庭教育,就好像面对着墙壁站立,进入社会,寸步难行。

《诗》具有"迩之事亲,远之事君"的社会功能,所以孔子用《诗》来表达他的伦理思想和政治思想。

十一　　子曰："礼云礼云，玉帛云乎哉？ 乐云乐云，钟鼓云乎哉？"

释义：

孔子说："礼啊礼啊，难道只是赠送的玉帛吗？ 乐啊乐啊，难道只是敲打的钟鼓吗？"

解意：

礼与乐，"文质彬彬"。文是礼乐的修饰和形式。其中礼之文表现为礼数，如玉帛；乐之文表现为乐器，如钟鼓。礼乐之质是通过玉帛与钟鼓所表达出的真情实感，只有发自真情实感的礼乐，才可以移风易俗、治世安民。如果徒有礼乐之文，而无礼乐之质，礼乐便尽显虚情假意，人伦道德也不能得到真正的培养；如果徒兴礼乐风尚，掠夺人民衣食之财，穷奢极欲，则更是与礼乐的本质背道而驰。

十二　　子曰："色厉而内荏，譬诸小人，其犹穿窬之盗也与？"

释义：

孔子说："外表装得很威严，而内心怯懦，这一类小人，不就像挖墙洞的小偷吗？"

解意：

不管是人格的养成，还是知识的学习，都要以"真"为前提，有了"真"，才能进而求"善"。君子坦荡荡，守其天真，故能无邪；伪君子虚饰外表，欺世盗名，有伪善，无真善。

伪善，不仅没有真善，而且还大大破坏了善的名声与生态。伪君子总是以高世的姿态出现，打着礼乐的旗号，实则是招摇撞骗、以求私利。正如刘邵说："处虚义则色厉，顾利欲则内荏，是厉而不刚者。……厉而不刚者，则欲夺之也。"[①]所以，伪君子欺骗了世人善良的内心，动摇了世人行善的信念，摧毁了世人的道德标准，造成了社会是非混淆、善恶难辨，从根本上混乱了道德生态。

伪善，实为善之大贼；伪君子，实为挖道德墙洞的小偷。

---

① 《人物志·八观》。

十三　　　子曰："乡原，德之贼也。"

释义：

孔子说："老好人，是道德的祸害。"

解意：

道德实践需要随机应变，却不是随波逐流，如果只知权变、丧失原则，就会在是非善恶之中迷失方向，沦为乡原。孟子曰："阉然媚于世也者，是乡原也。"乡原，阉然媚世，对待所有的人，只知曲意逢迎，完全没有道德原则与善恶立场。所以，乡原既纵容了坏人的邪恶行为，又毁坏了社会的公平与正义，与伪善一样，皆是窃德，危害深重。

中华两千余年的孔学教导，其真正的阻碍，并非人心的邪恶，而是伪善与乡原。

十四　　　子曰："道听而途说，德之弃也。"

释义：

孔子说："在路上听到，便在路上说，是对道德的抛弃。"

解意：

道德如果只停留于口头上，哗众取宠，或者仅表现于颜色仪表上，"色厉而内荏"，都是伪善，只有"默而识之"、"学而时习之"、闻善而勤行之，脚踏实地，经过实际的修养与体会所得到的，才是真正的道德。所以，修德反对口辩，修行不说口头禅。

十五　　　子曰："鄙夫可与事君也与哉？ 其未得之也，患得之。既得之，患失之。 苟患失之，无所不至矣。"

释义：

孔子说："怎么可以与自私的人同朝共仕呢？ 这样的人，没有得到禄位时，怕得不到。得到时，生怕失去。一旦害怕失去，那么就什么事情都能做得出来了。"

解意：

一个人活着，不能只想着自己的利益，还应该有更高的理想追求，尤其是为政做官，心中如果没有人民的利益，缺乏奉献的精神，就会患得患失，逐渐丧失良知，为求富贵,不择手段,近者邪媚诌佞,远者卖国求荣。

患得患失,是功利心的集中体现,是鄙夫低俗的人生态度的表现。易得易失者,皆身外之物。人生如果只围绕着得、失打转,就会受到世俗的牵绊,难以树立崇高的信念与信仰;一个人如果缺乏了内心的信念与信仰,就会为达目的,不择手段。正如张栻说道:"自古乱臣贼子,其初亦岂敢遽有篡弑之萌? 惟其患失之心蹉跌至此,故夫未得则患得,既得则患失。患失则无所不至,履霜坚冰,驯致其道也。然则计利自便之萌,是乃弑父与君之原也。圣人谓为鄙夫者,盖区区惟己私之徇,不亦鄙乎?"①

君子与仁人,既要有入世的情怀,尽其一生,在立德、立言和立功上有所作为,又要树立起超越世间与有限人生的崇高理想,以天下为己任,在自我的奉献中实现生命价值的永恒,不计得失,无所悔怨。所以,一个人的志向决定了一个人的高度,也决定了一个人终究得到的人生价值。

十六　　子曰:"古者民有三疾,今也或是之亡也。 古之狂也肆,今也狂也荡。 古之矜也廉,今之矜也忿戾。 古之愚也直,今之愚也诈而已矣。"

释义:

孔子说:"古代人的三种个性,皆有可贵之处,今天人的个性就只有毛病了。古人狂傲而志气高大,今人狂傲却无所顾忌。古人拘谨而操守坚正,今人拘谨却盛气凌人。古人愚钝而纯朴率直,今人愚钝却欺伪狡诈。"

解意:

子曰:"性相近也,习相远也。"人性生来有异,自有个性,以后天的善习推动个性的发展,虽然有所偏颇,却也能发挥出自己的优势。但是如果个性受到恶习的熏染,恶习也会随着个性的突出而放大,由此造成人性的堕落。正如黄式三所说:"古之教化淳,贤者少疾,凡民多疾,犹本于质之自然。后世民之疾,医家所谓症与脉不对者,习俗传染之尤恶者也。"②所以,重要的不在先天之性,个性无有高下,而在后天之习,先天之材,唯有受到善的熏习,方能有用。

---

① 张栻:《张栻集》,邓洪波校点,岳麓书社 2010 年版,第 150 页。

② 黄式三:《论语后案》,张涅、韩岚点校,凤凰出版社 2008 年版,第 495 页。

十七　　子曰:"恶紫之夺朱也,恶郑声之乱雅乐也,恶利口之覆邦家者。"

释义:

孔子说:"我厌恶紫色覆盖了红色,厌恶郑声扰乱了雅乐,厌恶口辩充斥着国家。"

解意:

红色是正色,紫色是间色,然而紫色的浓艳程度超过了红色;雅乐庄重中和,郑国的音乐热情奔放,但是郑国的音乐能让百姓着迷;国家的治理需要实实在在地去做,而不能停留在口头上的辩说,但是能言善辩更能打动人心。

眼睛喜欢观看艳丽的颜色,耳朵喜欢听到奔放的音乐,心灵容易受到语言的打动,这些是大多数人的本然情质,孔子也不厌恶。让孔子真正厌恶的是"夺""乱"与"覆",是人们在享受本能情欲的同时,否定了心灵的诉求与情感的节制。所以,孔子在尊重本然情质的基础上,强调文化引导的必要性,认为文化既要多元并存,又不能顺其发展,既要百花齐放,又要维护主流的地位,文化建设应该适度干预,积极引导。不过,如何在两者之间找到适当的平衡,是文明进步的关键,也是儒学的难点所在。

十八　　子曰:"予欲无言。"子贡曰:"子如不言,则小子何述焉?"子曰:"天何言哉? 四时行焉,百物生焉,天何言哉?"

释义:

孔子说:"我不想再说什么了。"子贡说:"老师如果不说,弟子们怎么记述呢?"孔子说:"天道何时说过什么? 四季循环,万物蕴生,天道何时说过什么?"

解意:

天道者何? 正在四时行焉、百物生焉之中,离了四时、百物,更无道。所以,天地虽然无言,却不是默默无闻,而是以四季的运动来体现自己的存在,以万物的有为来展现自己的无为。同样,人道者何? 正在家常人伦、邦国政治之中,离了人伦与政治,亦无人道。子曰:"二三子以我为隐乎? 吾无隐乎尔。吾无行而不与二三子者,是丘也。"仁义之道虽然能言、能述,但是人道的根本体现在日用常行之中,天人相参,不是作用在言上,而是在行上。时不我待,仁道就在现在。

十九 孺悲欲见孔子，孔子辞以疾。将命者出户，取瑟而歌，使之闻之。

释义：

孺悲①想见孔子，孔子不愿见他，推说有病。传话的人刚出门，孔子就取出瑟来弹奏，而且还和着歌，让孺悲听到。

解意：

孺悲来见孔子，孔子既拒之，又使之知之，其婉转的表达方式体现了实践智慧的特点。实践智慧不是简单地以某种抽象的原则为根据对具体事情做出对或错的价值判断和行为指导，而是根据当下的人和事的具体情况，找到最适宜的处理方式。这种处理方式往往超出了对与错的两极对立，以一种更加细腻、巧妙和婉转的方式，使之既达到直接的目的，又留下弦外之音，发人深省。

孔子对孺悲的委婉拒绝，也是智慧教育的一种特有方式。智慧的教育不同于知识的教育，知识的学习可以通过直接传授来实现，而智慧的获得则必然要以自己的方式自行体悟。所以，智慧的教育重在启发，"不愤不启，不悱不发"，在一些关节点上，教育者不能越俎代庖地代其点破，而要引发受教育者的思考，使其自行省思参透。孔子不见孺悲，与老子倡导的"不言之教"，以及后来禅宗的棒喝，皆是智慧的教育手段。

二十 宰我问："三年之丧，期已久矣。君子三年不为礼，礼必坏。三年不为乐，乐必崩。旧谷既没，新谷既升，钻燧改火，期已可矣。"

子曰："食夫稻，衣夫锦，于女安乎？"曰："安。""女安，则为之。夫君子之居丧，食旨不甘，闻乐不乐，居处不安，故不为也。今女安，则为之。"

宰我出。子曰："予之不仁也！子生三年，然后免于父母之怀。夫三年之丧，天下之通丧也。予也有三年之爱于其父母乎？"

① 孺悲：鲁人。

释义：

宰我对孔子说："父母过世，子女守孝三年，时间太久了。三年间，君子不推行礼制，礼制一定会败坏。三年间，君子不推行乐教，雅乐一定会荒废。在一年的周期中，新谷取代了旧谷，一季一换的钻火木头也经过了一个循环，丧礼一年就可以了。"

孔子说："父母过世一年后，你吃稻米、穿丝绸，能安心吗？"宰我回答道："能安心。"孔子说："你若安心，就这样去做吧。君子在居丧期间，吃美味不觉得甘甜，听音乐不感到喜悦，在自己的屋子里居住，心总是不安，所以君子不能像平常一样生活。你如果安心，就去做吧。"

宰我离开后，孔子说："宰我没有仁德啊！子女出生三年后，才能完全离开父母的怀抱。父母过世，子女守孝三年，应当是天底下通行的丧礼。难道宰我不曾受过父母怀抱三年的爱吗？"

解意：

中国古代社会是礼仪之邦，中国古代文化是礼乐文化。礼仪制定的根据在哪里呢？礼乐的本质是什么呢？在这一段对话中，孔子明确地告诉了我们。

礼乐源自于一个人内心的情感，一个人的情感有许多，其中最初的情感来自于父母，其次是兄弟。这些最初的情感逐渐铸造了一个人内心的爱，当这些爱被散发出来的时候，就形成了道德。虽然情感不是道德，但是道德源自于情感，尤其是亲人之间的感情。正如有子曰："孝弟也者，其为仁之本与！"家庭乃是仁心的现实源头与后天基础。为了使人的情感得到合理的满足，所以圣人制作了礼乐制度，礼乐制度的根据是爱的情感，即仁心。正如孔子所说："人而不仁，如礼何？人而不仁，如乐何？"放纵情感，抑或压抑情感，都违背了礼乐的本质。

既然仁心才是礼乐的本质，所以礼坏乐崩的根本原因是仁心的丧失，拯救和复兴礼乐的关键也在于仁心的唤醒。孔子提及父母含辛茹苦地怀抱子女三年，也正是为了唤醒每一个人内在的仁心与良知。而宰我摒弃仁心，空谈丧礼，实不知丧礼的根本正在于子女对父母的爱，若子女内心无爱，一年也是太久了，若一个人内在没有仁心，道德的培养也无从谈起。

二十一 子曰："饱食终日，无所用心，难矣哉！不有博弈者乎？为之犹贤乎已。"

释义：

孔子说："吃饱了，一天到晚，心无处可用，这可怎么办啊！不是有下棋游戏吗？这也比整天无所事事要好。"

解意：

孔子倡导人道，主张人应该充分发扬自己的优势，在践行人道的过程中来参与天道。人道不同于天道，天道无心而自然流行，人道有心而主动作为，人之为人，正在于有心而用心。

道家揭示了人心的负面作用，主张人应该无心而为，顺应天道，正如老子曰："虚其心，实其腹，弱其志，强其骨。"

孔子虽然也注意到"人心惟危"、人心不古的危险，却反对因噎废食，主张修其心而用其心，强调人心的积极作用，认为只有发挥人心的能动作用，才能彰显人的主体性地位，才能践行仁道，弘扬天道，实现天人相参。

二十二　　子路曰："君子尚勇乎？"子曰："君子义以为上。君子有勇而无义则乱，小人有勇而无义为盗。"

释义：

子路问老师："君子崇尚勇敢吗？"孔子回答道："君子更崇尚正义。君子如果只有勇敢而没有正义，就会作乱；人民如果只有勇敢而没有正义，就会为盗。"

解意：

对于仁德来说，勇敢与正义都很重要，但是两者相比，正义比勇敢更为关键。如果有正义而无勇敢，虽然不能见义勇为，但仁德在己，尚且可以独善其身；如果有勇敢而无正义，则会无法无天、为所欲为。对于普通人来说，有勇力而无正义，则会为盗；但对于拥有知识与为政能力的君子来说，有勇而无义，则会作乱，其社会的危害性更大。所以，勇敢必须以正义为前提、以正义为原则、以正义为目标。

荀子说："天下有中，敢直其身；先王有道，敢行其义；上不循于乱世之君，下不俗于乱世之民；仁之所在亡贫贱，仁之所亡无富贵；天下知之，则欲与天下共苦乐之，天下不知之，则傀然独立天地之间而不畏，是上勇也。"①所以，真正的勇者，内心要有所敬畏，坚守正义的原则，超越外在的贫贱富贵，见义而勇为，此谓"义勇"。

---

① 《荀子·性恶》。

二十三

子贡曰："君子亦有恶乎？"子曰："有恶。 恶称人之恶者。 恶居下流而讪上者。 恶勇而无礼者。 恶果敢而窒者。"

曰："赐也，亦有恶乎？"曰："恶徼以为知者。 恶不孙以为勇者。 恶讦以为直者。"

释义：

子贡问孔子："君子也有厌恶的事情吗？"孔子说："有的。君子厌恶一味地传播别人坏处，厌恶自己不求上进却毁谤他人积极进取，厌恶尚勇而不守礼节，厌恶专断而顽固不通。"

孔子问子贡："你也有厌恶的事情吗？"子贡说："我厌恶将别人的见解当作自己的，厌恶将傲慢当作勇敢，厌恶将揭发他人隐私当作直率。"

解意：

君子所恶，正是自省处。

君子"恶称人之恶"，故"无有不如己者"，所躬自省。君子"恶居下流而讪上"，故以身作则，诲人不倦。君子"恶勇而无礼者"，故以义御气，见义勇为。君子"恶果敢而窒者"，故"毋固，毋我"，通情达理。君子"恶徼以为知者"，故重在自得，以自得为真知。君子"恶不孙以为勇者"，故宽以待人，以行义为真勇。君子"恶讦以为直者"，故直道而行，以顺其仁心为直心。

二十四

子曰："唯女子与小人为难养也。 近之则不孙，远之则怨。"

释义：

孔子说："唯独女子与小人是最难养的。过分亲近了，他们就对你失去敬意，离得太远了，他们又会抱怨。"

解意：

在春秋时期，男尊女卑的观念虽然没有后世的阳尊阴卑、夫为妻纲那么明确和严重，但是女性的社会地位还是要低于男性的。女性在经济上不能独立，故不能自养，在情感上往往依附于男性，因而有犹如小人一般"不孙"与"怨"的情感表现。女子之所以"难养"，是因为当时的历史条件没有给予女性以足够提升自身修养的条件,在教育、工作等方面,没有保障女性所应有的权利,孔子三千弟子,也是无一女性。所以,当时女性的教养较低,是一个普遍的社会现象。孔子认为女子与小人"难养",并不存在性别上的歧视与讥讽,不是一般性地瞧不起女性,也不是将一切女子都排除在君子之外,而只是对客观历史状况的描述。从中也可以看出,仁道是一个无限发展的过程,孔子求仁,也难以避免其历史的局限性。当今中国,男女平等,女性应该积极提高自身的修养,以达到经济、情感与人格的独立。

君子遇见他人对自己不满,首先要反躬自省,而不是抱怨他人,这是儒家修身的一贯要求。所以,在此句中,孔子主要不是指责女子与小人的"难养",而是说明君子对待女子与小人也应该保持中庸之道。女子与小人修养的提升也需要一个历史进步的过程,所以,当女子与小人出现不逊或是抱怨情绪的时候,君子应主动地反省自己,勇担责任。君子待人,既不应太过疏远,疏远了就会产生隔膜,感情就会受到破坏,自然会有抱怨,也不能太过亲近,否则必定没有敬重,所以他人的抱怨、不逊与自己待人不当方式有着直接的关系。正如朱熹曰:"庄以涖之,慈以畜之,则无二者之患矣。"[1]所以,人与人之间应该保持适当的距离,相亲而相敬。

二十五　　子曰:"年四十而见恶焉,其终也已。"

释义:

孔子说:"到了四十岁,才发现自己的缺点,恐怕就没有时间改正了。"

解意:

本性与我相近,只有后天的作为才能推动本性的前行。所以,人生的修行,就是改变恶的习性,发扬善的习性。

人生的修行,没有早晚,当下即是。不过,人生难得,时不我待,孔子以四十为限,警示世人要及时改过向善。

---

① 朱熹:《四书章句集注》,中华书局 1983 年版,第 182 页。

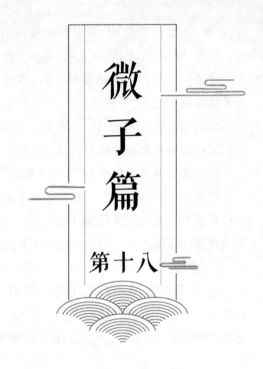

微子篇

第十八

一　　微子去之，箕子为之奴，比干谏而死。孔子曰："殷有三仁焉。"

释义：

微子①弃官而去，箕子②佯狂被贬为奴，比干③强谏被杀。孔子说："商朝曾有三位仁者。"

解意：

微子、箕子和比干皆是商末大臣，见纣无道，微子逃而去之，箕子佯狂被贬为奴，比干强谏被杀。面对天下无道，三人选择有所不同，或是逃隐，或是佯狂，或是强谏，但皆发自于仁民救世之心，故为仁人。所以，仁者时而有隐，与道家遁世之士有所不同；仁者时而出仕，与谋食的俗儒政客有所不同。仁者之路，迂回而进，时去时留，时隐时现，仁心不离，仁道未变。

① 微子：姓子，名启，纣的同母兄长，封于微，世称微子。
② 箕子：名胥余，纣的叔父，封于箕，世称箕子。
③ 比干：姓子，名比干，纣的叔父。

二　柳下惠为士师，三黜。 人曰："子未可去乎？"曰："直道而事人，焉往而不三黜？ 枉道而事人，何必去父母之邦？"

释义：

柳下惠在鲁国当司法官，三次被免职。有人说："你何不到他国去谋官？"柳下惠答道："正直行事，到哪里不都会被罢免吗？ 放弃正直，又何必要离开我的祖国呢？"

解意：

柳下惠做官，坚守正义，于乱世不容，故三次被免职。子曰："邦无道，谷，耻也。"柳下惠行己有耻，虽被免职，也无所悔恨。

身居乱世，柳下惠仍然坚守正道，世不乱身，可谓清矣；知乱世必不容正道，安时而处顺，可谓智矣。柳下惠虽然与孔子不同，但亦不失为君子、仁人。

三　齐景公待孔子，曰："若季氏，则吾不能，以季、孟间待之。"曰："吾老矣，不能用也。"孔子行。

释义：

齐景公想留下孔子，谈到孔子的俸禄时说："像鲁君对待季氏一样，我做不到，介于季氏与孟孙氏之间吧。"之后，齐景公又说："我老了，不能用孔子了。"于是孔子离开了齐国。

解意：

孔子出仕，不为谋求个人的富贵与安乐，所以优厚的待遇不足以打动其心。孔子仕齐，为借助政治的力量来推行仁义之道，不得重用，不足以推行大道，故不行则止。

四　齐人归女乐，季桓子受之，三日不朝，孔子行。

释义：

齐国给鲁国君王送来一批歌舞伎，季桓子接受了，国家三日没有议政，于是孔子离开了鲁国。

解意：

鲁国君相沉迷于女乐，通宵达旦，荒废政事，无可救药，难以与其共谋大道，故孔子行之。孔子行道,前行不已,如江水之流逝,不舍昼夜。

五

楚狂接舆歌而过孔子,曰:"凤兮凤兮! 何德之衰! 往者不可谏,来者犹可追。 已而已而! 今之从政者殆而!"孔子下,欲与之言。 趋而辟之,不得与之言。

释义:

楚国狂人接舆,唱着歌路过孔子:"凤啊凤啊! 如今世道真是衰败极了! 过去的就不用再怀念了,静待未来吧。算了吧算了吧! 今天的从政者已经不能指望了!"

孔子下车,想和他说话。那狂人急行回避,未得与他交谈。

解意:

楚狂人为道家逸士,虽然与孔子不是同道之人,但其不愿与乱世同流合污,洁身自好,亦不失为君子,所以孔子深切地理解,彼此也相互敬重。

在逸士看来,历史的发展犹如天道的运转,自然而然,过去自不必追忆,身居如今之乱世,唯有静静地等待未来,服天安命,不必徒劳伤神。但是在仁者看来,人道出自于天道,人道的积极作为,正是天道的重要组成部分,天道的自然运动,通畅无阻,正是基于人道的努力,如果人人皆因乱世而躲避,天道岂能通畅? 未来岂能光明? 所以,离了人道,亦无天道。孔子深忧世事,企盼与人同行,却无人理解,只能独走夜路。仁者之孤独,不同于逸士之寂寞。

六

长沮、桀溺耦而耕, 孔子过之,使子路问津焉。

长沮曰:"夫执舆者为谁?" 子路曰:"为孔丘。"

曰:"是鲁孔丘与?" 曰:"是也。"

曰:"是知津矣。"

问于桀溺。 桀溺曰:"子为谁?" 曰:"为仲由。"

曰:"是鲁孔丘之徒与?" 对曰:"然。"

曰:"滔滔者,天下皆是也,而谁以易之? 且而,与其从辟人之士也,岂若从辟世之士哉!" 耰而不辍。

子路行以告。 夫子怃然曰:"鸟兽不可与同群,吾非斯人之徒与而谁与? 天下有道,丘不与易也。"

释义:

长沮、桀溺两人在田地里并头而耕,孔子经过此处,让子路向两人打听前往渡口的路。

长沮说:"那个驾车的人是谁?"子路回答道:"孔丘。"

长沮问:"是鲁国的孔丘吗?"子路答道:"是的。"

长沮说:"他知道路在哪里。"

子路于是又去问桀溺。桀溺说:"你是谁?"子路回答说:"我是子路。"

桀溺又问:"是鲁国孔丘的弟子吗?"子路答道:"是的。"

桀溺说:"天下没有一处安宁的地方,你们能和谁一同去改变呢?你啊,与其跟着孔丘躲避坏人,不如跟着我们躲避整个社会吧。"说完,两人只顾埋头覆土盖种。

子路离开两人,把情形告诉了孔子。孔子惆怅地说:"活在世间,我不能与鸟兽同群,不与人们同群,又和谁同群呢?如果天下有道,我就不必和你们一同去改变了。"

解意:

"吾非斯人之徒与而谁与?"此句正是孔子入世之道的真实写照。"天下有道,吾不与易也",真乃仁者之心,仁者之境!

虽然天下滔滔,虽然无人与其共谋大道,但是"岁寒,然后知松柏之后凋也",夫子与其弟子们的努力才更显珍贵,虽然只是星星之光,但此一道曙光,正是阴阳交替的根本转机。

七　子路从而后,遇丈人,以杖荷蓧。 子路问曰:"子见夫子乎?"丈人曰:"四体不勤,五谷不分,孰为夫子?"植其杖而芸。 子路拱而立。 止子路宿,杀鸡为黍而食之,见其二子焉。

明日,子路行,以告。 子曰:"隐者也。"使子路反见之。

至,则行矣。 子路曰:"不仕无义,长幼之节,不可废也。 君臣之义,如之何其废之? 欲洁其身而乱大伦。 君子之仕也,行其义也。 道之不行,已知之矣。"

释义:

子路跟随孔子周游,落在了后面,路上遇见一位老者,杖头担着一竹篓。子路上前问道:"您见到我的老师了吗?"老者说:"四肢不勤劳动,五谷不能分辨,谁能当你老师呢?"说完,将杖插入土中,只顾除草。子路拱手站在一旁。后来,老者将子路留在家中过夜,杀鸡,做黍饭,款待子路,又叫出自己的两个儿子和子路见面。

第二天,子路离开老者的家,赶上了孔子,告诉他昨天发生的事情。孔子听完后说:"这是一位隐士。"让子路再回去看望他。

子路再去时,老者已经出门了。子路说:"完全拒绝做官,是没有道理的。长幼之间的礼节尚且能保存,君臣之间的责任为何就一定要抛弃呢? 如果人人只想着洁身自好,那么社会的伦理就会废弃。君子之所以要出仕,只是尽人道的责任而已。凭借微薄的力量无法拯救乱世,这一点早已知道。"

解意:

隐者清高,逃逸乱世,以自我逍遥为乐,孔子虽然惋惜,却也理解与尊重。仁者以与民同乐为乐,面对大道废弛的乱世,不安于自我的逍遥,发于仁心,使于天命,即使不受世人理解,屡遭讥讽,并受尽周流之苦,也是心甘情愿。正如康有为所说:"君子之栖栖周流,皇皇从仕,以行其救民之义,发其不忍之心也。如亲戚有疾,虽知不愈,仍必奔走求药以救之。"①仁者在坚定的信念中,流露出几许让人敬佩的固执与愚钝,其超越功利性的执着,造就了其崇高的生命境界,也得到了隐士们的尊重。

在隐者看来,孔门师徒"四体不勤,五谷不分",不能自食其力;樊迟学嫁、圃,被孔子批评为小人。由此可见,儒家君子关注的重心不是自我的生存,也不止于自心的完善,而是在"明明德"中"亲民",在"亲民"中达到天下归仁的理想,因而与道家隐者有所区别。

八

逸民:伯夷、叔齐、虞仲、夷逸、朱张、柳下惠、少连。

子曰:"不降其志,不辱其身,伯夷、叔齐与?"

谓:"柳下惠、少连,降志辱身矣。 言中伦,行中虑,其斯而已矣。"

谓:"虞仲、夷逸,隐居放言,身中清,废中权。"

"我则异于是,无可无不可。"

释义:

避世之士有:伯夷、叔齐、虞仲、夷逸、朱张、柳下惠、少连。

孔子说:"不降低志向,不委曲求全,只有伯夷、叔齐才能做到吧?"

孔子评价柳下惠和少连:"虽然降低了志向,委曲求全,但是言语合乎伦理,行为符合正

---

① 康有为:《论语注》,中华书局 1984 年版,第 281 页。

义,能做到这样也很不错了。"

孔子评价虞仲和夷逸:"隐居起来,不再发表言论,他们保持了自身的清廉,归隐也是合乎时宜的。"

孔子说:"我与他们有一点不同,在仁道的路上,我没有什么必须做的,也没有什么必须不做的。"

解意:

身居乱世,隐士与仁人皆有不得已的无奈,也各有不同的立命方式。伯夷与叔齐,为保全志向,不接受丝毫妥协,宁可饿死于首阳山上。柳下惠、少连混迹于乱世,降志辱身,但能出淤泥而不染,言行未离正道,如柳下惠三黜而不必去。虞仲、夷逸避世保身,亦无害于道。对于隐士的品格,孔子是尊重的,也是欣赏的。仁者行道,以仁为本,以智为用,"仁者安仁,知者利仁",凡是能利于仁德的培养与仁道的践行,都在仁的容纳范围之内,所以孔子"无可无不可"的态度,正表现了仁道的包容性。

仁道的包容性,决定了其灵活性,孔子所"异于是"者,正是其灵活性的表现。伯夷、叔齐,能去而不能留;柳下惠、少连,能留而不能去;虞仲、夷逸,能隐而不能现。仁道广大而艰难,所以仁者在行仁的路上,既要坚守仁心、不降其志、言行正直,又必须运用智慧、因时而异、能行则行、须止则止、迂回前进。正如张栻说道:"'无可'者,不以可为主也;'无不可'者,不以不可为主也。其曰无者,言其不存于中也。然则夫子之心,果何如哉?当可则可,当不可则不可;大而化之,其惟天乎?若夷、齐之心,则未免有不可;若下惠、少连,则未免有可也。"①所以,孔子可行夷、齐之清,但不必为夷、齐,可受惠、连之屈,但不必为惠、连。

九 大师挚适齐,亚饭干适楚,三饭缭适蔡,四饭缺适秦,鼓方叔入于河,播鼗武入于汉,少师阳,击磬襄入于海。

释义:

周朝的首席乐师挚到了齐国,第二乐师干到了楚国,第三乐师缭到了蔡国,第四乐师缺到了秦国,击鼓者方叔到了黄河边,摇鼓者武到了汉水旁,乐官助手阳和击磬者襄去了海滨。

解意:

中华从来不缺人才,世道混乱,导致人才流失,或适诸侯,或入河海,因而凋敝。《论语》记此事,意在说明人才离邦国、逸人世,亦是迫不得已,其学问才华值得尊重。

①　张栻:《张栻集》,邓洪波校点,岳麓书社 2010 年版,第 156 页。

国家如能进德修业，重新汇集人才，则礼乐必可复兴。

十 周公谓鲁公曰："君子不施其亲，不使大臣怨乎不以，故旧无大故，则不弃也。无求备于一人。"

释义：

周公对鲁公伯禽说："当了君王，不能忘记自己的亲属；重用大臣，不让他们有所抱怨；对于前朝官吏，如果没有犯大的过错，不要轻易舍弃。人才的使用，不可求全责备。"

解意：

仁道的理想，非一人之力所能实现，必须广聚人才。人才的吸引与任用，要以宽为主，任贤不避亲，亦不唯亲是用，不计前嫌，亦不求全责备。

十一 周有八士：伯达、伯适、仲突、仲忽、叔夜、叔夏、季随、季骊。

释义：

周朝有八士：伯达、伯适、仲突、仲忽、叔夜、叔夏、季随、季骊。

解意：

八士，按伯、仲、叔、季排序，相传为一家兄弟。一家尚可出八位贤才，可见周朝德化之盛。孔子重人道，不任天道，世道治乱在人不在天。春秋乱世，贤士避隐，孔子思才尤切。

子张篇

第十九

一　子张曰："士见危致命，见得思义，祭思敬，丧思哀，其可已矣。"

释义：

子张说："士君子见到危险，勇于舍生取义；见到利益，考虑是否正当；参加祭礼，心怀敬意；参加丧礼，心存哀思。能做到这些，就不错了。"

解意：

子张转述孔子言语。子曰："见利思义，见危授命，久要不忘平生之言，亦可为成人矣。"子曰："为礼不敬，临丧不哀，吾何以观之哉？"此篇多记载孔子弟子言行。

二　子张曰："执德不弘，信道不笃，焉能为有？焉能为亡？"

释义：

子张说："内守仁德，而不弘仁，践行仁道，但不能坚持，这是仁，还是不仁呢？"

解意:

子曰:"人能弘道。"仁德不能局限于内在的心性中,还要落实在现实的行动上,否则便如隐士一般,与仁无益。

曾子曰:"士不可不弘毅,任重而道远。仁以为己任,不亦重乎? 死而后已,不亦远乎?"仁道的践行,需要自始至终,不可半途而废。

由上可知,仁不仅要有内在的仁德,更要有现实的关怀,不仅要去践行仁道,更要自始至终,进道不回。所以孔子不轻易许人以仁。

三　子夏之门人问交于子张。 子张曰:"子夏云何?"对曰:"子夏曰:'可者与之,其不可者拒之。'"子张曰:"异乎吾所闻:君子尊贤而容众,嘉善而矜不能。 我之大贤与,于人何所不容? 我之不贤与,人将拒我,如之何其拒人也?"

释义:

子夏的学生问子张交友之道。子张说:"子夏是怎么说的?"这个学生说:"我老师说:'值得交的朋友就交,不值得交的就不交。'"子张说:"这和我听到的不同:君子既尊敬贤人,也接纳众人,既嘉许善人,也同情未善的人。如果我是大贤之人,对人有什么不能接纳的呢? 如果我还不够贤能,别人拒绝我,我又有什么资格去拒绝别人呢?"

解意:

道德智慧是运用于人生的,而人生并不是普遍的。一个人有不同的人生阶段,生活在不同的时代与地域,也会有不同的现实处境与人生困惑,这些都需要不同的道德智慧的指导。同时,人生之间既平等,又充满差异,不同的人有着不同的历史遭遇,也存在着性情与气秉的不同。所以,道德智慧不是普遍的实践法则,不同的道德智慧,也不存在高低上下的对比,因人而异即可。

子曰:"师也过,商也不及。"子张才高意广,但好高骛远;子夏敦信谨守,但格局未广。关于交友之道,子夏所闻与子张所闻,虽然都是孔子所教,但是两人按照各自的性情有所取舍,未能根据老师的教导,"择其善者而从之,其不善者而改之",并进而中和性情、达至中庸。所以,孔子的道德智慧,决不能教条式地死记硬背与生搬硬套,而是重在相应与自得。

四　子夏曰："虽小道，必有可观者焉，致远恐泥，是以君子不为也。"

释义：

子夏说："虽然是小道，也一定有可取之处，但是想行得远，还是会有所限制，所以君子不行小道。"

解意：

小道，为方便之道，是一时的权智与策略，它虽然能带来暂时的效应，应对眼前的困境，但不是解决问题的根本之道，从长远来看，小道甚至是有害的。如霸道虽然能刺激国力迅速增长，却难以长治久安；又如功利化，虽然能迅速取得短期成绩，却难以成就大的成果。所以，君子行大道，不行小道。

《淮南子》曰："通于一伎，察于一辞，可与曲说，未可与广应也。"①在诸子思想中，儒、墨、法、道、名、农、医、兵、阴阳等各家思想，皆有可取之处，应当包容与吸纳其优秀的思想。但是，如果以一家思想为社会根本立法，成为全社会奉行的根本原则，并以此排斥其他，则不能博大而通达。

五　子夏曰："日知其所亡，月无忘其所能，可谓好学也已矣。"

释义：

子夏说："每一天都学到一些未知的知识，每一月都不忘已知的知识，这样就是好学了。"

解意：

知识的增长，要日积月累，大器晚成，子夏可谓深得为学之道。

子曰："下学而上达。"为学，是学知识，尚且属于形下之器，只有将知识上升为智慧，才能上达形上之道。知识是智慧的基础，智慧是对知识的超越。智慧对知识的超越大体有三个层面：其一，超越知识的对象性，知识要与生活实践相结合，"学而时习之"，将知识内化为己，深化自得；其二，超越知识的盲目性，知识要与德性相结合，用德性驾驭知识，以知识辅助德性；其三，超越知识的狭隘性，知识作为理解世界的一种方式，往往会成为一种定势，所以对待知识，既要拿得起，又要放得下。

---

① 《淮南子·缪称训》。

六　　　子夏曰："博学而笃志，切问而近思，仁在其中矣。"

释义：

子夏说："广泛学习，并志向坚定，多问世间之事，并独立思考，仁德能在其中得到培养。"

解意：

仁德存在于日用常行之中，离了日用常行，便无仁德的存在。在学习中，也同样蕴含着仁德。博学，才能具备关爱他人、奉献社会的技能与本领；笃志，才不会在学海中迷失方向。学问在思考中自得，才能将知识内化为智慧；在切近的人生中做学问，在人道中用学问，才能将知识的积累与价值的实现统一起来，将自然之道与人文之道统一起来。

子夏以"文学"著称，对学问有着非常深刻的体会。学习，本是一件知识的获得与创制的工作，与道德的修养并无直接的关系，而子夏认为通过对学习态度、方法、内容与目的的引导和规范，就可以达到学以养德的目标，实现知识与价值的统一。由此可见，子夏深得孔子为学之道。

七　　　子夏曰："百工居肆以成其事，君子学以致其道。"

释义：

子夏说："各种工匠在作坊中创制器物，君子在学习中通往仁道。"

解意：

君子与百工"殊途而同归，一致而百虑"，皆在行道，但是两者仍然存在着不同之处。百工的工作是创制器物，君子的职责是弘扬仁道，百工创制器物的途径是"居肆"，君子行仁的道路则是为学，所以儒家重学，以学养德，学以致道。

百工居肆，能成其事；君子为学，以致其道。子夏此言，意在强调学习对于君子行道的重要性。君子的使命在于弘道，弘道先要明道，明道既要有生命的自行体悟，又离不开理论的探究，以及在圣贤和典籍中得到信念与验证。在弘道的过程中，君子也需要通过学习，来辨明学理、通达事理和拥有入世施善的技能和才干。所以，为学是君子行道的重要途径。

八　　子夏曰："小人之过也必文。"

释义：

子夏说："小人有了过错，一定加以掩饰。"

解意：

有错不是过，掩饰过错，才是真正的过错。一掩饰，不仅过错得不到及时的纠正，而且还助长了自欺之心。仁道，从主体的角度来说，就是真诚地面对自己的仁心，在迁善改过的修养过程中，让仁心生发、成长；反之，自我蒙蔽，自暴自弃，仁心必定难以巩固和广大。

九　　子夏曰："君子有三变：望之俨然，即之也温，听其言也厉。"

释义：

子夏说："君子给人的印象有三种变化：远远望他，庄重威严；与他接近，温和可亲；听他说话，一语中的。"

解意：

君子恪守礼节，故"望之俨然"；广施仁爱，故"即之也温"；充满智慧，故"其言也厉"。礼节、仁爱与智慧，集于君子一身。

从君子的"三变"中，可以看出君子的真诚不伪、生动活泼，而非一本正经、装腔作势。从中还可以看出，君子品性的阴阳协调，既不是不温不火、毫无个性，也不是单走极端，或严而不温，或温而不厉，而是各行其是、各得其所。

十　　子夏曰："君子信而后劳其民，未信，则以为厉己也。信而后谏，未信，则以为谤己也。"

释义：

子夏说："君子应先取得人民的信任，然后再去动员人民，否则，人民会以为是压迫。君子应先取得君王的信任，然后再去劝谏君王，否则，君王会以为是毁谤。"

解意：

君子介于君、民之间，从道，既不从君，也不盲从于民。君子上要以仁德劝谏君王，将社会的发展引导至仁义之道上；下要以仁德教化人民，唤醒人民仁心，激励人民守德行道。君子任重而道远，必须以修身为本，建立社会上下的信任，使其一片仁心让人理会、得到支持，方能弘扬大道。

十一 子夏曰："大德不逾闲，小德出入可也。"

释义：

子夏说："德行，大节不可丢弃，小节不必固守。"

解意：

坚守大节是仁，不执小节是智。大德在前，小德在后，只有坚守大节，小节才可以有所出入，有仁，方能用智。

十二 子游曰："子夏之门人小子，当洒扫应对进退则可矣，抑末也。本之则无，如之何？"子夏闻之，曰："噫！言游过矣！君子之道，孰先传焉？孰后倦焉？譬诸草木，区以别矣。君子之道，焉可诬也？有始有卒焉，其惟圣人乎！"

释义：

子游说："子夏的学生，接人待物还比较得体，但这终归是末流。大本没有建立，这怎么是好？"子夏听闻后，说："唉！子游说得不对啊！君子之道，哪个应该先传授？哪个应该后传授？就好像草木一样，应该加以仔细区分啊。君子之道，怎么能随意歪曲呢？真正能贯通本末的，恐怕只有圣人了吧！"

解意：

子夏与子游，同为孔子门下的贤弟子，两人对进学的先后次序有所分歧：子夏认为，为学应从小处着手，从日用常行中培养德性，由小渐大，下学而上达；子张认为，为学首先要立志，应先对自己的仁心与天命有所体证，然后才能由小见大，于洒扫应对之间有所领悟。

两人的争论，看似矛盾，实质又是互补的，不管是为学，还是养性，既要有"道问学"的功夫,又要有"尊德性"的涵养,两者缺一不可。离开下学的功夫,性与天道这样的形而上学就会空洞玄虚,偏离孔子的入世之道;而如果没有仁心的发动和济世救民之仁道的指引,下学就会纠结于生活中的琐碎细节,或者沦为功利性的工具,毫无境界可言。正如蕅益说:"子游之讥,是要门人知本。子夏之辩,是要门人即末悟本。只此洒扫应对进退,若以为末,到底是末,若知其本,头头皆本。二皆各出手眼接引门人,莫作是非会也。"①孔子死后,儒门虽然出现了分化,但对孔子提出的问题做出了更为细致、具体的分析,将孔子的思想引向深处。

十三　　子夏曰:"仕而优则学,学而优则仕。"

释义:

子夏说:"贵族中为官优异的要继续学习,百姓中学习优异的可以去做官。"

解意:

此节仍然是强调学习的重要性。荀子曰:"学不可以已。"②学习对于所有人来说,不管是贵族,还是平民,都同等重要,具有普遍的意义。士君子以学立身,介于贵族与百姓之间,所以上可以影响贵族,下可以教化百姓。

十四　　子游曰:"丧,致乎哀而止。"

释义:

子游说:"丧礼,尽了哀情就可以了。"

解意:

子曰:"丧,与其易也,宁戚。"哀,是丧之质,丧之文岂可丢掉? 朱熹说:"'而止'二字,亦微有过于高远而简略细微之弊。"③由此可见,子夏重"用"而轻"体",子游厚"体"而薄"用"。体用合一,不可偏废。

---

①　蕅益大师:《四书蕅益解》,江谦等点校,中国水利水电出版社 2012 年版,第 154 页。

②　《荀子·劝学》。

③　朱熹:《四书章句集注》,中华书局 1983 年版,第 191 页。

十五　　　子游曰："吾友张也，为难能也，然而未仁。"

释义：

子游说："我的朋友子张，算得上难能可贵了，但还没有得仁。"

解意：

谁未得仁？是人皆有仁心。谁能最终成仁？杀身成仁，死而后已。仁，是一个无限追求的过程。求仁者，谓之仁人。

十六　　　曾子曰："堂堂乎张也，难与并为仁矣。"

释义：

曾子说："高高在上的子张，是难以与他同行仁道的。"

解意：

曾子学问笃实，深潜缜密；子张为人清高，志向高远。两人性情各异，各有所偏。在孔子的教育之下，弟子们皆能依照各自的特点发明仁心，以各自的方式践行仁道。只有不同而和，儒家才能获得真正的发展。

十七　　　曾子曰："吾闻诸夫子：'人未有自致者也，必也亲丧乎。'"

释义：

曾子说："我曾听老师说：'人轻易不会表露全部的感情，但在亲人去世时一定会。'"

解意：

仁者虽是理智的，反对情感用事，但是仁者的感情又是真诚的、丰富的，麻木者，必不仁。

仁者，爱人，所以，仁德的培养需要有充沛的感情。在现实生活中，人们的感情往往有意无意地被掩藏了起来，逐渐不习惯表达感情，以至于变得冷漠无情。但是在亲人去世这样一种极端的情形之下，人们会情不自禁地哀痛，感情不能自已，立即感受到不忍之心的强烈存在。此种情感，虽是人之常情，却是仁德的基础，如能由此心推扩开来，便是仁人；不能由此心推扩开来，便是小人。

十八　曾子曰："吾闻诸夫子：'孟庄子之孝也，其他可能也，其不改父之臣与父之政，是难能也。'"

释义：

曾子说："我曾听老师说：'孟庄子①的孝，其他方面都容易做到，不改换父亲所用之人与所行之政，却是难得。'"

解意：

对父母的孝，子女应有经有权，"大德不逾闲，小德出入可也"。张栻说："盖父之臣与父之政必善矣，固当奉而笃行之；若不幸而有悖于理，害于事，则当察而更之。是乃致其诚，爱于亲也。"②孝是子女对父母的感情，但是情感的发动必须建立在正义的基础之上，孔子重视人的先天情感，更强调正义的作用，两者结合，才是仁德。

子曰："三年无改于父之道，可谓孝矣。"子女对父母最大的孝顺是一种继承，继承长辈善的志向。

十九　孟氏使阳肤为士师，问于曾子。曾子曰："上失其道，民散久矣。如得其情，则哀矜而勿喜。"

释义：

孟氏请阳肤③出任法官，阳肤请教曾子。曾子说："官吏治民丧失道义，民心离散已经很久了。如果你了解到人民的犯罪真情，只会感到悲哀和怜悯，而不要去自鸣得意。"

解意：

子曰："观过，斯知仁矣。"国家无道，民不聊生，社会失范，教化缺失，在这种情况下，人民犯罪，并非出于情愿，而是包含着许多痛楚、无奈，甚至无知。所以，当了解人民犯罪实情的时候，就能发现仁心遮蔽的社会根源，同情、怜悯。

儒士若出仕为官，必以济世救民为己任，断狱，虽获政绩，但内心不安，这正是儒家入世之道的体现。

---

①　孟庄子：鲁大夫仲孙速，孟孙氏，名速，谥号庄，孟献子之子。

②　张栻：《张栻集》，邓洪波校点，岳麓书社 2010 年版，第 162 页。

③　阳肤：曾子的弟子。

二十
子贡曰:"纣之不善,不如是之甚也。 是以君子恶居下流,天下之恶皆归焉。"

释义:

子贡说:"纣的不善,并不像后人说得这么严重。所以君子不能身居不善之地,否则天下的恶名都会归到他的身上。"

解意:

人心向善,但又疾恶如仇。君子重视人民的意志,时刻警惕自己不居不善之地,但又不盲从人民的看法,独立思考,明辨是非。虽然纣的历史恶名并非全部属实,但是人言可畏,祸根在己。

二十一
子贡曰:"君子之过也,如日月之食焉。 过也,人皆见之。 更也,人皆仰之。"

释义:

子贡说:"君子的过失,就好像日食和月食一样。犯错时,人人可见。改正了,人人敬仰。"

解意:

子曰:"丘也幸,苟有过,人必知之。"君子不掩盖自己的过错,直面内心,所以能及时地纠正错误。

仁心犹如光明,虽有日月之食的暂时遮蔽,但是只要坚定正道,终会复见,非但不会减损,反而愈加光明。子夏曰:"小人之过也必文。"人人皆有光明,如果人为地加以遮蔽,则永不复见。

二十二
卫公孙朝问于子贡曰:"仲尼焉学?" 子贡曰:"文武之道,未坠于地,在人。 贤者识其大者,不贤者识其小者,莫不有文武之道焉。 夫子焉不学? 而亦何常师之有?"

释义:

卫国的公孙朝①问子贡:"孔子的学问是从哪里学来的?"子贡说:"文武之道,从未远离,能

---

① 公孙朝:卫国大夫。

否体悟得到,取决于人。贤德的人能认识道的本根,普通人能认识道的枝叶,文武之道无处不在。孔子哪里不在学?他哪里有固定的老师呢?"

解意:

反观《论语》,夫子所述,包括学习、为官、利民、教育、事亲、祭祀、交友等大小诸事,孔子之贤,在识其大者,于事中见道,事事相通,合为大道。因此,能识其大者,处处皆道;识其小者,局限于小器而不见大道。

文武之道,乃文、武所识道之大者,与孔子相同。所以文武之道,即是孔子之道。孔子之道,即是文武之道。文武周孔之道,为礼乐之道,是人生修养与社会治理的入世之道。孔子以道入世,故无处不能学,无处不是师,"温故"是师,"三人行"也是师。

在《公冶长》篇,子贡说:"夫子之言性与天道,不可得而闻也。"但从此句来看,子贡后来已然明道,正如康有为所说:"非子贡亲闻性与天道,何得尊叹之如此?"[1]

二十三　　叔孙武叔语大夫于朝,曰:"子贡贤于仲尼。"子服景伯以告子贡。 子贡曰:"譬之宫墙,赐之墙也及肩,窥见室家之好。 夫子之墙数仞,不得其门而入,不见宗庙之美,百官之富。 得其门者或寡矣。 夫子之云,不亦宜乎?"

释义:

叔孙武叔[2]在朝堂上和大夫们说:"子贡要比孔子更贤能。"子服景伯将这话告诉了子贡。子贡说:"就好比院墙,我家的院墙和肩膀差不多高,所以轻而易举就能看见家里有什么好东西。孔子家的院墙有几丈多高,如果不从大门进去,看不见里面的宗庙有多么辉煌、房屋有多么绚丽。但是能寻得孔子大门的人少之又少。叔孙武叔这样说,不是很正常吗?"

解意:

孔子之道,一以贯之,贤者识其大者,不贤者识其小者。

孔子死后,有人企图贬低孔子,抬高子贡,而子贡极力捍卫,孔子在后世,得以有大圣之名,与子贡的贡献是分不开的。诚如钱穆所说:"圣道之光昌,子贡之功亦不小矣。"[3]汉代之后,儒家学派独尊于诸子之林,离不开董仲舒等儒生的努力争取。由此可见,儒家于后世影响深远,亦得益于弟子们羽翼圣道。

---

① 康有为:《论语注》,中华书局 1984 年版,第 296 页。
② 叔孙武叔:叔孙氏,名州仇,谥号武,鲁国大夫。
③ 钱穆:《论语新解》,生活·读书·新知三联书店 2012 年版,第 453 页。

二十四

叔孙武叔毁仲尼。子贡曰:"无以为也。仲尼,不可毁也。他人之贤者,丘陵也,犹可逾也。仲尼,日月也,无得而逾焉。人虽欲自绝,其何伤于日月乎?多见其不知量也。"

释义:

叔孙武叔诋毁孔子。子贡说:"这样做对他一点益处都没有。孔子,是不可以诋毁的。他人的贤能,犹如丘陵,可以逾越。孔子,犹如日月,是不能逾越的。即使有人要与日月决绝,但对日月能有什么损害呢?只是显示他自不量力而已。"

解意:

孔子的思想合于大道,捍卫孔子,就是肯定入世仁义之道。董仲舒说:"道之大原出于天,天不变,道亦不变。"[1]只要人类社会存在,仁义之道就不能被否定。否定孔子,犹如自绝于日月之光芒,甘愿自居于黑暗之中,只能损害自己,显示自己的无知,于大道本身无所损害。虽然孔子的思想也不免带有其历史的局限性,但是其内在所蕴含的大道,则是永恒的,若能从孔子的日常言语与行为之中,领悟到其中内蕴的大道,则得其门矣。

圣人的思想,并不会因为当下,或某个时代的否定而失去其价值,它终会经历无数次历史的考验,并经久不衰。

二十五

陈子禽谓子贡曰:"子为恭也?仲尼岂贤于子乎?"子贡曰:"君子一言以为知,一言以为不知,言不可不慎也。夫子之不可及也,犹天之不可阶而升也。夫子之得邦家者,所谓立之斯立,道之斯行,绥之斯来,动之斯和,其生也荣,其死也哀,如之何其可及也!"

释义:

陈子禽对子贡说:"你是有意在抬高孔子吧?难道他真的比你贤能吗?"子贡说:"君子说话,一句话就可以显示他有知还是无知,所以说话不能不谨慎啊。孔子是不能超越的,就好像天,无阶可攀。孔子如果有诸侯之位,一旦他去倡导礼乐,整个社会的礼乐风气就会形成,一旦

---

① 《汉书·董仲舒传》。

他去教化民众,人民就会顺道而行,一旦他去安顿百姓,远方的人就会闻风而至,一旦他去发动力量,所有问题都会迎刃而解。孔子活着的时候,人们因为有了他而感到光荣;死了之后,人们因为缺少他而感到悲哀。这样的人,如何能超越!”

解意:

子曰:“为政以德,譬如北辰,居其所而众星拱之。”在那个礼崩乐坏的乱世,孔子犹如久旱之甘露、道心之希望,他所倡导的仁义入世之道,谁能舍弃? 虽不能至,心向往之。虽然孔子没有王位,但是孔子实则在为人间社会立法,后世之人亦尊称孔子为“素王”。司马迁在《史记》中将孔子与诸侯同列为“世家”,作《孔子世家》。张守节在《史记正义》中也说:“孔子无侯伯之位,而称世家者,太史公以孔子布衣传十余世,学者宗之,自天子王侯,中国言六艺者宗于夫子,可谓至圣,故为世家。”[①]

孔子死后,诸弟子接续孔子的事业,弘扬大道,弟子们的优秀不正说明孔子的伟大吗? 孔子通过教育来传道,“青出于蓝而胜于蓝”,不正体现其教育的成功吗? 不正说明孔子之道后继有人吗? 子曰:“父在,观其志;父没,观其行。”子贡重道而尊师,不也是孔子日常教育的体现吗?

---

① 司马迁:《史记》,中华书局 1959 年版,第 1905 页。

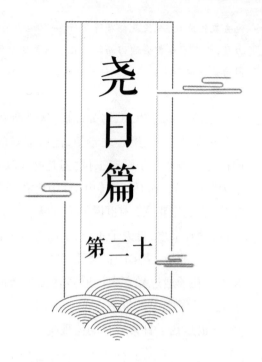

尧曰篇

第二十

一

尧曰："咨！尔舜！天之历数在尔躬，允执其中，四海困穷，天禄永终。"舜亦以命禹。

曰："予小子履，敢用玄牡，敢昭告于皇皇后帝：有罪不敢赦。帝臣不蔽，简在帝心。朕躬有罪，无以万方。万方有罪，罪有朕躬。"

周有大赉，善人是富。"虽有周亲，不如仁人。""百姓有过，在予一人。"

谨权量，审法度，修废官，四方之政行焉。

兴灭国，继绝世，举逸民，天下之民归心焉。

所重民、食、丧、祭。

宽则得众，信则民任焉，敏则有功，公则说。

释义：

尧说："啊！舜！天命在你身，你要保持中正之道，让恩德遍布天下，只有这样，天的恩赐才会永久。"舜退位时也是这样嘱咐禹的。

汤说:"伟大的天帝啊!您的孩子,汤,谨用黑牛祭告于您:如果我有罪过,不敢请求您的赦免。您的子民毫无掩饰地显现在您的心中。如果我有罪过,请不要连累百姓。如果百姓有罪,请将罪过都加在我一人之上。"

周朝恩赐天下,让仁慈的人都得到了富贵。周武王说:"虽有至亲,不如贤能的人才。"还说:"百姓有了过错,罪在我一人。"

谨慎统一度量衡,认真审定国家法度,恢复已经荒废的官制,让国家行政有效运转。

恢复被灭亡的国家,扶持中断了的家族,起用贤能的隐士,让天下人心统一起来。

国家的重中之重:人民、粮食、丧礼和祭礼。

宽厚,才能得到众人的拥护;诚信,才能取得人民的信任;勤勉,才会提高功效;公正,社会上下才能心悦诚服。

解意:

孔子之道继承和发展了尧、舜、禹、汤,以及文武周公之道,既"述而不作",又有所损益,可以说,《论语》全书正是对中国上古社会优秀传统的总结、升华和运用。

孔子的政治理想是王道,王道的核心精神是仁政,仁者爱人,因此,王道、仁政的主体思想就是执政为民。尧曰:"四海穷困,天禄永终。"围绕执政为民这一根本目标,国家管理者首先要具备高度的责任心,"天之历数在尔躬",天命在我,勇于担当,舍我其谁!"万方有罪,罪在朕躬"。其次,民以食为天,王道、仁政以民为本,所以要重视民生,将保民之命作为首要任务。再次,仁政既离不开国家官员的仁爱、勤劳、宽容、守信、公正等内在品格,也要通过建构完备的典章制度,包括道德礼仪与法律规范来保障。

身处于乱世之中,王道不行,所以孔子只能寄希望于君子。士君子介于官、民之间,所行之道为仁义之道,既非王道,也非仁政。不过,孔子仍然将这份政治遗产传承了下去,"为天地立志,为生民立道,为去圣继绝学,为万世开太平"[1]。

---

① 张载:《张载集》,章锡琛点校,中华书局 1978 年版,第 320 页。

子张问于孔子曰："何如斯可以从政矣？"子曰："尊五美，屏四恶，斯可以从政矣。"

子张问："何谓五美？"子曰："君子惠而不费，劳而不怨，欲而不贪，泰而不骄，威而不猛。"

二

子张曰："何谓惠而不费？"子曰："因民之所利而利之，斯不亦惠而不费乎？择可劳而劳之，又谁怨？欲仁而得仁，又焉贪？君子无众寡，无小大，无敢慢，斯不亦泰而不骄乎？君子正其衣冠，尊其瞻视，俨然人望而畏之，斯不亦威而不猛乎？"

子张曰："何谓四恶？"子曰："不教而杀谓之虐。不戒视成谓之暴。慢令致期谓之贼。犹之与人也，出纳之吝，谓之有司。"

释义：

子张问孔子："怎么样才可以出仕为官？"孔子说："能遵循五美，摒除四恶，就可以出仕为官了。"

子张问："什么是五美？"孔子回答道："恩惠而不浪费，让人民劳作而无怨言，有欲求但不贪婪，广大而不傲慢，威严但不严酷。"

子张问："怎么样才能做到五美呢？"孔子说："在人民可以长久得利的地方促进他们，不就可以恩惠而不浪费了吗？选择可以劳作的人去做力所能及的事，谁会有怨言呢？欲求在仁，怎么会贪婪呢？无论大事小事，从不怠慢，不就可以做到广大而不傲慢吗？衣冠端正，目不斜视，人们见了他，就会生敬畏之心，这不就是威严而不凶猛吗？"

子张又问："什么叫四恶呢？"孔子说："事先不去教导，犯了法就去杀戮，这样做是残忍。事先没有告诫，到时突击检查成绩，这样做是粗暴。事先懈怠，却苛刻限期，这叫作陷害。按照规定分发物品，出纳时却刻薄吝啬，是在有意地显示自己权力的作用。"

解意：

仁政的核心，不在政，而在仁，以政辅仁。因此，从政者不仅要依法行政，更要用心从政。孔子关于为政之善与恶的对比，体现了儒家与法家之间的差异。法家否定官吏的仁义之心，要求一味地遵循法规，所以常常导致不近人情，甚至残酷的行政后果。儒家则要求将法规与人情相结合，不过，对人情的强调，在后来被曲解和误用，成了徇私枉法，以至于中国一度成了一个不讲法规的人情社会。实际上，孔子的主张并不是用人情否定法规，而是要将仁爱与规范结合起来，实现合理与合情的统一。

合情合理,才是善政;虽有政,但不合人情,则是苛政。

三 子曰:"不知命,无以为君子也。 不知礼,无以立也。 不知言,无以知人也。"

释义:

孔子说:"不知命,就不能称得上是真正的君子。不知礼,就难以立身处世。不知言,就难以与人交往。"

解意:

命,指人生的使命,是人道的职责所在。君子知命,才能安于仁心,一如既往地践行仁道,积极入世,无怨无悔。君子知命而入世,故要知礼,"礼之用,和为贵",知礼,君子的视、听、言、动才能合乎时宜,并达于和谐。子曰:"君子不患莫己知,患不知人也。"知人在于知言,知言方能明辨真伪,也才能借助语言为学与教化。可见,知命,是君子形上超越的根本,知礼与知言,是君子入世行道的保证。

《论语》最后一篇《尧曰》,首先论为君之道,其次谈为官之道,最后落实于君子之道。君子之道是前两者的基础,只有君王与官吏能践行君子之道,才能进一步实现为君之道与为官之道。此外,君子还是推动社会全面进步的根本力量,君王之道可以失,为官之道可以乱,但君子之道必须坚守,君子之道是人类社会的最后希望。

参考文献

一、《论语》注释类

［1］朱熹.四书章句集注［M］.北京:中华书局,1983.

［2］蕅益大师.四书蕅益解［M］.江谦,等,点校.北京:中国水利水电出版社,2012.

［3］张栻.张栻集·论语解［M］.邓洪波,校点.长沙:岳麓书社,2010.

［4］黄式三.论语后案［M］.张涅,韩岚,点校.南京:凤凰出版社,2008.

［5］刘宝楠.论语正义［M］.高流水,点校.北京:中华书局,2012.

［6］程树德.论语集释［M］.程俊英,蒋见元,点校.北京:中华书局,1990.

［7］康有为.论语注［M］.北京:中华书局,1984.

［8］辜鸿铭.辜鸿铭讲《论语》［M］.天津:天津社会科学出版社,2014.

［9］杨伯峻.论语译注［M］.北京:中华书局,2006.

［10］钱穆.论语新解［M］.北京:生活·读书·新知三联书店,2012.

［11］李泽厚.论语今读［M］.北京:中华书局,2015.

［12］李零.丧家狗:我读《论语》［M］.太原:山西人民出版社,2007.

［13］曾琦云,倪新兵.论语禅［M］.北京:文化艺术出版社,2009.

二、其他古籍类

［1］周振甫.诗经译注［M］.北京:中华书局,2002.

［2］金景芳,吕绍纲.周易全解［M］.上海:上海古籍出版社,2005.

［3］李民,王健.尚书译注［M］.上海:上海古籍出版社,2012.

［4］洪亮吉.春秋左传诂［M］.李解民,点校.北京:中华书局,1987.

［5］董楚平.楚辞译注［M］.上海:上海古籍出版社,2006.

［6］杨伯峻.孟子译注［M］.北京:中华书局,1960.

［7］吴毓江.墨子校注［M］.孙启治,点校.北京:中华书局,1993.

[8]老子.老子道德经河上公章句[M].王卡,点校.北京:中华书局,1993.

[9]吕不韦,等.吕氏春秋[M].高诱,注.毕沅,校.徐小蛮,标点.上海:上海古籍出版社,2014.

[10]郭庆藩.庄子集释[M].王孝鱼,点校.北京:中华书局,1961.

[11]孙武.十一家注孙子校理[M].曹操,等,注.杨丙安,校理.北京:中华书局,1999.

[12]黎翔凤.管子校注[M].梁运华,整理.北京:中华书局,2004.

[13]韩非.韩非子[M].李维新,等,译.郑州:中州古籍出版社,2008.

[14]蒋礼鸿.商君书锥指[M].北京:中华书局,1986.

[15]黄怀信,张懋镕,田旭东.逸周书汇校集注[M].上海:上海古籍出版社,2010.

[16]严北溟,严捷.列子译注[M].上海:上海古籍出版社,2012.

[17]王天海.荀子校释[M].上海:上海古籍出版社,2005.

[18]王聘珍.大戴礼记解诂[M].王文锦,点校.北京:中华书局,1983.

[19]阎振益,钟夏.新书校注[M].北京:中华书局,2000.

[20]司马迁.史记[M].北京:中华书局,1959.

[21]苏舆.春秋繁露义证[M].钟哲,点校.北京:中华书局,1992.

[22]杨天宇.礼记译注[M].上海:上海古籍出版社,2007.

[23]周振甫.文心雕龙今译[M].北京:中华书局,2013.

[24]何宁.淮南子集释[M].北京:中华书局,1998.

[25]石光瑛.新序校释[M].陈新,整理.北京:中华书局,2009.

[26]汪荣宝.法言义疏[M].陈仲夫,点校.北京:中华书局,1987.

[27]班固.汉书[M].颜师古,注.北京:中华书局,2005.

[28]马宗霍.论衡校读笺识[M].北京:中华书局,2010.

[29]汪继培,彭铎.潜夫论笺校正[M].北京:中华书局,1985.

[30]王利器.盐铁论校注[M].北京:中华书局,1992.

[31]黄省曾,孙启治.申鉴注校补[M].北京:中华书局,2012.

[32]张春波.肇论校释[M].北京:中华书局,2010.

[33]诸葛亮.诸葛亮集[M].段熙仲,闻旭初,编校.北京:中华书局,1960.

[34]刘劭.人物志[M].梁满仓,译注.北京:中华书局,2016.

[35]颜之推.颜氏家训[M].叶玉泉,译注.长沙:岳麓书社,2012.

[36]黄帝.阴符经集释[M].伊尹,等,注.北京:中国书店,2013.

[37]柳宗元.柳河东集[M].上海:上海人民出版社,1974.

[38]韩愈.韩愈集[M].卫绍生,杨波,注译.郑州:中州古籍出版社,2010.

[39]张载.张载集[M].章锡琛,点校.北京:中华书局,1978.

[40]朱长文.琴史[M].林晨,编著.北京:中华书局,2010.

[41]邵雍.邵雍集[M].郭彧,整理.北京:中华书局,2010.

[42]黄士毅.朱子语类汇校[M].徐时仪,杨艳,汇校.上海:上海古籍出版社,2014.

[43]欧阳询.宋本艺文类聚[M].上海:上海古籍出版社,2013.

[44]程颢,程颐.二程集[M].北京:中华书局,2004.

[45]王阳明.王阳明全集[M].吴光,等,编校.上海:上海古籍出版社,2014.

[46]叶适.习学记言序目[M].北京:中华书局,1977.

[47]颜元.颜元集[M].王星贤,张芥尘,郭征,点校.北京:中华书局,1987.

[48]章学诚.文史通义[M].吕思勉,评.李永圻,张耕华,导读整理.上海:上海古籍出版社,2008.

[49]戴震.戴震集[M].上海:上海古籍出版社,2009.

[50]王夫之.思问录;俟解;黄书;噩梦[M].王伯祥,点校.北京:中华书局,2009.

[51]张京华.日知录校释[M].长沙:岳麓书社,2011.

[52]楞严经[M].刘鹿鸣,译注.北京:中华书局,2012.

[53]金刚经·心经[M].陈秋平,译注.北京:中华书局,2010.

[54]坛经[M].尚荣,译注.北京:中华书局,2010.

[55]僧肇,等.注维摩诘所说经[M].上海:上海古籍出版社,2011.

后 记

　　注释《论语》是一场生命的洗礼，在与圣贤对话的过程中，让我感受到了自己的渺小，收获到生命的感动，体会到仁者的悲壮，也领悟到了人生的使命。

　　2014年，为了教学的需要，开始写作《论语解意》。三年来的学术思考与精力几乎全在这里，需要感谢的人实在太多。感谢家人的无私奉献与担当，尤其是我的妻子，每一个章节的写作都是以你们的付出为代价；感谢学生们的课堂互动和对我的启发，你们是促使我坚持下来的动力；感谢老师们的教导与关爱，没有你们，就不会有现在这小小的成绩；感谢朋友们对我的支持与鼓励，因为你们，人生的旅途丰富而精彩；感谢安徽师范大学政治学院为本书的出版给予的资助，解决了我的后顾之忧，内心中时常感到温暖；感谢著名书法家陈浩金先生为本书的书名题字，他既是我的姑父，也是我的启蒙恩师；感谢陈丽萍、曹磊、王丹三位研究生，你们为本书的校对付出了辛勤的劳动；感谢安徽人民出版社肖琴编辑对本书的认可，以及在后期编辑出版中给予的帮助。

子曰:"甚矣吾衰也！久矣吾不复梦见周公！"孔子不复梦见周公,因为天命有所传递;孔子虽不复梦见周公,但是孔子时常被后生所梦见,夫子"少者怀之"之志,已然实现。孔子的生命活在当下。

余亚斐

2017 年 3 月 30 日